Der Teilbetriebsbegriff in den Einbringungstatbeständen des Umwandlungssteuergesetzes

FINANZ- UND STEUERRECHT IN DEUTSCHLAND UND EUROPA

Herausgegeben von Klaus-Dieter Drüen, Hanno Kube und Rainer Wernsmann

Band 34

Zur Qualitätssicherung und Peer Review der vorliegenden Publikation

Die Qualität der in dieser Reihe erscheinenden Arbeiten wird vor der Publikation durch Herausgeber der Reihe geprüft.

Notes on the quality assurance and peer review of this publication

Prior to publication, the quality of the work published in this series is reviewed by editors of the series.

Christian Erich Rödel

Der Teilbetriebsbegriff in den Einbringungstatbeständen des Umwandlungssteuergesetzes

PL ACADEMIC RESEARCH

Bibliografische Information der Deutschen Nationalbibliothek
Die Deutsche Nationalbibliothek verzeichnet diese Publikation in der Deutschen Nationalbibliografie; detaillierte bibliografische Daten sind im Internet über http://dnb.d-nb.de abrufbar.

Zugl.: Passau, Univ., Diss., 2016

D 739
ISSN 1863-141X
ISBN 978-3-631-70000-6 (Print)
E-ISBN 978-3-631-70001-3 (E-Book)
E-ISBN 978-3-631-70002-0 (EPDF)
E-ISBN 978-3-631-70003-7 (MOBI)
DOI 10.3726/978-3-631-70001-3

PL Academic Research ist ein Imprint der Peter Lang GmbH.

Peter Lang – Frankfurt am Main · Bern · Bruxelles · New York · Oxford · Warszawa · Wien

Diese Publikation wurde begutachtet.

www.peterlang.com

Meiner Familie

Vorwort

Diese Dissertation wurde im Winter 2011 begonnen und im Frühjahr 2015 fertig gestellt. Die letzten Korrekturen wurden im Sommer 2015 eingearbeitet. Während dieser Zeit wurde ich durch Herrn Prof. Dr. Joachim Schmitt betreut. Dafür möchte ich mich sehr herzlich bedanken. Herrn Prof. Dr. Rainer Wernsmann danke ich dafür, dass er den Kontakt zu Prof. Dr. Schmitt vermittelt und die Arbeit dadurch erst ermöglicht hat. Darüber hinaus gilt mein besonderer Dank meinen Eltern und meiner Freundin, die mich in den vergangenen Jahren immer unterstützt haben.

München, im Sommer 2015 Christian Rödel

Inhalt

Abkürzungen XV

I. Einleitung 1

1. Einführung 1
2. Gang der Untersuchung 5

II. Systematik des Umwandlungssteuergesetzes und der Fusionsrichtlinie 7

1. Systematik des § 20 UmwStG 7
   1.1. Aufschub der Besteuerung 7
   1.2. Einbringungsgegestände 8
   1.3. Persönlicher Anwendungsbereich 9
2. Anwendungsbereich des § 24 UmwStG 9
3. Systematik der Fusionsrichtlinie 10
4. Überschneidungen von Umwandlungssteuergesetz und Fusionsrichtlinie 11

III. Der nationale Teilbetriebsbegriff bis zum SEStEG 2006 13

1. Die Verwendung des Teilbetriebsbegriffs 13
2. Die Merkmale des nationalen Teilbetriebsbegriffes 15
   2.1. Einheitlichkeit und normspezifische Auslegung 15
   2.2. Voraussetzungen in den Einbringungstatbeständen 16
      2.2.1. Selbstständigkeit 16
      2.2.2. Teilbetrieb als Gewerbebetrieb 18
      2.2.3. Organische Geschlossenheit 19
      2.2.4. Lebensfähigkeit 20
3. Maßgebliche Sichtweise 21

4. Zeitpunkt 22
5. Teilbetrieb im Aufbau 23
6. Umfang der Einbringungspflicht 23
6.1. Einbringung der wesentlichen Betriebsgrundlagen 23
6.2. Begriff der wesentlichen Betriebsgrundlage 25
6.3. Zuordnung neutralen Vermögens 27
6.4. Nutzungsüberlassung 27
7. Zusammenfassung 27

IV. Der europäische Teilbetriebsbegriff 29
1. Voraussetzungen 29
1.1. Selbstständigkeit 29
1.1.1. Das Europartner-Urteil 31
a) Sachverhalt 31
b) Entscheidung 31
1.1.2. Anwendung auf den Teilbetriebsbegriff der Fusionsrichtlinie 32
1.2. Teilbetrieb als Gewerbebetrieb 33
1.3. Organische Geschlossenheit 33
1.4. Lebensfähigkeit 34
2. Maßgebliche Sichtweise 35
3. Zeitpunkt 37
4. Teilbetrieb im Aufbau 38
5. 100%ige Beteiligung an einer Kapitalgesellschaft 39
6. Umfang der Einbringungspflicht 40
6.1. Das Urteil „Andersen og Jensen“ 40
6.1.1. Sachverhalt 41
6.1.2. Entscheidung 42
6.2. Stellungnahme 43
6.3. Zuordnung neutralen Vermögens 48
6.4. Übertragung des Nutzungsrechtes 49

7. Vergleich mit dem Teilbetriebsbegriff im deutschen Recht 50
8. Zusammenfassung 55

V. Der Teilbetriebsbegriff nach dem SEStEG 2006 57
1. Ausgangslage 57
2. Umfang der Umsetzungspflicht der Fusionsrichtlinie 58
2.1. Anwendungsbereich 58
2.2. Abweichungen zugunsten der Steuerpflichtigen.............................. 58
3. Umfang der Auslegungskompetenz des EuGH 62
3.1. Auslegung des Begriffes der Fusionsrichtlinie 62
3.2. Auslegung außerhalb des direkten Anwendungsbereichs der Fusionsrichtlinie 62
3.2.1. Das Urteil Leur-Bloem.. 63
a) Sachverhalt 63
b) Entscheidung 64
c) Stellungnahme 65
3.2.2. Vorlagepflicht 67
3.3. Zusammenfassung 70
4. Der Teilbetriebsbegriff in § 20 UmwStG 70
4.1. Der gespaltene Teilbetriebsbegriff 70
4.1.1. Bedeutung für die Auslegungskompetenz 71
4.1.2. Die gespaltene Auslegung von Tatbestandsmerkmalen 71
4.1.3. Gesetzessystematische Auslegung... 73
4.1.4. Historische Auslegung 76
4.1.5. Unionsrechtskonforme Auslegung.. 79
a) Vereinbarkeit mit dem Unionsinteresse an einheitlicher Auslegung 79
b) Verstoß gegen Art. 18 AEUV 81
c) Verstoß gegen Grundfreiheiten 81
aa) Verstoß gegen die Niederlassungsfreiheit 84
aaa) Sachlicher Anwendungsbereich 84
bbb) Persönlicher Anwendungsbereich 84

ccc) Räumlicher Anwendungsbereich ... 84
ddd) Schutzumfang ... 85
eee) Rechtfertigung ... 86
bb) Verstoß gegen die Kapitalverkehrsfreiheit ... 88
aaa) Anwendungsbereich ... 88
bbb) Schutzumfang ... 88
ccc) Rechtfertigung ... 89
d) Ergebnis ... 89
4.1.6. Verfassungskonforme Auslegung ... 90
a) Vereinbarkeit mit dem Bestimmtheitsgebot ... 90
b) Verstoß gegen Art. 3 Abs. 1 ... 91
aa) Vergleichsgruppen ... 92
bb) Ungleichbehandlung ... 93
cc) Rechtfertigung ... 97
dd) Ergebnis ... 101
4.1.7. Zusammenfassung ... 101
4.2. Die Meistbegünstigungslösung ... 101
4.2.1. Bedeutung für die Auslegungskompetenz ... 102
4.2.2. Grammatikalische Auslegung ... 103
4.2.3. Historische Auslegung ... 103
4.2.4. Die Vereinbarkeit mit Unionsrecht ... 106
4.2.5. Zusammenfassung ... 106
4.3. Der europäische Teilbetriebsbegriff als einheitliche Lösung ... 107
4.3.1. Bedeutung für die Auslegungskompetenz ... 107
4.3.2. Gesetzessystematische Auslegung ... 108
4.3.3. Historische Auslegung ... 109
4.3.4. Vereinbarkeit mit dem Unionsrecht ... 111
4.3.5. Vereinbarkeit mit dem Grundgesetz ... 112
4.3.6. Zusammenfassung ... 113
4.4. Stellungnahme ... 113
4.4.1. Betrachtungsweise beim Einbringungsumfang ... 115
4.4.2. Zulässigkeit zusätzlicher Gegenleistungen ... 117

4.4.3. Zuordnung von Verbindlichkeiten ... 118
4.4.4. Gewährung neuer Anteile ... 119
4.4.5. Missbrauchsvorschriften ... 119
4.4.6. Auslegungskompetenz für den Teilbetriebsbegriff ... 120
4.4.7. Zusammenfassung ... 120
4.5. Auffassung der Finanzverwaltung ... 121
4.5.1. Bedeutung für die Auslegungskompetenz ... 122
4.5.2. Voraussetzungen ... 122
4.5.3. Zeitpunkt ... 122
4.5.4. Teilbetrieb im Aufbau ... 124
4.5.5. Maßgeblichkeit der Verhältnisse und Betrachtungsweise ... 124
4.5.6. Einbringungsumfang ... 125
4.5.7. Zuordnung neutraler Wirtschaftsgüter ... 130
4.5.8. Nutzungsüberlassung ... 131
4.5.9. Zusammenfassung ... 131
5. Der Teilbetriebsbegriff in § 24 UmwStG ... 132

VI. Zusammenfassung der Ergebnisse ... 135

Literatur ... 139

Bundestagsdrucksachen ... 145

BMF-Schreiben ... 147

Urteile ... 149

Abkürzungen

aA	andere Ansicht
ABl.	Amtsblatt der Europäischen Union
AEUV	Vertrag über die Arbeitsweise der Europäischen Union
a.F.	alte Fassung
AG	Aktiengesellschaft
Art.	Artikel
AO	Abgabenordnung
BB	Betriebs-Berater
BFH	Bundesfinanzhof
BGBl.	Bundesgesetzblatt
BMF	Bundesministerium der Finanzen
BStBl.	Bundessteuerblatt
BT-Drs.	Bundestagsdrucksache
BVerfG	Bundesverfassungsgericht
BVerfGE	Entscheidungen des Bundesverfassungsgerichts
DB	Der Betrieb
DStR	Deutsches Steuerrecht
DStZ	Deutsche Steuer-Zeitung
EG	Europäische Gemeinschaft
EGV	Vertrag zur Gründung der Europäischen Gemeinschaft
EStB	Der Ertrags-Steuer-Berater
EStG	Einkommensteuergesetz
EU	Europäische Union
EuGH	Europäischer Gerichtshof
EUV	Vertrag über die Europäische Union
EuzW	Europäische Zeitschrift für Wirtschaftsrecht
FR	Finanz-Rundschau
FRL	Fusionsrichtlinie
FS	Festschrift
GewStG	Gewerbesteuergesetz
GG	Grundgesetz
GmbHR	GmbH-Rundschau
GS	Gedenkschrift
IFSt	Institut Finanzen und Steuern
IStR	internationales Steuerrecht

JZ	JuristenZeitung
KStG	Körperschaftsteuergesetz
KVStG	Kapitalverkehrssteuergesetz
n.F.	neue Fassung
RabelsZ	Rabels Zeitschrift für ausländisches und internationales Privatrecht
RFH	Reichsfinanzhof
RGBl.	Reichsgesetzblatt
Rn.	Randnummer
RStBl.	Reichsteuerblatt
SEStEG	Gesetz über steuerliche Begleitmaßnahmen zur Einführung der Europäischen Gesellschaft und zur Änderung weiterer steuerrechtlicher Vorschriften
Slg.	Sammlung der Rechtsprechung des Gerichtshofes und des Gerichts Erster Instanz
st. Rspr.	ständige Rechtsprechung
StuW	Steuer und Wirtschaft
Tz.	Teilziffer
UmwG	Umwandlungsgesetz
UmwStE	Umwandlungssteuererlass
UmwStG	Umwandlungssteuergesetz
ZGR	Zeitschrift für Unternehmens- und Gesellschaftsrecht

I. Einleitung

1. Einführung

Die Umstrukturierung von Unternehmen ist, gerade in einer globalisierten Wirtschaft, ein wichtiges Instrument, um langfristig am Markt bestehen zu können. Im Rahmen von Umwandlungen können Gesellschaften ihre Rechtsform wechseln, miteinander fusionieren und Geschäftsbereiche ausgliedern oder übertragen.

Die Einbringung von Unternehmensteilen ist dabei eine Möglichkeit, Geschäftsstrukturen flexibel an die jeweilige Situation anzupassen, indem Betriebe, Teilbetriebe oder Mitunternehmerschaften gegen Gewährung von Anteilen in eine Gesellschaft eingebracht werden. So können Geschäftsbereiche durch einen größeren Verbund gestärkt und zugleich eine eigene Einflussnahme erhalten werden. Insbesondere die Einbringung von Teilbetrieben erlaubt dabei eine flexible Umgestaltungsmöglichkeit, da eine vergleichsweise kleine Einheit aus der Unternehmensstruktur übertragen werden kann. Hinsichtlich der steuerrechtlichen Behandlung dieser Vorgänge finden sich Regelungen in den §§ 20 bis 24 Umwandlungssteuergesetz (UmwStG). Diese normieren die Voraussetzungen, unter denen eine Einbringung unter Vermeidung der Aufdeckung stiller Reserven möglich ist. Der Gesetzgeber will so Hemmnisse bei der Reorganisation von Unternehmen beseitigen[1]. Auch der Staat hat ein Interesse daran, dass die Antriebskräfte der Wirtschaft flexibel auf Änderungen des Marktes reagieren können. Zudem steht hinter dem Umwandlungssteuerrecht unter anderem der Gedanke, dass ein Unternehmen durch den alten Inhaber lediglich in neuer Form weitergeführt wird[2]. Daher sollen wirtschaftlich sinnvolle Umstrukturierungen nicht steuerlich behindert werden[3].

Solche Hemmnisse können sich dann ergeben, wenn im Rahmen einer Umwandlung stille Reserven aufgedeckt werden müssen. Diese Wertsteigerungen von Wirtschaftsgütern schlagen sich in der Bilanz zunächst nicht nieder, sondern werden erst bei einer Realisierung als Gewinn besteuert (Realisationsprinzip)[4]. Die Option, die Besteuerung von Wertsteigerung bei einer Einbringung auszusetzen, kann je nach Höhe der stillen Reserven einen erheblichen wirtschaftlichen Wert haben und so die Entscheidung für eine Umwandlung beeinflussen.

---

1 BT-Drs. 16/2710 S. 1

2 RFH vom 09.05.1933, VI A 434/30, RStBl 1933, 999

3 BT-Drs. 12/6885 S. 14

4 *Birk*, Steuerrecht, Rn. 902

Um die Gestaltungsmöglichkeiten im Bedarfsfall abwägen zu können, ist es von großer Bedeutung, dass die Voraussetzungen der steuerrechtlichen Erleichterungen im Vorfeld klar abgrenzbar sind. Dennoch kann der Gesetzgeber auch hier nicht auf unbestimmte Rechtsbegriffe verzichten. Umso wichtiger ist die Auslegung und Ausgestaltung dieser Begriffe durch Rechtsprechung, Wissenschaft und Verwaltung.

Insbesondere der Teilbetrieb ist hierbei ein Einbringungsgegenstand, dessen inhaltliche Bestimmung einen langen Weg hinter sich hat[5]. Der Begriff selbst ist nicht im Gesetz definiert, jedoch wird er auch in anderen Normen, insbesondere in §§ 6 Abs. 3, 14, 16 EStG und § 7 GewStG, verwendet. Dies führte im Laufe der Zeit zu einer zunehmenden Konkretisierung des Teilbetriebsbegriffes im deutschen Recht, die maßgeblich durch die Rechtsprechung zu § 16 EStG geprägt wurde[6]. Auch wenn die Auslegungen im Einzelfall auseinander gehen können[7], so ist der Teilbetriebsbegriff im deutschen Steuerrecht weitgehend ausgeprägt.

Mit der fortschreitenden Einigung Europas und der Schaffung eines europäischen Binnenmarktes kam in der Europäischen Gemeinschaft das Bedürfnis einer Regelung für grenzüberschreitende steuerneutrale Umwandlungen auf. Die Grundlage hierfür wurde 1990 durch die Fusionsrichtlinie[8] (FRL) geschaffen. Trotz der Vielzahl verschiedener nationaler Rechtssysteme in den Mitgliedstaaten musste die Fusionsrichtlinie eine einheitliche Basis für die grenzüberschreitenden Umwandlungen bieten. Daher finden sich in der Richtlinie eine Reihe von Legaldefinitionen für die verwendeten Begriffe. So auch für den Teilbetrieb, der in Art. 2 lit. j FRL als „die Gesamtheit der in einem Unternehmensteil einer Gesellschaft vorhandenen aktiven und passiven Wirtschaftsgüter, die in organisatorischer Hinsicht einen selbständigen Betrieb, d. h. eine aus eigenen Mitteln funktionsfähige Einheit, darstellen“ definiert ist. Für den Anwendungsbereich der Fusionsrichtlinie entstand damit ein eigenständiger Teilbetriebsbegriff.

---

5 vgl. *Wälzholz*, Der Teilbetriebsbegriff im Steuerrecht, S. 51 f.

6 BFH vom 26.04.1979, IV R 119/76, BStBl II 1979, 557; BMF vom 25.03.1998, BStBl I 1998, 268, Tz. 15.02, 20.08, 24.04; *Thiel* DStR 1995, 237 (240), *Blumers* DB 2001, 722; *Nitzschke* in Blümich, EStG, KStG, GewStG und Nebengesetze, § 20 UmwStG Rn. 52

7 vgl. *Wälzholz*, Der Teilbetriebsbegriff im Steuerrecht, S. 117 f.

8 Richtlinie vom 23.7.1990, 90/434/EWG, ABl. EG 1990 L 225/1; ersetzt durch die Richtlinie vom 19.10.2009, 2009/133/EG, ABl. 2009 L 310/34

Allerdings gibt es nur wenig Rechtsprechung zu der Auslegung der Richtliniendefinition[9]. Der Bundesfinanzhof ging zuletzt noch von der Kongruenz mit dem nationalen Teilbetriebsbegriff aus[10]. Dennoch zeichnen sich Unterscheide zwischen den beiden Begriffen ab[11].

Für die Fälle der Einbringung wurden die Vorgaben der Fusionsrichtlinie durch § 23 UmwStG 1995 in nationales Recht umgesetzt. Damit entstand zunächst ein paralleles System für grenzüberschreitende Einbringungen und für nationale Einbringungen, die ihrerseits nach §§ 20, 24 UmwStG 1995 geregelt waren. In allen Normen wurde dabei der Begriff des Teilbetriebs verwendet. Dies führte größtenteils zu der Annahme, dass der Begriff in § 23 UmwStG 1995 im Sinne der Fusionsrichtlinie auszulegen war, jedoch in §§ 20, 24 UmwStG 1995 der Teilbetriebsbegriff nach nationalem Verständnis anzuwenden sei[12]. Allerdings wurde in Hinblick auf die Fusionsrichtlinie auch vertreten den europäischen Teilbetriebsbegriff in den §§ 20, 23 UmwStG 1995 einheitlich anzuwenden[13]. Die Finanzverwaltung hingegen ging zunächst von einer einheitlichen Anwendung des nationalen Begriffes aus[14].

Die Aufspaltung der Einbringungstatbestände endete mit der Änderung des UmwStG im Rahmen des Gesetzes über steuerliche Begleitmaßnahmen zur Einführung der Europäischen Gesellschaft und zur Änderung weiterer steuerrechtlicher Vorschriften (SEStEG)[15]. Im Zuge der Umsetzung der inzwischen geänderten[16] Fusionsrichtlinie wurde in § 20 UmwStG ein einheitlicher Einbringungstatbestand geschaffen, der sowohl nationale wie grenzüberschreitende Sachverhalte erfasste, ohne zwischen diesen zu differenzieren. Dadurch stellte sich die Frage, wie der Teilbetriebsbegriff in den neu gestalteten §§ 20, 24 UmwStG auszulegen ist.

---

9 EuGH vom 15.1.2002, C-43/00, *Andersen og Jensen*, Slg. 2002, S. I-394; EuGH vom 13.10.1992, C-50/91, *Commerz-Credit-Bank/Finanzamt Saarbrücken*, Slg. 1992, S. I-5225

10 BFH vom 7.4.2010, I R 96/08, Rn. 30

11 vgl. *Herlinghaus* in Rödder/Herlinghaus/van Lishaut, UmwStG, § 20 Rn. 59; *Menner* in Haritz/Menner, UmwStG, § 20 Rn. 95; *Schmitt* in Schmitt/Hörtnagl/Stratz, UmwG, UmwStG § 20 UmwStG Rn. 84; *Strobl-Haarmann*, FS Widmann, S. 553 (562); *Thömmes*, FS Widmann, S. 583 (595 f.)

12 *Herlinghaus* in Rödder/Herlinghaus/van Lishaut, UmwStG, § 20 Rn. 59; *Menner/Broer* DB 2002, 815 (818); *Menner* in Haritz/Menner, UmwStG, § 20 Rn. 102

13 *Thömmes*, FS Widmann, S. 583 (606)

14 BMF vom 25.03.1998, BStBl I 1998, 268, Tz. 23.01

15 Gesetz vom 7.12.2006 BGBl I 2006, S. 2782

16 Richtlinie vom 17.2.2005, 2005/19/EG

Der Gesetzgeber traf dazu in der Gesetzesbegründung keine ausdrückliche Aussage[17]. Um abschätzen zu können, ob eine Einbringung sinnvoll ist, ist es jedoch wichtig zu wissen, was als Teilbetrieb zu verstehen ist und in welchem Umfang Wirtschaftsgüter für eine steuerneutrale Umwandlung übertragen werden müssen.

Zum einen wäre es möglich, wie bereits zuvor schon zum Teil gefordert[18], den Begriff einheitlich nach der Fusionsrichtlinie auszulegen[19].

Weiterhin könnte die Auslegung des Begriffes wie schon in §§ 20, 23 und 24 UmwStG a.F. unterschiedlich ausfallen und je nach Anwendungsbereich ausgelegt werden[20]. Diese gespaltene Auslegung kann in innerdeutschen Fällen auf den durch ständige Rechtsprechung geprägten nationalen Teilbetriebsbegriff zurückgreifen.

Des Weiteren können als Teilbetriebsbegriff, im Rahmen einer Art Meistbegünstigung, beide Begriffe in dem Maße Anwendung finden, dass neben den europäischen auch der nationale tritt, soweit er weniger strenge Anforderungen aufstellt[21].

Um bei den verschiedenen Auslegungsmöglichkeiten dennoch eine einheitliche Anwendung innerhalb der Finanzverwaltung zu ermöglichen, wurde der Umwandlungssteuererlass 2011 erlassen[22]. Dieser übernimmt die Teilbetriebsdefinition der Fusionsrichtlinie und wendet diese sowohl für grenzüberschreitende als auch für rein innerstaatliche Fälle an[23]. Bei der Auslegung der Definition geht die Finanzverwaltung von einem großen Umfang der Einbringungspflicht von Wirtschaftsgütern aus, die für eine steuerneutrale Umwandlung übertragen

---

17 BT-Drs. 16/2710

18 *Thömmes*, FS Widmann, S. 583 (606)

19 *Blumers* BB 2008, 2041; *ders.* BB 2011, 2204; *Nitzschke* in Blümich, EStG, KStG, GewStG und Nebengesetze, § 20 UmwStG Rn. 54; *Langheim*, Die Einbringung von Unternehmensteilen nach der Fusionsrichtlinie und ihre Umsetzung im Deutschen Umwandlungsgesetz, S. 233

20 *Graw* DB 2013, 1011 (1013); *Schmitt* in Schmitt/Hörtnagl/Stratz, UmwG, UmwStG § 20 UmwStG Rn. 84; *ders.* DStR 2011, 1108 (1110), *Widmann* in Widmann/Mayer, Umwandlungsrecht, § 20 UmwStG Rn. 5

21 *Goebel/Ungemach/Seidenfad/Herzig* DStZ 2009, 354 (365); *Herlinghaus* in Rödder/Herlinghaus/van Lishaut, Umwandlungssteuergesetz § 20 Rn. 59; *ders.*, FS Meilicke, S. 159 (176); *Menner* in Haritz/Menner, UmwStG, § 20 Rn. 100; *Nitzschke* in Blümich, EStG, KStG, GewStG und Nebengesetze, § 20 UmwStG Rn. 54; *Schumacher*, DStR 2008, 325 (327 f.)

22 BMF vom 11.11.2011, BStBl I 2011, 1314

23 BMF vom 11.11.2011, BStBl I 2011, 1314, Tz. 15.02, 20.06, 24.03

werden müssen[24]. Dies führt dazu, dass der Gestaltungsspielraum im Rahmen der Umwandlung deutlich eingeengt wird[25]. Die neu geschaffene Unsicherheit bei der Einschätzung des Einbringungsumfanges die Einholung von verbindlichen Auskünften im Vorfeld daher unumgänglich machen[26].

Diese Dissertation soll dazu beitragen, die Unsicherheiten bei der Auslegung des Teilbetriebsbegriffes in den §§ 20, 24 UmwStG zu beseitigen. Sie soll die verschiedenen Auslegungsmöglichkeiten kritisch prüfen und eine dogmatisch ausgearbeitete Grundlage für die Auslegung des Teilbetriebsbegriffes bieten.

2. Gang der Untersuchung

Im Folgenden wird in Teil zwei zunächst die Systematik des Umwandlungssteuergesetzes und der Fusionsrichtlinie aufgezeigt.

Danach wird im dritten Teil die Entwicklung des deutschen Teilbetriebsbegriffes und der nach dem bisherigen nationalen Verständnis erforderliche Einbringungsumfang dargestellt. Es wird die Bedeutung des Teilbetriebes im deutschen Steuerrecht herausgearbeitet und das Verhältnis der verschieden Normen, die auf diesen Begriff zurückgreifen, erörtert. Insbesondere wird das Verständnis des Teilbetriebsbegriffes der Rechtsprechung und der vorherrschenden Lehre für die Einbringungstatbestände bis zum SEStEG 2006 dargestellt.

Anschließend werden im vierten Teil der Teilbetriebsbegriff der Fusionsrichtlinie und der hier erforderliche Einbringungsumfang behandelt, sowie die Unterschiede zum nationalen Teilbetriebsbegriff aufgezeigt.

Im fünften Teil wird die Rechtslage im deutschen UmwStG nach dem SEStEG aus dem Jahr 2006 behandelt.

Zunächst werden der Umfang der Umsetzungspflicht der Fusionsrichtlinie und die Auslegungskompetenz des EuGH hinsichtlich der Richtlinienbegriffe dargestellt. Danach werden die verschiedenen Auslegungsmöglichkeiten des Teilbetriebsbegriffes im aktuellen § 20 UmwStG deutschen UmwStG erörtert und diese an den gesetzgeberischen, europarechtlichen und grundgesetzlichen Vorgaben gemessen.

Zuerst wird die gespaltene Auslegung des Teilbetriebsbegriffes untersucht, die je nach Sachverhalt den nationalen oder den europäischen Begriff verwendet. Anschließend wird eine Auslegungsmöglichkeit geprüft, die auf Grundlage des europäischen Teilbetriebsbegriffes einen Rückgriff auf den deutschen Begriff zulässt,

---

24 BMF vom 11.11.2011, BStBl I 2011, 1314, Tz. 15.07, 20.06, 24.03

25 *Schmitt* DStR 2011, 1108 (1109)

26 *Blumenberg/Rosenberg* DB 2012, Beilage 01, S. 4 (5)

soweit dies für den Steuerpflichtigen günstiger ist. Des Weiteren wird die Auslegung hinsichtlich einer einheitlichen Anwendung des Richtlinienbegriffes auf nationale und grenzüberschreitende Sachverhalte behandelt.

Danach werden in einer Stellungsnahme die Konsequenzen der gefundenen Ergebnisse bewertet. Nachfolgend werden hieran die Ausführungen der Finanzverwaltung im Rahmen des Umwandlungssteuererlasses 2011 gemessen. Abschließend wird die Auslegung des Teilbetriebsbegriffes in § 24 UmwStG behandelt.

II. Systematik des Umwandlungssteuergesetzes und der Fusionsrichtlinie

1. Systematik des § 20 UmwStG

1.1. Aufschub der Besteuerung

Der § 20 UmwStG betrifft die Vorgänge der Einbringungen in Kapitalgesellschaften und Genossenschaften gegen Gewährung neuer Anteile an den Einbringenden, soweit dies nach § 1 Abs. 3 Nr. 1 UmwStG im Wege der Gesamtrechtsnachfolge nach § 123 UmwG oder gemäß § 1 Abs. 3 Nr. 4 UmwStG im Wege der Einzelrechtsnachfolge geschieht.

Die Einbringung von Unternehmensteilen gegen Gewährung neuer Anteile stellt sich dabei als tauschähnliches Geschäft dar[27]. Als Veräußerungsvorgang würde dies grundsätzlich zu einer Realisierung und Besteuerung der stillen Reserven nach § 16 Einkommenssteuergesetz (EStG), beziehungsweise § 8 KStG iVm § 16 EStG führen. In diesen Situationen bietet das Umwandlungssteuergesetz die Möglichkeit, die Einbringung steuerneutral zu gestalten.

Die Aufdeckung stiller Reserven wird vermieden, indem für die übernehmende Gesellschaft die Möglichkeit, besteht die Wirtschaftsgüter des Einbringungsgegenstandes nach § 20 den Abs. 2 S. 2 des UmwStG mit den Buchwerten des Einbringenden weiterzuführen. Die übernehmende Gesellschaft tritt in diesem Fall nach § 23 Abs. 1 iVm § 12 Abs. 3 Hs. 1 UmwStG in die steuerliche Rechtsstellung des übertragenden Rechtsträgers ein. Der Wert, mit dem die übernehmende Gesellschaft den Einbringungsgegenstand ansetzt, gilt nach § 20 Abs. 3 S. 1 UmwStG als Veräußerungspreis und zugleich als Anschaffungskosten des Einbringenden für die erworbenen Gesellschaftsanteile. Insoweit entsteht beim Einbringenden kein Veräußerungsgewinn nach § 16 Abs. 2 EStG, da der Veräußerungspreis in diesen Fällen dem Buchwert entspricht. Die §§ 20, 24 UmwStG werden daher als lex specialis zu § 16 EStG betrachtet[28].

---

27 *Herlinghaus* in Rödder/Herlinghaus/van Lishaut, UmwStG, § 20 Rn. 59; *Nitzschke* in Blümich, EStG, KStG, GewStG und Nebengesetze, § 20 UmwStG Rn. 21; BMF vom 25.03.1998, BStBl I 1998, 268, Tz. 20.01

28 *Herlinghaus* in Rödder/Herlinghaus/van Lishaut, UmwStG, § 20 Rn. 59; *Nitzschke* in Blümich, EStG, KStG, GewStG und Nebengesetze, § 20 UmwStG Rn. 21; *Wälzholz*, Der Teilbetriebsbegriff im Steuerrecht, S. 222

Wird von dieser Option Gebrauch gemacht, werden die nach wie vor im eingebrachten Unternehmensteil vorhandenen stillen Reserven erst mit einer Realisation durch die übernehmende Gesellschaft aufgedeckt. Insofern wird die Besteuerung nicht endgültig ausgesetzt, sondern lediglich aufgeschoben, da die stillen Reserven nach wie vor steuerverstrickt bleiben. Für den Einbringenden wird zudem über § 22 UmwStG geregelt, dass ein zeitanteiliger Veräußerungsgewinn nach § 16 EStG besteuert wird, falls die erhaltenen Anteile innerhalb der folgenden sieben Jahre veräußert werden.

1.2. Einbringungsgegestände

§ 20 UmwStG umfasst die Einbringung von Betrieben, Teilbetrieben und Mitunternehmeranteilen in eine Kapitalgesellschaft oder Genossenschaft gegen Gewährung neuer Anteile. Das heißt, es bestehen drei voneinander abzugrenzende Einbringungsgegenstände. Im Gegensatz hierzu gilt für die Spaltung nach § 15 Abs. 1 S. 3 der Mitunternehmeranteil als Teilbetrieb. Unter dem Mitunternehmeranteil ist eine Beteiligung an einer Personengesellschaft zu verstehen, die Einkünfte im Sinne der §§ 13, 15 oder 18 EStG erzielt[29]. Da die Beteiligung an einer Personengesellschaft selbst keinen eigenständigen Unternehmensteil darstellt, begründet der § 15 Abs. 1 S. 3 UmwStG für den Mitunternehmeranteil lediglich die Fiktion eines Teilbetriebes, die in den Einbringungstatbeständen nicht vorgenommen wird[30]. Für den Bereich der Spaltung ist der Mitunternehmeranteil damit dem echten Teilbetrieb gleichgestellt[31]. In § 20 UmwStG stehen Teilbetrieb und Mitunternehmerschaft als eigenständige Einbringungsgegenstände nebeneinander.

Zudem erklärt § 16 Abs. 1 S. 1 Nr. 1 S. 2 EStG, dass eine 100%ige Beteiligung an einer Kapitalgesellschaft als Teilbetrieb gilt. Darüber hinaus findet sich diese Regelung auch in § 15 Abs. 1 S. 3 UmwStG. Auch hier handelt es sich um eine gesetzliche Fiktion[32]. Im Anwendungsbereich des § 20 UmwStG sieht § 21 UmwStG

---

29 *Asmus* in Haritz/Menner, UmwStG, § 15 Rn. 83; *Schumacher* in Rödder/Herlinghaus/van Lishaut, UmwStG, § 15 Rn. 158

30 *Patt* in Dötsch/Patt/Pung/Möhlenbröck, Umwandlungssteuerrecht, § 20 Rn. 104; *Langheim*, Die Einbringung von Unternehmensteilen nach der Fusionsrichtlinie und ihre Umsetzung im deutschen Umwandlungssteuergesetz, S. 152; *Hörtnagel* in Schmitt/Hörtnagl/Stratz, UmwG, UmwStG § 15 UmwStG Rn. 88; *Schumacher* in Rödder/Herlinghaus/van Lishaut, UmwStG, § 15 Rn. 157

31 *Dötsch/Pung* in Dötsch/Patt/Pung/Möhlenbröck, Umwandlungssteuerrecht, § 15 Rn. 71; *Schumacher* in Rödder/Herlinghaus/van Lishaut, UmwStG, § 15 Rn. 157

32 *Asmus* in Haritz/Menner, UmwStG, § 15 Rn. 89; *Dötsch/Pung* in Dötsch/Patt/Pung/Möhlenbröck, Umwandlungssteuerrecht, § 15 Rn. 71; Hörtnagel in Schmitt/Hörtnagl/

die Möglichkeit des steuerneutralen Anteilstausches ausdrücklich vor. Insofern besteht kein Raum, diese Fiktion auch hier anzuwenden.

1.3. Persönlicher Anwendungsbereich

Der persönliche Anwendungsbereich des § 20 UmwStG wird durch § 1 Abs. 3, 4 UmwStG konkretisiert.

Die aufnehmende Kapitalgesellschaft oder Genossenschaft muss nach § 1 Abs. 4 S. 1 Nr. 1 UmwStG eine Gesellschaft im Sinne des § 1 Abs. 2 Nr. 1 UmwStG sein. Dafür muss diese zum einen ihren Sitz oder Ort der Geschäftsleitung innerhalb der Europäischen Union oder des Europäischen Wirtschaftsraumes haben und nach den Rechtsvorschriften der hiervon erfassten Staaten gegründet worden sein. Zum anderen muss sie unter den Gesellschaftsbegriff des Art. 54 AEUV, beziehungsweise des Art. 34 des Abkommens über den Europäischen Wirtschaftsraum fallen. Hiervon sind sowohl Genossenschaften als auch Gesellschaften erfasst, soweit sie Erwerbszwecken dienen. Die unbeschränkte Körperschaftsteuerpflicht der aufnehmenden Gesellschaft ist seit dem SEStEG 2006 nicht mehr notwendig. Insoweit wurde der Anwendungsbereich des UmwStG erweitert[33]. Als einbringender Rechtsträger kommen nach § 1 Abs. 4 S. 1 Nr. 2 lit. a aa ebenfalls Gesellschaften im Sinne des § 1 Abs. 2 Nr. 1 UmwStG in Betracht. Daneben können nach § 1 Abs. 4 S. 1 Nr. 2 lit. a bb UmwStG auch natürliche Personen im Sinne des § 1 Abs. 2 Nr. 2 UmwStG einbringende Rechtsträger sein. Dazu müssen sie ihren Wohnsitz oder gewöhnlichen Aufenthalt innerhalb der Europäischen Union oder des Europäischen Wirtschaftsraumes haben. Darüber hinaus ist eine Einbringung unabhängig von der Rechtsform und Herkunft des einbringenden Rechtsträgers nach § 1 Abs. 4 S. 1 Nr. 2 lit. b möglich, sofern das Besteuerungsrecht der Bundesrepublik Deutschland hinsichtlich des Gewinns aus der Veräußerung der erhaltenen Anteile nicht ausgeschlossen oder beschränkt ist.

2. Anwendungsbereich des § 24 UmwStG

In § 24 UmwStG wird die Einbringung von Betrieben, Teilbetrieben und Mitunternehmerschaften in eine Personengesellschaft gegen Einräumung einer

Stratz, UmwG, UmwStG § 15 UmwStG Rn. 98; *Klingberg* in Blümich, EStG, KStG, GewStG und Nebengesetze, § 15 UmwStG Rn. 62; *Wälzholz*, Der Teilbetriebsbegriff im Steuerrecht, S. 109

33 *Schmitt* in Schmitt/Hörtnagl/Stratz, UmwG, UmwStG § 20 UmwStG Rn. 3

Mitunternehmerstellung geregelt. Auch hier sind, im Gegensatz zur Spaltung nach § 15 UmwStG, der Teilbetrieb und der Mitunternehmeranteil zwei selbstständige Einbringungsgegenstände. Für § 24 UmwStG wird jedoch entsprechend zur lex generalis des § 16 Abs. 1 S. 1 Nr. 1 S. 2 EStG überwiegend angenommen, dass eine 100%ige Beteiligung als Teilbetrieb fingiert wird, wenn diese im Betriebsvermögen des Einbringenden gehalten wurde[34].

Auch die Einbringung in Personengesellschaften kann nach § 1 Abs. 3 UmwStG im Wege der Einzelrechtsnachfolge geschehen. Die für die Einbringung in Kapitalgesellschaften und Körperschaften nach § 20 UmwStG geltenden Einschränkungen aus § 1 Abs. 4 S. 1 UmwStG hinsichtlich Rechtsform und Herkunft der Beteiligten sind nach § 1 Abs. 3, 4 S. 2 nicht auf die Einbringung in Personengesellschaften nach § 24 UmwStG anwendbar. Daher ist der Personenkreis der möglichen Beteiligten in § 24 UmwStG weiter als in § 20 UmwStG.

3. Systematik der Fusionsrichtlinie

Der Anwendungsbereich der Richtlinie erstreckt sich nach Art. 1 lit. a FRL auf Fusionen, Spaltungen, Abspaltungen, die Einbringung von Unternehmensteilen und den Austausch von Anteilen, falls daran Gesellschaften aus zwei oder mehr Mitgliedstaaten beteiligt sind.

Nach Art. 2 lit. d FRL umfasst die Einbringung von Unternehmensteilen die Einbringung von Betrieben und Teilbetrieben gegen Gewährung von Anteilen. Mitunternehmerschaften kennt die Fusionsrichtlinie nicht. Zudem ist es nicht relevant, ob die erhaltenen Anteile neu geschaffen worden sind.

Einbringungen durch natürliche Personen sind generell nicht erfasst. Deutsche Personengesellschaften fallen nicht unter die in Art. 3 lit. a iVm Anhang 1 Teil A der Fusionsrichtlinie genannten Gesellschaften, sodass die Richtlinie bei Einbringungen in diese nicht angewendet werden muss[35]. In Hinsicht auf Gesellschaften, die in anderen Mitgliedstaaten ansässig sind und die von dem verpflichteten Mitgliedstaat als steuerlich transparent angesehen werden, muss die Richtlinie nach Art. 11 I FRL ebenfalls nicht angewendet werden.

---

34 BMF vom 16.6.1978, BStBl I 1978, 235, Tz. 81; BMF vom 25.03.1998, BStBl I 1998, 268, Tz. 24.03; zu § 24 UmwStG 2006: BT-Drs. 16/2710 S. 50; *Langheim*, Die Einbringung von Unternehmensteilen nach der Fusionsrichtlinie und ihre Umsetzung im deutschen Umwandlungssteuergesetz, S. 152; *Rasche* in GmbHR 2007, 793 f.; *Schmitt* in Schmitt/Hörtnagl/Stratz, UmwG, UmwStG § 24 UmwStG Rn. 75; abweichend BFH vom 17.7.2008, I R 77/06, BStBl II 2009, 464

35 *Schmitt* in Schmitt/Hörtnagl/Stratz, UmwG, UmwStG § 24 UmwStG Rn. 61

4. Überschneidungen von Umwandlungssteuergesetz und Fusionsrichtlinie

Der Anwendungsbereich des § 20 UmwStG umfasst teilweise den Andwendungsbereich der Einbringungen nach Art. 1 lit. a FRL, geht aber über diesen hinaus, da er auch rein nationale Einbringungen sowie solche von natürlichen Personen erfasst. Außerdem können einbringende Rechtsträger auch in Drittstaaten ansässig sein, falls das Besteuerungsrecht der Bundesrepublik Deutschland hinsichtlich des Gewinns aus der Veräußerung der erhaltenen Anteile nicht ausgeschlossen oder beschränkt ist. Daher erfasst die Fusionsrichtlinie nur Teile des Regelungsbereiches des § 20 UmwStG.

Über die Richtlinie hinaus sind in § 20 UmwStG auch Mitunternehmeranteile mögliche Einbringungstatgegenstände. Allerdings umfasst § 20 UmwStG im Gegensatz zur Fusionsrichtlinie nur die Einbringung gegen Erhalt neuer Anteile.

Der Anwendungsbereich des § 24 UmwStG ist hingegen nicht von den verpflichtenden Vorgaben der Fusionsrichtlinie erfasst. Auf deutsche Personengesellschaften ist diese von vornherein nicht anwendbar und auf ausländische Gesellschaften, die in Deutschland als transparent angesehen werden, muss die Richtlinie nach Art. 11 I FRL nicht angewendet werden.

III. Der nationale Teilbetriebsbegriff bis zum SEStEG 2006

1. Die Verwendung des Teilbetriebsbegriffs

Der Begriff des Teilbetriebes wurde zum ersten Mal in § 16 des EStG von 1934[36] verwendet[37]. Dieser regelte damals, wie auch heute noch, die Besteuerung von Gewinnen bei der Veräußerung, beziehungsweise Aufgabe eines Betriebs im Rahmen der Einkünfte aus Gewerbebetrieb. Der § 16 EStG 1934 führte diesbezüglich die Regelung des § 30 EStG 1925[38] fort. Dieser hatte noch nicht auf den Begriff des Teilbetriebes zurückgegriffen, jedoch auf den Begriff des Teiles des Gewerbebetriebes. Eine inhaltliche Änderung war bei der Umbenennung durch den Gesetzgeber nicht gewollt[39]. So liegt der Ursprung des Teilbetriebsbegriffes bei den Einkünften aus Gewebebetrieb im Einkommenssteuerrecht. Als Parallelvorschrift zu § 16 EStG in den Einkünften aus Land- und Forstwirtschaft verwendet auch der § 14 EStG den Begriff des Teilbetriebes. Darüber hinaus findet er auch Anwendung in den Bewertungsvorschriften des § 6 Abs. 3 EStG, in § 13a ErbStG und in § 7 GewStG.

Den Weg ins Umwandlungssteuergesetz fand der Teilbetriebsbegriff erst mit der Normierung der Einbringungstatbestände in den §§ 19 und 22 des Umwandlungssteuergesetzes 1969[40]. Das erste Umwandlungssteuergesetz von 1934[41] hatte noch keine Einbringungstatbestände gekannt. Vor 1969 war die Einbringung jedoch bereits durch die Rechtsprechung ausgeprägt worden[42].

---

36 Gesetz vom 16.10.1934, RGBl I 1934 S. 1005 (1010)

37 *Wälzholz*, Der Teilbetriebsbegriff im Steuerrecht, S. 127

38 Gesetz vom 10.08.1925, RGBl I 1925 S. 189 (195)

39 RStBl 1935, S. 42; *Wälzholz*, Der Teilbetriebsbegriff im Steuerrecht, S. 127

40 Gesetz vom 14.08.1969, BGBl I 1969 S. 1163 (1167, 1168)

41 RGBl I 1934, S. 572

42 RFH vom 09.05.1933, VI A 434/30, RStBl 1933, 999; RFH vom 12.04.1934, VI A 1559/32, RFHE 36, 171; BFH vom 04.02.1954, IV 347/53 S, BFHE 58, 528; BFH vom 24.03.1959, I 205/57 U, BFHE 69, 72; BFH vom 28.07.1960, IV 27/59 U, BFHE 71, 411; BFH vom 13.07.1965, I 167/59 U, BFHE 83, 390; BFH vom 08.12.1971, I R 219/69, BStBl II 1972, 377; BFH vom 29.03.1972, I R 43/69, BStBl II 1972, 537; BFH vom 26.01.1977, VIII R 109/75, BStBl II 1977, 283; vgl. hierzu *Schmitt*, Grundlagen des Umwandlungssteuerrechts, S. 417 f.

Der Reichsfinanzhof hatte im Jahr 1933 über die Frage zu entscheiden, inwieweit in einer Einbringungssituation ein Veräußerungsgewinn realisiert wird, der nach dem damaligen § 30 UmwStG 1925 zu versteuern war[43]. Er kam zu dem Schluss, dass die Einbringung als Tauschgeschäft und Veräußerung zu bewerten ist, jedoch die Fortführung des Unternehmens durch den Veräußerer über seine Beteiligung nicht zu der Realisierung eines Veräußerungsgewinnes führt[44]. Insofern zeigt sich hier eine Parallele der Einbringungstatbestände mit dem § 16 EStG[45]. So wurde auch bei der Normierung der Einbringung auf den im EStG verwendeten Begriff des Teilbetriebes zurückgegriffen. Aufgrund dieses Verhältnisses zwischen Einkommenssteuerrecht und Umwandlungssteuerrecht werden die §§ 20, 24 UmwStG auch als lex specialis zu § 16 EStG gesehen[46]. Bei der Spaltung in § 15 UmwStG wird zwar auch auf den Teilbetriebsbegriff zurückgegriffen, hier besteht jedoch kein direkter Bezug zu § 16 EStG[47].

Während § 20 UmwStG die Einbringung in Kapitalgesellschaften regelt, findet § 24 auf die Einbringung in Personengesellschaften Anwendung. Bis zum UmwStG 2006 wurde der Begriff des Teilbetriebes auch in § 23 UmwStG 1995 verwendet. Dieser regelte die grenzüberschreitende Einbringung in eine Kapitalgesellschaft der Europäischen Union. Entgegen der Auffassung der Finanzverwaltung[48], die hier den nationalen Teilbetriebsbegriff verwenden wollte, ging die herrschende Auffassung davon aus, dass im Rahmen einer richtlinienkonformen Auslegung der Begriff verwendet werden sollte, den die Fusionsrichtlinie in Art. 2 lit. j definiert[49]. Zum Teil wurde sogar die Anwendung des europarechtlichen Teilbetriebsbegriffes auf Einbringungen nach § 20 UmwStG gefordert[50]. In dieser Hinsicht kam dem Begriff des Teilbetriebes in § 23 UmwStG 1995 eine Sonderstellung zu, sodass hier zunächst nur der nationale Teilbetriebsbegriff, insbesondere in den §§ 20, 24 UmwStG 1995 betrachtet wird.

---

43 RFH vom 09.05.1933, VI A 434/30, RStBl 1933, 999

44 RFH vom 09.05.1933, VI A 434/30, RStBl 1933, 999

45 *Wälzholz*, Der Teilbetriebsbegriff im Steuerrecht, S. 222

46 *Herlinghaus* in Rödder/Herlinghaus/van Lishaut, UmwStG, § 20 Rn. 59; *Nitzschke* in Blümich, EStG, KStG, GewStG und Nebengesetze, § 20 UmwStG Rn. 21; *Wälzholz*, Der Teilbetriebsbegriff im Steuerrecht, S. 222

47 *Wälzholz*, Der Teilbetriebsbegriff im Steuerrecht, S. 225

48 BMF vom 25.03.1998, BStBl I 1998, 268, Tz. 23.01

49 *Blumers* DB 2001, 722 (724); *Herzig/Förster* DB 1992, 911 f. zum damaligen § 20 VIII UmwStG; *Menner/Broer* BB 2003, 229 f.; *Strobl-Haarmann*, FS Widmann, S. 553 (558); *Thömmes*, FS Widmann, S. 583 (600); *Wälzholz*, Der Teilbetriebsbegriff im Steuerrecht, S. 226

50 *Thömmes*, FS Widmann, S. 583 (606)

2. Die Merkmale des nationalen Teilbetriebsbegriffes

2.1. Einheitlichkeit und normspezifische Auslegung

Aufgrund der langen Geschichte des § 16 EStG, beziehungsweise § 30 EStG 1925, bezieht sich ein Großteil der Rechtsprechung zum Teilbetriebsbegriff auf diese Norm, insbesondere wurden in diesem Rahmen die Voraussetzungen des Teilbetriebes ausgestaltet[51]. Danach ist ein Teilbetrieb als ein organisatorisch geschlossener, mit einer gewissen Selbständigkeit ausgestatteter Teil eines Gesamtbetriebs zu verstehen, der für sich betrachtet alle Merkmale eines Betriebs aufweist und als solcher lebensfähig ist[52].

Grundsätzlich wurden in einheitlicher Anwendung des Teilbetriebsbegriffes im Steuerrecht, auch im Umwandlungssteuerrecht die zum Einkommenssteuerrecht entwickelten Kriterien angewendet[53]. Jedoch wurde zunehmend davon ausgegangen, dass der Teilbetriebsbegriff, mit den dazu entwickelten Voraussetzungen, normspezifisch auszulegen ist[54].

Zwar besteht, wie bereits gezeigt[55], ein gewisser Zusammenhang zwischen § 16 EStG und den Einbringungstatbeständen des UmwStG, jedoch unterscheiden sich die Regelungen in ihrem Telos[56]. Während in § 16 EStG die Beendigung der betrieblichen Tätigkeit ausschlaggebend ist, wird diese im Rahmen

---

51 RFH vom 20.06.1928, VI A 273/28, RStBl 1928, 344; RFH vom 06.11.1929, VI A 1470/29, RStBl 1930, 39; Weiterführend BFH vom 27.10.1994, I R 107/93, BStBl II 1995, 403; BFH vom 13.02.1996, VIII R 39/92, BStBl II 1996, 409; BFH vom 10.10.2001, VI R 35/00, DStRE 2002, 423; BFH vom 04.07.2007, X R 49/06, BStBl II 2007, 772; *Wälzholz*, Der Teilbetriebsbegriff im Steuerrecht, S. 7

52 Ständige Rechtsprechung, vgl. BFH vom 27.10.1994, I R 107/93, BStBl II 1995, 403; BFH vom 13.02.1996, VIII R 39/92, BStBl II 1996, 409; BFH vom 10.10.2001, VI R 35/00, DStRE 2002, 423; BFH vom 04.07.2007, X R 49/06, BStBl II 2007, 772

53 BFH vom 26.04.1979, IV R 119/76, BStBl II 1979, 557; BMF vom 25.03.1998, BStBl I 1998, 268, Tz. 15.02, 20.08, 24.04; *Thiel* DStR 1995, 237 (240); *Blumers* DB 2001, 722; *Nitzschke* in Blümich, EStG, KStG, GewStG und Nebengesetze, § 20 UmwStG Rn. 52

54 *Blumers* BB 1995, 1821 ff.; *Rödder/Beckmann* DStR 1999, 751 mit Verweis auf BFH vom 02.10.1997, BStBl II 1998, 104; *Patt* in Dötsch/Patt/Pung/Möhlenbröck, Umwandlungssteuerrecht, § 20 Rn. 76; *Menner* in Haritz/Menner, UmwStG, § 20 Rn. 93

55 siehe III. 1.1.1.

56 *Rödder/Beckmann* DStR 1999, 751; *Blumers* DB 2001, 722 (724); *Wälzholz*, Der Teilbetriebsbegriff im Steuerrecht, S. 223 (226); *Langheim*, Die Einbringung von Unternehmensteilen nach der Fusionsrichtlinie und ihre Umsetzung im deutschen Umwandlungssteuergesetz, S. 105

der Einbringungstatbestände fortgeführt[57]. Im Rahmen des § 16 EStG werden stille Reserven realisiert und besteuert. Dagegen geht es im UmwStG gerade darum, deren Aufdeckung im Rahmen wirtschaftlich sinnvoller Umstrukturierungen zu vermeiden[58]. Bei der Einbringung bleiben die stillen Reserven zudem steuerlich verstrickt, sodass deren Besteuerung zu einem späteren Zeitpunkt gesichert ist[59]. Daher verfolgen die Normen, die den Teilbetriebsbegriff verwenden, unterschiedliche Ziele.

2.2. Voraussetzungen in den Einbringungstatbeständen

Unter Berücksichtigung der normspezifischen Besonderheiten sollen im Folgenden die Voraussetzungen des Teilbetriebes in den §§ 20, 24 des UmwStG 1995 dargestellt werden, wie sie bis zum SEStEG im Jahre 2006 angewendet wurden. Es werden insbesondere die bis dato geltende Rechtsprechung und die herrschende Meinung berücksichtigt. Dabei werden im Einzelnen die Merkmale der gewissen Selbstständigkeit, der eigengewerblichen Tätigkeit, sowie der organischen Geschlossenheit und der eigenständigen Lebensfähigkeit betrachtet.

2.2.1. Selbstständigkeit

Das Erfordernis der gewissen Selbstständigkeit setzt voraus, dass sich die Tätigkeit der einzubringenden Untereinheit von der übrigen gewerblichen Tätigkeit des Gesamtunternehmens deutlich unterscheidet[60]. Durch dieses Kriterium wird der Teilbetrieb einerseits zum bloßen Betriebsteil und, durch Verzicht auf eine

57 vgl. *Herzig/Förster* DB 1994, 1 (6); *Blumers* DB 1995, 496 ff.; *Wälzholz*, Der Teilbetriebsbegriff im Steuerrecht, S. 226; *Langheim*, Die Einbringung von Unternehmensteilen nach der Fusionsrichtlinie und ihre Umsetzung im deutschen Umwandlungssteuergesetz, S. 105

58 *Blumers* DB 1995, 496; *Langheim*, Die Einbringung von Unternehmensteilen nach der Fusionsrichtlinie und ihre Umsetzung im deutschen Umwandlungssteuergesetz, S. 105; *Wälzholz*, Der Teilbetriebsbegriff im Steuerrecht, S. 226 f.

59 *Thiel* DStR 1995, 237 (239); *Wälzholz*, Der Teilbetriebsbegriff im Steuerrecht, S. 226; *Langheim*, Die Einbringung von Unternehmensteilen nach der Fusionsrichtlinie und ihre Umsetzung im deutschen Umwandlungssteuergesetz, S. 106

60 BFH vom 04.07.1973, I R 154/71, BStBl II 1973, 838; BFH vom 12.04.1989, I R 105/85, BStBl II 1989, 653; BFH vom 13.02.1996, VIII R 39/92, BStBl II 1996, 409; *Graw* IFSt-Schrift Nr. 488, S. 13; *Herlinghaus* in Rödder/Herlinghaus/van Lishaut, UmwStG, § 20 Rn. 62; *Patt* in Dötsch/Patt/Pung/Möhlenbröck, Umwandlungssteuerrecht, § 20 Rn. 82

vollumfängliche Selbstständigkeit, andererseits zum Betrieb abgegrenzt[61]. Der Teilbetrieb muss dabei bereits vor der Einbringung über die gewisse Selbstständigkeit verfügen[62].

Inwieweit eine solche ausreichende Verselbständigung gegenüber dem Gesamtbetrieb besteht, ist nach der Rechtsprechung im Einzelfall in einer Gesamtschau zu entscheiden[63]. Kennzeichen für eine gewisse Selbstständigkeit können dabei unter anderem eigenes Personal, eigene Betriebsmittel, eigene Buchführung, Mitwirkung bei Einkauf und Preisgestaltung, eigene Vertragsgestaltung, unterschiedliches Warensortiment, eigener Kundenstamm, eigene Werbung, selbständige Organisation, örtliche Trennung vom Hauptbetrieb und eine ungleichartige Tätigkeit sein[64].

Im Rahmen des § 16 EStG soll das Merkmal der gewissen Selbstständigkeit sicherstellen, dass der Steuerpflichtige die Vergünstigungen der §§ 16 Abs. 4, 34 EStG nur wahrnehmen kann, wenn er eine selbstständige Einkommensquelle aufgibt und nicht die gleiche Tätigkeit in einem fortbestehenden Unternehmensteil weiterführen kann[65]. Allerdings wurde das Erfordernis der gewissen Selbstständigkeit im Umwandlungssteuerrecht zum Teil nicht als notwendig angesehen[66]. Vielmehr stehe, in der normspezifischen Auslegung des Teilbetriebsbegriffes, die Fortführung des Unternehmensteiles im Vordergrund, sodass an die Stelle der Selbstständigkeit vielmehr die Fortführbarkeit[67], beziehungsweise Funktionsfähigkeit[68] des Teilbetriebes treten soll. Rechtsprechung und Finanzverwaltung gingen jedoch, in Anlehnung an den zu § 16 EStG entwickelten Teilbetriebsbegriff,

---

61 *Hundertmark/Irrgang* BB 1972, 653; *Wälzholz*, Der Teilbetriebsbegriff im Steuerrecht, S. 63 (68); *Langheim*, Die Einbringung von Unternehmensteilen nach der Fusionsrichtlinie und ihre Umsetzung im deutschen Umwandlungssteuergesetz, S. 129

62 BFH vom 23.11.1988, X R 1/86, BStBl II 1989, 37; *Wälzholz*, Der Teilbetriebsbegriff im Steuerrecht, S. 68; *Langheim*, Die Einbringung von Unternehmensteilen nach der Fusionsrichtlinie und ihre Umsetzung im deutschen Umwandlungssteuergesetz, S. 130

63 BFH vom 15.03.1984, IV R 189/81, BStBl II 1984, 486

64 BFH vom 15.03.1984, IV R 189/81, BStBl II 1984, 486; *Patt* in Dötsch/Patt/Pung/Möhlenbröck, Umwandlungssteuerrecht, § 20 Rn. 83

65 *Tiedtke* DStR 1979, 543 (545); *ders.* FR 1985, 298 (299); *Wälzholz*, Der Teilbetriebsbegriff im Steuerrecht, S. 147; *Langheim*, Die Einbringung von Unternehmensteilen nach der Fusionsrichtlinie und ihre Umsetzung im deutschen Umwandlungssteuergesetz, S. 132

66 *Blumers* DB 2001, 722 (724); *Rödder/Beckmann* DStR 1999, 751; *Wälzholz*, Der Teilbetriebsbegriff im Steuerrecht, S. 228

67 *Herzig/Momen* DB 1994, 2157 (2161); *Herzig/Förster* DB 1995, 338 (342); *Wälzholz*, Der Teilbetriebsbegriff im Steuerrecht, S. 228

68 *Rödder/Beckmann* DStR 1999, 751 (752)

von dem Erfordernis der gewissen Selbstständigkeit aus[69] und auch in der Literatur wurde weitgehend daran festgehalten[70].

2.2.2. *Teilbetrieb als Gewerbebetrieb*

Teil der Anforderungen eines Teilbetriebes ist auch, dass dieser selbst alle Merkmale eines Betriebes aufweist[71]. In Abgrenzung von Betrieb und Teilbetrieb gilt jedoch, dass bei ersterem eine vollständige Selbstständigkeit gefordert wird, während bei letzterem lediglich eine gewisse Selbstständigkeit ausreicht[72].

Das Erfordernis, die Eigenschaften eines Betriebes aufzuweisen, bedeutet für den Teilbetrieb letztlich, dass dieser, für sich betrachtet, einen gewerblichen Charakter haben muss[73]. Eine vermögensverwaltende Untereinheit kann diese Anforderung nach vorherrschender Meinung in der Regel nicht erfüllen[74]. Ausnahmen werden bei der Betriebsaufspaltung gemacht, wo ein vermögensverwaltendes Besitzunternehmen in personeller und sachlicher Verflechtung mit dem gewerblich tätigen Betriebsunternehmen steht[75].

---

69 BMF vom 25.03.1998, BStBl I 1998, 268, Tz. 15.02, 20.08, 24.04

70 *Patt* in Dötsch/Patt/Pung/Möhlenbröck, Umwandlungssteuerrecht, § 20 Rn. 76; *Menner* in Haritz/Menner, UmwStG, § 20 Rn. 93; *Schmitt* in Schmitt/Hörtnagl/Stratz, UmwG, UmwStG § 20 UmwStG Rn. 85

71 BFH vom 27.10.1994, I R 107/93, BStBl II 1995, 403; BFH vom 13.02.1996, VIII R 39/92, BStBl II 1996, 409; BFH vom 10.10.2001, VI R 35/00, DStRE 2002, 423; BFH vom 04.07.2007, X R 49/06, BStBl II 2007, 772; *Menner* in Haritz/Menner, UmwStG, § 20 Rn. 93; *Patt* in Dötsch/Patt/Pung/Möhlenbröck, Umwandlungssteuerrecht, § 20 Rn. 76; *Schmitt* in Schmitt/Hörtnagl/Stratz, UmwG, UmwStG § 20 UmwStG Rn. 85; *Wälzholz*, Der Teilbetriebsbegriff im Steuerrecht, S. 59

72 *Hundertmark/Irrgang* BB 1972, 653; *Wälzholz*, Der Teilbetriebsbegriff im Steuerrecht, S. 63 (68); *Langheim*, Die Einbringung von Unternehmensteilen nach der Fusionsrichtlinie und ihre Umsetzung im deutschen Umwandlungssteuergesetz, S. 129

73 BFH vom 04.07.2007, X R 49/06, BStBl II 2007, 772; *Goebel/Ungemach/Seidenfad* DStZ 2009, 354 (356); *Patt* in Dötsch/Patt/Pung/Möhlenbröck, Umwandlungssteuerrecht, § 20 Rn. 88

74 *Goebel/Ungemach/Seidenfad* DStZ 2009, 554 (556); *Graw* IFSt-Schrift Nr. 488, S. 15; *Langheim*, Die Einbringung von Unternehmensteilen nach der Fusionsrichtlinie und ihre Umsetzung im deutschen Umwandlungssteuergesetz, S. 144; *Patt* in Dötsch/Patt/Pung/Möhlenbröck, Umwandlungssteuerrecht, § 20 Rn. 88; a.A. *Wälzholz*, Der Teilbetriebsbegriff im Steuerrecht, S. 137

75 BFH vom 04.07.2007, X R 49/06, BStBl II 2007, 772; *Goebel/Ungemach/Seidenfad* DStZ 2009, 554 (556)

Eine Gewerblichkeit kraft Rechtsform wird mehrheitlich nicht als ausreichend angesehen[76].

2.2.3. *Organische Geschlossenheit*

Des Weiteren ist ein Merkmal des Teilbetriebes, dass es sich bei diesem um einen organisch geschlossenen Teil eines Betriebes handeln muss, also nicht bloß eine lose Ansammlung von Wirtschaftgütern ist[77]. Dies kann so verstanden werden, dass die Wirtschaftsgüter dabei einem einheitlichen Betriebszweck dienen müssen[78]. Das Kriterium der organischen Geschlossenheit ist jedoch nur wenig ausgeprägt und ihm kommt, auch wegen der Überschneidungen mit der gewissen Selbstständigkeit[79], nur eine geringe praktische Bedeutung zu[80]. Dort wo bereits die erforderliche Selbstständigkeit gegenüber dem Restbetrieb im Sinne einer abgrenzbaren gewerblichen Tätigkeit besteht, folgt daraus auch regelmäßig eine organische Geschlossenheit im Sinne eines einheitlichen Betriebszweckes[81]. Deswegen wird das Merkmal der organischen Geschlossenheit zum Teil als redundant angesehen[82].

---

76 *Goebel/Ungemach/Seidenfad* DStZ 2009, 354 (356); *Graw* IFSt-Schrift Nr. 488, S. 15; *Patt* in Dötsch/Patt/Pung/Möhlenbröck, Umwandlungssteuerrecht, § 20 Rn. 88; *Langheim*, Die Einbringung von Unternehmensteilen nach der Fusionsrichtlinie und ihre Umsetzung im deutschen Umwandlungssteuergesetz, S. 144; a.A. *Herlinghaus* in Rödder/Herlinghaus/van Lishaut, UmwStG § 20 Rn. 63

77 RFH vom 01.07.1931, VI A 140., StuW 1931, 1721; RFH vom 24.07.1935, VI A 639/33, RStBl 1935, 1467; BFH vom 09.12.1960, BFHE 72, 331, BStBl III 1961, 124; BFH vom 23.11.1988, X R 1/86, BStBl II 1989, 376; BFH vom 18.06.1998, IV R 56/97, BStBl II 1998, 735; BFH vom 10.10.2001, VI R 35/00, DStRE 2002, 423; *Wälzholz*, Der Teilbetriebsbegriff im Steuerrecht, S. 64; *Langheim*, Die Einbringung von Unternehmensteilen nach der Fusionsrichtlinie und ihre Umsetzung im deutschen Umwandlungssteuergesetz, S. 143

78 *Wälzholz*, Der Teilbetriebsbegriff im Steuerrecht, S. 64

79 *Blumers* DB 2001, 722

80 *Blumers* DB 2001, 722 (723); *Graw* IFSt-Schrift Nr. 488, S. 14; *Wälzholz*, Der Teilbetriebsbegriff im Steuerrecht, S. 64; *Langheim*, Die Einbringung von Unternehmensteilen nach der Fusionsrichtlinie und ihre Umsetzung im deutschen Umwandlungssteuergesetz, S. 143

81 *Wälzholz*, Der Teilbetriebsbegriff im Steuerrecht, S. 139

82 *Wälzholz*, Der Teilbetriebsbegriff im Steuerrecht, S. 139; *Langheim*, Die Einbringung von Unternehmensteilen nach der Fusionsrichtlinie und ihre Umsetzung im deutschen Umwandlungssteuergesetz, S. 143

2.2.4. *Lebensfähigkeit*

Ein Teilbetrieb muss als solcher lebensfähig sein, dass heißt aufgrund seiner Struktur eine eigenständige betriebliche Betätigung ausüben können[83]. Auch hier gibt es Überschneidungen mit dem Merkmal der gewissen Selbstständigkeit[84].

Eine bisherige Gewinnerzielung ist dabei nach der Rechtsprechung und vorherrschenden Meinung grundsätzlich nicht erforderlich[85]. Allerdings beziehen sich die Urteile zu dieser Frage lediglich auf § 16 EStG[86]. Hinsichtlich der Privilegierung der dortigen Beendigung der betrieblichen Tätigkeit[87] besteht dahingehend auch kein Grund, auf die finanzielle Lage des Teilbetriebes abzustellen. Im Anwendungsbereich des UmwStG wurde daher zum Teil die Fortführbarkeit des Teilbetriebes als geeigneteres Kriterium anstelle der Selbstständigkeit und der Lebensfähigkeit vorgeschlagen[88]. Da der Teilbetrieb jedoch im Grundsatz, unabhängig von der Rechtsform, einen gewerblichen Charakter aufweisen muss[89], sollte die Rechtsprechung nicht dahingehend verstanden werden, dass keine Gewinnerzielungsabsicht notwendig ist. Eine solche ist nach § 15 Abs. 2 S. 1 EStG gerade zwingende Voraussetzung für die Anerkennung als gewerbliche Tätigkeit.

---

83 BFH vom 19.02.1976, IV R 179/72, BStBl II 1976, 415; BFH vom 23.11.1988, X R 1/86, BStBl II 1989, 376; BFH vom BFH vom 18.06.1998, IV R 56/97, BStBl II 1998, 735; *Wälzholz*, Der Teilbetriebsbegriff im Steuerrecht, S. 65; *Langheim*, Die Einbringung von Unternehmensteilen nach der Fusionsrichtlinie und ihre Umsetzung im deutschen Umwandlungssteuergesetz, S. 140; *Graw* IFSt-Schrift Nr. 488, S. 15

84 *Wälzholz*, Der Teilbetriebsbegriff im Steuerrecht, S. 143; *Langheim*, Die Einbringung von Unternehmensteilen nach der Fusionsrichtlinie und ihre Umsetzung im deutschen Umwandlungssteuergesetz, S. 140; *Graw* IFSt-Schrift Nr. 488, S. 14

85 BFH vom 23.11.1988, X R 1/86, BStBl II 1989, 376; BFH vom 13.02.1996, VIII R 39/92, BStBl II 1996, 409; *Graw* IFSt-Schrift Nr. 488, S. 15; *Herlinghaus* in Rödder/Herlinghaus/van Lishaut, UmwStG § 20 Rn. 64; *Langheim*, Die Einbringung von Unternehmensteilen nach der Fusionsrichtlinie und ihre Umsetzung im deutschen Umwandlungssteuergesetz, S. 140; *Patt* in Dötsch/Patt/Pung/Möhlenbröck, Umwandlungssteuerrecht, § 20 Rn. 87; *Schmitt* in Schmitt/Hörtnagl/Stratz, UmwG, UmwStG § 20 UmwStG Rn. 85

86 BFH vom 23.11.1988, X R 1/86, BStBl II 1989, 376; BFH vom 13.02.1996, VIII R 39/92, BStBl II 1996, 409

87 vgl. *Herzig/Förster* DB 1994, 1 (6); *Blumers* DB 1995, 496 ff.; *Wälzholz*, Der Teilbetriebsbegriff im Steuerrecht, S. 226; *Langheim*, Die Einbringung von Unternehmensteilen nach der Fusionsrichtlinie und ihre Umsetzung im deutschen Umwandlungssteuergesetz, S. 105

88 *Wälzholz*, Der Teilbetriebsbegriff im Steuerrecht, S. 226

89 siehe III. 2.2.2.

Dadurch wird eine Abgrenzung zur bloßen Liebhaberei vorgenommen[90]. Die Gewinnerzielungsabsicht ist zwar anhand äußerer Merkmale zu beurteilen, jedoch schließen anhaltende Verlustphasen ohne hinzutretenden Umstände diese nicht generell aus[91]. Daher stellt sich das Problem der bisherigen Verluste nur, wenn ein Teilbetrieb noch mit der Absicht betrieben wird, einen Totalgewinn zu erzielen. Sofern dies der Fall ist, stehen die Verluste der Lebensfähigkeit nicht entgegen. Im Zeitpunkt der Übertragung und unter Umständen auch für einen gewissen Zeitraum danach muss der Teilbetrieb jedenfalls keine laufenden Gewinne erzielen können. Insoweit ist es konsequent, dass auch die herrschende Lehre das Merkmal der Lebensfähigkeit bei der Einbringung wie in § 16 EStG auslegt[92].

3. Maßgebliche Sichtweise

Das Vorliegen des Teilbetriebs ist nach Rechtsprechung[93] und herrschender Meinung[94] nach den Verhältnissen beim Veräußerer zu beurteilen. Bei der Einbringung geht es gerade darum, ob der übertragene Unternehmensteil sich als Teilbetrieb darstellt und nicht, wie dieser bei der Übernehmerin weiter betrieben werden soll[95].

---

90 BFH vom 26.11.1994, IV R 6/91; BFH/NV 1994, 240; BFH vom 27.01.2000 - IV R 33/99, BStBl II 2000, 227

91 BFH vom 26.11.1994, IV R 6/91; BFH/NV 1994, 240; BFH vom 27.01.2000 - IV R 33/99, BStBl II 2000, 227

92 *Blumers* DB 2001, 722 (723); *Herlinghaus* in Rödder/Herlinghaus/van Lishaut, UmwStG § 20 Rn. 64; *Patt* in Dötsch/Patt/Pung/Möhlenbröck, Umwandlungssteuerrecht, § 20 Rn. 87; *Schmitt* in Schmitt/Hörtnagl/Stratz, UmwG, UmwStG § 20 UmwStG Rn. 85; *Menner* in Haritz/Menner, UmwStG, § 20 Rn. 93

93 BFH vom 13.02.1996, VIII R 39/92, BStBl II 1996, 40; BFH vom 10.03.1998, VIII R 31/95, DStZ 2000, 135

94 *Herlinghaus* in Rödder/Herlinghaus/van Lishaut, UmwStG § 20 Rn. 68; *Langheim*, Die Einbringung von Unternehmensteilen nach der Fusionsrichtlinie und ihre Umsetzung im deutschen Umwandlungssteuergesetz, S. 154; *Schmitt* in Schmitt/Hörtnagl/Stratz, UmwG, UmwStG § 20 UmwStG Rn. 99; *Patt* in Dötsch/Patt/Pung/Möhlenbröck, Umwandlungssteuerrecht, § 20 Rn. 111; *Wälzholz*, Der Teilbetriebsbegriff im Steuerrecht, S. 164

95 *Herlinghaus* in Rödder/Herlinghaus/van Lishaut, UmwStG § 20 Rn. 68; *Patt* in Dötsch/Patt/Pung/Möhlenbröck, Umwandlungssteuerrecht, § 20 Rn. 111

4. Zeitpunkt

Die Teilbetriebsvoraussetzungen müssen nicht bereits für eine gewisse Zeit vor der Einbringung vorgelegen haben[96]. Als Einbringungszeitpunkt wird der Moment der Übertragung des wirtschaftlichen Eigentums und damit der des Übergangs der Nutzen und Lasten angesehen[97]. Als maßgeblicher Beurteilungszeitpunkt für den Teilbetrieb wird dabei allgemein auf den Umwandlungsbeschluss, beziehungsweise den Abschluss des Einbringungsvertrages abgestellt, da hier festgelegt wird, welche Wirtschaftsgüter übertragen werden sollen[98].

Im Rahmen der §§ 20 Abs. 7, 24 Abs. 4 UmwStG 1995 war es zudem möglich den steuerlichen Übertragungsstichtag auf bis zu acht Monate vor der Eintragung im Handelsregister zurückzubeziehen. Durch diese Vereinfachung kann auf die letzte Schlussbilanz des Einbringenden zurückgegriffen und dadurch Zwischenbilanzen und zusätzliche Steuererklärungen vermieden werden[99]. Dabei wird ein rückwirkender Vermögensübergang fingiert[100]. Die Rückbeziehung ist eine Rechtsfolge der Sacheinlage, eine vollzogene Einbringung ist hierfür Voraussetzung[101].

---

96 *Patt* in Dötsch/Patt/Pung/Möhlenbröck, Umwandlungssteuerrecht, § 20 Rn. 101, 113

97 BMF vom 25.03.1998, BStBl I 1998, 268, Tz. 20.18; Dötsch/Patt/Pung/Möhlenbröck, Umwandlungssteuerrecht, § 20 Rn. 301; Rödder/Herlinghaus/van Lishaut, UmwStG § 20 Rn. 223; Schmitt/Hörtnagl/Stratz, UmwG, UmwStG § 20 UmwStG Rn. 90

98 BMF vom 25.03.1998, BStBl I 1998, 268, Tz. 20.18; *Herlinghaus* in Rödder/Herlinghaus/van Lishaut, UmwStG § 20 Rn. 68; *Patt* in Dötsch/Patt/Pung/Möhlenbröck, Umwandlungssteuerrecht, § 20 Rn. 113; *Schmitt* in Schmitt/Hörtnagl/Stratz, UmwG, UmwStG § 20 UmwStG Rn. 90

99 *Menner* in Haritz/Menner, UmwStG, § 20 Rn. 556; *Patt* in Dötsch/Patt/Pung/Möhlenbröck, Umwandlungssteuerrecht, § 20 Rn. 302

100 *Graw* IFSt-Schrift Nr. 488, S. 55; *Menner* in Haritz/Menner, UmwStG, § 20 Rn. 557; *Patt* in Dötsch/Patt/Pung/Möhlenbröck, Umwandlungssteuerrecht, § 20 Rn. 302; *Herlinghaus* in Rödder/Herlinghaus/van Lishaut, Umwandlungssteuergesetz § 20 Rn. 223

101 *Kessler/Philipp* DStR 2011, 1065 (1066); *Menner* in Haritz/Menner, UmwStG, § 20 Rn. 558; *Patt* in Dötsch/Patt/Pung/Möhlenbröck, Umwandlungssteuerrecht, § 20 Rn. 303; *Stangl/Grundke* DB 2010, 1851 (1853)

5. Teilbetrieb im Aufbau

Als Teilbetrieb kann auch bereits ein im Aufbau befindlicher Teilbetrieb gelten[102]. Voraussetzung dafür ist, dass zum maßgeblichen Zeitpunkt alle wesentlichen Betriebsgrundlagen bereits vorhanden sind und bei zielgerichteter Weiterverfolgung der Aufbaupläne ein selbstständig lebensfähiger Organismus zu erwarten ist[103]. Insoweit müssen im Vergleich zu den sonstigen Voraussetzungen des Teilbetriebes Abstriche beim Merkmal der eigenständigen Lebensfähigkeit gemacht werden, da die dafür erforderlichen Strukturen zu diesem Zeitpunkt unter Umständen noch nicht geschaffen sind[104].

6. Umfang der Einbringungspflicht

Bildet ein Unternehmensteil einen Teilbetrieb nach den oben genannten Erfordernissen, dann stellt sich die Frage, in welchem Umfang die Wirtschaftsgüter dieses Teilbetriebes übertragen werden müssen, um die Einbringung steuerneutral zu gestalten. Hier wurde bisher zwischen dem Vorliegen eines Teilbetriebs und der Übertragung des Teilbetriebes differenziert[105].

6.1. Einbringung der wesentlichen Betriebsgrundlagen

Für eine steuerneutrale Einbringung eines Teilbetriebes wurde es bis zum SEStEG 2006 allgemein als ausreichend angesehen, wenn nicht alle Wirtschaftsgüter, sondern lediglich die wesentlichen Betriebsgrundlagen, übertragen werden[106].

---

102 BFH vom 01.02.1989, VIII R 33/85, BStBl II 1989, 458; BFH vom 07.11.1991, IV R 50/90, BStBl II 1992, 380; *Blumers* BB 1995, 1821 (1822); *Patt* in Dötsch/Patt/Pung/Möhlenbröck, Umwandlungssteuerrecht, § 20 Rn. 106; *Langheim*, Die Einbringung von Unternehmensteilen nach der Fusionsrichtlinie und ihre Umsetzung im deutschen Umwandlungssteuergesetz, S. 149; *Herlinghaus* in Rödder/Herlinghaus/van Lishaut, UmwStG, § 20 Rn. 69; *Schmitt* in Schmitt/Hörtnagl/Stratz, UmwG, UmwStG § 20 UmwStG Rn. 85; *Wälzholz*, Der Teilbetriebsbegriff im Steuerrecht, S. 164

103 BFH vom 01.02.1989, VIII R 33/85, BStBl II 1989, 458; *Patt* in Dötsch/Patt/Pung/Möhlenbröck, Umwandlungssteuerrecht, § 20 Rn. 106; *Herlinghaus* in Rödder/Herlinghaus/van Lishaut, UmwStG, § 20 Rn. 69

104 *Patt* in Dötsch/Patt/Pung/Möhlenbröck, Umwandlungssteuerrecht, § 20 Rn. 106

105 *Hörtnagel* in Schmitt/Hörtnagl/Stratz, UmwG, UmwStG § 15 UmwStG Rn. 66

106 BFH vom 16.02.96, I R 183/94, BStBl II 1996, 342; BFH vom 07.04.2010, I R 96/08, BStBl II 2011, 467; BMF vom 25.03.1998, BStBl I 1998, 268 Tz. 20.08; *Herlinghaus* in Rödder/Herlinghaus/van Lishaut, UmwStG § 20 Rn. 66; *Langheim*, Die Einbringung von Unternehmensteilen nach der Fusionsrichtlinie und ihre Umsetzung im

Eine Zurückbehaltung von Wirtschaftsgütern, die für den Betrieb nicht wesentlich und jederzeit ersetzbar sind und in ein anderes Betriebsvermögen übernommen werden, sollte sich nicht schädlich auswirken[107]. Die Zurückbehaltung auch nur eines Wirtschaftsgutes, dass den wesentlichen Betriebsgrundlagen zuzuordnen ist, bewirkt jedoch, dass der Vorgang nicht als Teilbetriebseinbringung gewertet wird, sondern als Einbringung einzelner Wirtschaftsgüter, die nicht vom Umwandlungssteuergesetz erfasst ist[108]. Die Unterscheidung von wesentlichen und unwesentlichen Betriebsgrundlagen stellt sich dabei auch im Rahmen der Spaltungstatbestände, in § 16 EStG und im Rahmen der Betriebsverpachtung[109].

Bei den wesentlichen Betriebsgrundlagen kommt es zu Überschneidungen mit dem Merkmal der Lebensfähigkeit, denn in beiden Fällen wird darauf abgezielt, dass dem Teilbetrieb alle Mittel zur Verfügung stehen, damit dieser eine eigenständige betriebliche Tätigkeit entwickeln kann[110].

Eine klare Definition der wesentlichen Betriebsgrundlagen wurde durch die Rechtsprechung nicht entwickelt, vielmehr soll die Abgrenzung im Einzelfall, unter Berücksichtigung der jeweiligen betrieblichen Verhältnisse erfolgen[111].

---

deutschen Umwandlungssteuergesetz, S. 109; *Menner* in Haritz/Menner, UmwStG, § 20 Rn. 131; *Nitzschke* in Blümich, EStG, KStG, GewStG und Nebengesetze, § 20 UmwStG Rn. 42, 56; *Schmitt* in Schmitt/Hörtnagl/Stratz, UmwG, UmwStG § 20 UmwStG Rn. 91

107 BFH vom 29.10.1987, IV R 93/85, BStBl II 1988, 374; BFH vom 29.11.1988, VIII R 316/82, BStBl II 1989, 602; *Wälzholz*, Der Teilbetriebsbegriff im Steuerrecht, S. 97

108 BFH vom 07.04.2010, I R 96/08, BStBl II 2011, 467; BMF vom 25.03.1998, BStBl I 1998, 268 Tz. 20.09; *Nitzschke* in Blümich, EStG, KStG, GewStG und Nebengesetze, § 20 UmwStG Rn. 46; *Patt* in Dötsch/Patt/Pung/Möhlenbröck, Umwandlungssteuerrecht, § 20 Rn. 107; *Schmitt* in Schmitt/Hörtnagl/Stratz, UmwG, UmwStG § 20 UmwStG Rn. 97

109 *Hörger* DB 1987, 349 (350); *Patt* DStR 1996, 1585 (1587); *Langheim*, Die Einbringung von Unternehmensteilen nach der Fusionsrichtlinie und ihre Umsetzung im deutschen Umwandlungssteuergesetz, S. 108; *Wälzholz*, Der Teilbetriebsbegriff im Steuerrecht, S. 97

110 *Wälzholz*, Der Teilbetriebsbegriff im Steuerrecht, S. 66

111 BFH vom 17.04.1997, VIII R 2/95, BStBl II 1998, 388; *Langheim*, Die Einbringung von Unternehmensteilen nach der Fusionsrichtlinie und ihre Umsetzung im deutschen Umwandlungssteuergesetz, S. 109

Als wesentliche Betriebsgrundlagen werden dabei regelmäßig Maschinen und Produktionsanlagen[112], Grundstücke[113], aber auch Geschäftsbeziehungen[114] und der Kundenstamm angesehen[115].

6.2. Begriff der wesentlichen Betriebsgrundlage

Für die Bestimmung der wesentlichen Betriebsgrundlagen können verschiedene Betrachtungsweisen herangezogen werden[116].

Die Eigenschaft als wesentliche Betriebsgrundlage lässt sich zum einen daraus ableiten, dass diese dem bisherigen Teilbetrieb sein Gepräge gibt und zur Erreichung des Betriebszwecks erforderlich ist[117]. Diese funktionale Betrachtungsweise knüpft konkret an die Funktion und das Gewicht des Wirtschaftsgutes für den Teilbetrieb an[118].

Demgegenüber kann in einer quantitativen Betrachtungsweise die Wesentlichkeit eines Wirtschaftsgutes dadurch bestimmt werden, inwieweit in diesem stille Reserven vorhanden sind[119]. Hier steht eine finanzielle Gewichtung im Vordergrund, die sich nicht an der konkreten Situation im Teilbetrieb orientiert[120].

Zudem lässt sich aus den beiden Ansätzen eine gemischt funktional-quantitative Betrachtungsweise bilden[121].

---

112 BFH vom 19.01.1983, I R 57/79, BStBl II 1983, 312; BFH vom 12.06.1996, XI R 56, 57/95, XI R 56/95, XI R 57/95, BStBl II 1996, 527; BFH vom 17.04.1997, VIII R 2/95, BStBl II 1998, 388

113 BFH vom 12.04.1989, I R 105/85, BStBl II 1989, 653; BFH vom 24.08.1989, IV R 135/86, BStBl II 1989, 1014; BFH vom 17.04.1997, VIII R 2/95, BStBl II 1998, 388

114 BFH vom 09.10.1996, XI R 71/95, BStBl II 1997, 236

115 BFH vom 18.12.1996, XI R 63/96, BStBl II 1997, 573; vgl. auch *Wälzholz*, Der Teilbetriebsbegriff im Steuerrecht, S. 98 f.; *Langheim*, Die Einbringung von Unternehmensteilen nach der Fusionsrichtlinie und ihre Umsetzung im deutschen Umwandlungssteuergesetz, S. 109 f.

116 *Patt* DStR 1996, 1585 (1586); *Rogall* DB 2005, 410; *Wälzholz*, Der Teilbetriebsbegriff im Steuerrecht, S. 99

117 BFH vom 12.12.1973, I R 122/72, BStBl II 1974, 208; BFH vom 24.08.1989, IV R 135/86, BStBl II 1989, 1014; BFH vom 17.04.1997, VIII R 2/95, BStBl II 1998, 388

118 BFH vom 17.04.1997, VIII R 2/95, BStBl II 1998, 388; *Patt* DStR 1996, 1585 (1587)

119 BFH vom 26.04.1979, IV R 119/76, BStBl II 1979, 557; BFH vom 19.01.1983, I R 57/79, BStBl 1983, 312; BFH vom 24.08.1989, IV R 135/86, BStBl II 1989, 1014

120 *Patt* DStR 1996, 1585 (1587)

121 BFH vom 26.04.1979, IV R 119/76, BStBl II 1979, 557; BFH vom 09.12.1986, VIII R 26/80, BStBl II 1987, 342; BFH vom 03.02.1994, III R 23/89, BStBl II 1994, 709; BFH

Bei der Bestimmung der wesentlichen Betriebsgrundlagen spielen insbesondere die normspezifischen Unterschiede eine Rolle, die zu einer unterschiedlichen Betrachtung, je nach der anzuwendenden Norm führen[122].

In Rahmen des § 16 EStG sollen die stillen Reserven nicht dem regulären Steuersatz unterworfen, sondern deren Aufdeckung im Rahmen des § 34 EStG privilegiert werden[123]. Um die Begünstigung zu erhalten, sollen die stillen Reserven aber auch geballt realisiert werden[124]. Daher besteht ein Interesse daran, dass nach der Veräußerung keine erheblichen stillen Reserven mehr im Teilbetrieb vorhanden sind. Im Rahmen des § 16 EStG kommt es daher, nach inzwischen ständiger Rechtsprechung, zu einer gemischt funktional-quantitativen Betrachtungsweise[125].

Bei den Einbringungstatbeständen besteht zwar eine gewisse Parallele zu § 16 EStG[126], jedoch steht hier nicht eine Tarifprivilegierung im Raum, sondern vielmehr die Fortsetzung des Teilbetriebes in einer anderen Form[127]. Im Rahmen der Einbringungstatbestände findet daher nach überwiegender Auffassung die rein funktionale Betrachtungsweise Anwendung[128].

---

vom 13.02.1996, VIII R 39/92, BStBl II 1996, 409; BFH vom 02.10.1997, IV R 84/96, BStBl II 1998, 104; BFH vom 05.06.2003, IV R 18/02, BStBl II 2003, 838

122 BFH vom 02.10.1997, IV R 84/96, BStBl II 1998, 104; *Patt* DStR 1996, 1585 (1587); *Hörger/Schulz* DStR 1998, 233 f.

123 BFH vom 26.01.1994, III R 39/91, BStBl II 1994, 458; *Patt* DStR 1996, 1585 (1587)

124 BFH vom 19.02.1981, IV R 116/77, BStBl II 1981, 566; *Patt* DStR 1996, 1585 (1587)

125 BFH vom 26.04.1979, IV R 119/76, BStBl II 1979, 557; BFH vom 09.12.1986, VIII R 26/80, BStBl II 1987, 342; BFH vom 03.02.1994, III R 23/89, BStBl II 1994, 709; BFH vom 13.02.1996, VIII R 39/92, BStBl II 1996, 409; BFH vom 02.10.1997, IV R 84/96, BStBl II 1998, 104

126 siehe III. 2.1.

127 *Wälzholz*, Der Teilbetriebsbegriff im Steuerrecht, S. 103; *Patt* DStR 1996, 1585 (1587)

128 BFH vom 02.10.1997, IV R 84/96, BStBl II 1998, 104; BMF vom 16.08.2000, BStBl I 2000, 1253; *Menner* in Haritz/Menner, UmwStG, § 20 Rn. 58, 93; *Herlinghaus* in Rödder/Herlinghaus/van Lishaut, UmwStG § 20 Rn. 66; *Langheim*, Die Einbringung von Unternehmensteilen nach der Fusionsrichtlinie und ihre Umsetzung im deutschen Umwandlungssteuergesetz, S. 116; *Patt* in Dötsch/Patt/Pung/Möhlenbröck, Umwandlungssteuerrecht, § 20 Rn. 77; *Schmitt* in Schmitt/Hörtnagl/Stratz, UmwG, UmwStG § 20 UmwStG Rn. 92

6.3. Zuordnung neutralen Vermögens

Diejenigen Wirtschaftsgüter, die nicht zu den wesentlichen Betriebsgrundlagen gehören, müssen nicht übertragen werden und bleiben frei zuordenbar[129]. Dadurch ergibt sich ein Gestaltungsspielraum, in dem bestimmte Wirtschaftsgüter wahlweise zurückbehalten oder mit eingebracht werden können. Die Zuordnung dieses sogenannten neutralen Vermögens[130] hat auf die Steuerneutralität der Einbringung keinen Einfluss.

6.4. Nutzungsüberlassung

Die bloße Überlassung des Nutzungsrechtes an einem Wirtschaftsgut wird überwiegend nicht als ausreichend für eine Übertragung des Teilbetriebes angesehen[131]. Dem steht die Natur des Einbringungsvorganges als tauschähnliches Veräußerungsgeschäft entgegen, das grundsätzlich eine Versteuerung des Veräußerungsgewinnes und so eine Aufdeckung der stillen Reserven nach sich zieht, wenn nicht die Regelungen des UmwStG greifen würden[132]. Allerdings ist die Übertragung des wirtschaftlichen Eigentums im Sinne des § 39 Abs. 2 Nr. 1 AO an den wesentlichen Betriebsgrundlagen ausreichend[133]. So genügt es, wenn der übernehmende Rechtsträger den Einbringenden als zivilrechtlichen Eigentümer für die gewöhnliche Nutzungsdauer von der Einwirkung auf das Wirtschaftsgut ausschließen kann.

7. Zusammenfassung

Für den nationalen Teilbetriebsbegriff zeigt sich, dass dieser eine langjährige Ausprägung durch Wissenschaft, Rechtsprechung und Verwaltung erfahren

---

129 *Herlinghaus* in Rödder/Herlinghaus/van Lishaut, UmwStG § 20 Rn. 67; *Menner* in Haritz/Menner, UmwStG, § 20 Rn. 97; *Nitzschke* in Blümich, EStG, KStG, GewStG und Nebengesetze, § 20 UmwStG Rn. 56; *Schmitt* in Schmitt/Hörtnagl/Stratz, UmwG, UmwStG § 20 UmwStG Rn. 95

130 *Herlinghaus* in Rödder/Herlinghaus/van Lishaut, UmwStG § 20 Rn. 67; *Menner* in Haritz/Menner, UmwStG, § 20 Rn. 97; *Nitzschke* in Blümich, EStG, KStG, GewStG und Nebengesetze, § 20 UmwStG Rn. 56; *Schmitt* in Schmitt/Hörtnagl/Stratz, UmwG, UmwStG § 20 UmwStG Rn. 95

131 BFH vom 16.02.1996, I R 183/94, BStBl II 1996, 342 Rn. 15; BFH vom 07.04.2010, I R 96/08, BStBl II 2011, 467, Rn. 27 zu § 15 UmwStG; *Graw* IFSt-Schrift Nr. 488, S. 16; *Schmitt* in Schmitt/Hörtnagl/Stratz, UmwG, UmwStG § 20 UmwStG Rn. 93; a.A. *Blumers* DB 1995, 496 (499 f.)

132 *Schmitt* in Schmitt/Hörtnagl/Stratz, UmwG, UmwStG § 20 UmwStG Rn. 93

133 *Schmitt* in Schmitt/Hörtnagl/Stratz, UmwG, UmwStG § 20 UmwStG Rn. 91

hat. Dabei geht die Ausgestaltung des Begriffes zum großen Teil auf die Auseinandersetzung mit § 16 EStG zurück. Allerdings gab es eine Entwicklung weg von der Einheitlichkeit des Teilbetriebsbegriffes im Steuerrecht hin zu einer normspezifischen Auslegung. Für das Umwandlungssteuerrecht wurden die Erkenntnisse zum Teilbetriebsbegriff des § 16 EStG nicht mehr uneingeschränkt übernommen. Besonders die Bestimmung des Übertragungsumfanges wurde unterschiedlich vorgenommen. Das Ausmaß der normspezifischen Auslegung, insbesondere für das Vorliegen eines Teilbetriebes, blieb strittig. Rechtsprechung und Finanzverwaltung griffen jedoch auf die zu § 16 EStG entwickelten Merkmale des Teilbetriebes zurück. Dadurch war es für den Unternehmer absehbar, welche Möglichkeiten er bei einer Umwandlung hat. Durch den auf die funktional wesentlichen Betriebsgrundlagen beschränkten Einbringungsumfang ergab sich für ihn ein Gestaltungsspielraum, inwieweit er Wirtschaftsgüter zurückbehält, ohne das es zu einer Aufdeckung stiller Reserven kommt. Darüber hinaus konnten neutrale Wirtschaftsgüter frei zugeordnet werden. Bis zum SEStEG gab es im Rahmen der §§ 20, 24 UmwStG einen nicht unumstrittenen, aber handhabbaren Teilbetriebsbegriff, der dem gesetzgeberischen Zweck der Erleichterung sinnvoller Umstrukturierungen Rechnung getragen hat.

IV. Der europäische Teilbetriebsbegriff

Mit der Fusionsrichtlinie sollten Benachteiligungen bei grenzüberschreitenden Umwandlungen beseitigt werden[134]. Im deutschen Recht wurde die Richtlinie vor dem SEStEG hinsichtlich der Einbringungen durch § 23 UmwStG 1995 umgesetzt. In diesem Rahmen fand, entgegen der Meinung der Finanzverwaltung[135], nach herrschender Auffassung der Teilbetriebsbegriff Anwendung, der durch die Richtlinie bestimmt wurde[136].

In Art. 2 lit. j bietet die Fusionsrichtlinie eine Legaldefinition des Teilbetriebsbegriffes. Demnach besteht ein Teilbetrieb aus der „Gesamtheit der in einem Unternehmensteil einer Gesellschaft vorhandenen aktiven und passiven Wirtschaftsgüter, die in organisatorischer Hinsicht einen selbständigen Betrieb, d. h. eine aus eigenen Mitteln funktionsfähige Einheit, darstellen".

Eine genauere Auslegung der Definition durch den EuGH fand bisher kaum statt. Mit dem Teilbetriebsbegriff der Fusionsrichtlinie befasste sich dieser lediglich in dem Urteil in der Rechtssache „Andersen og Jensen"[137]. Trotzdem blieb die Auslegung des europäischen Teilbetriebs umstritten[138].

Im Folgenden sollen die Voraussetzungen und der Einbringungsumfang des europäischen Teilbetriebs dargestellt und mit dem nationalen Teilbetriebsbegriff verglichen werden.

1. Voraussetzungen

1.1. Selbstständigkeit

Zum einen ist Teil der Definition des europäischen Teilbetriebsbegriffes, dass dieser einen selbstständigen Betrieb darstellt. Zudem konkretisiert die Definition

---

134 Präambel der Richtlinie vom 19.10.2009, 2009/133/EG, ABl. 2009 L 310/34

135 BMF vom 25.03.1998, BStBl I 1998, 268, Tz. 23.01

136 *Blumers* DB 2001, 722 (724 f.); *Herzig/Förster* DB 1992, 911; *Menner/Broer* BB 2003, 229 f.; *Strobl-Haarmann*, FS Widmann, S. 553 (558); *Thömmes*, FS Widmann, S. 583 (600); *Wälzholz*, Der Teilbetriebsbegriff im Steuerrecht, S. 226

137 EuGH vom 15.01.2002, C-43/00, *Andersen og Jensen*, Slg. 2002, S. I-394 ff.

138 vgl. u.a. *Blumers* BB 2008, 2041; *Langheim*, Die Einbringung von Unternehmensteilen nach der Fusionsrichtlinie und ihre Umsetzung im deutschen Umwandlungssteuergesetz, S. 127 ff.; *Menner/Broer* DB 2002, 815; *Patt* in Dötsch/Patt/Pung/Möhlenbröck, Umwandlungssteuerrecht, § 20 Rn. 89 f.; Rödder/Herlinghaus/van Lishaut, UmwStG, § 20 Rn. 59

im Nebensatz, dass darunter eine aus eigenen Mitteln funktionsfähige Einheit zu verstehen ist[139]. Diese Anfügung macht die Funktionsfähigkeit zum entscheidenden Kriterium des Teilbetriebsbegriffes, die das Merkmal der Selbstständigkeit ausfüllt[140]. Damit werden bei der Selbstständigkeit funktionale Gesichtspunkte in den Vordergrund gestellt[141]. Nach Auffassung des EuGH[142] muss der Unternehmensteil als selbstständiges Unternehmen funktionsfähig sein, ohne dass zusätzliche Investitionen oder Einbringungen notwendig sind. Die Selbstständigkeit beinhaltet dadurch mit der Funktionsfähigkeit auch ein Erfordernis der Lebensfähigkeit[143].

Die Selbstständigkeit des europäischen Teilbetriebsbegriffes stellt sich nach der Definition der Richtlinie als organisatorische Selbstständigkeit dar[144]. Mit der Frage, inwieweit für die Selbstständigkeit eine Abgrenzung zur Tätigkeit des Gesamtunternehmens notwendig ist, beschäftigt sich zudem ein Urteil des EuGH[145]. Dieses bezieht sich zwar nicht auf die Fusionsrichtlinie, jedoch auf den Begriff des Zweigs ihrer Tätigkeit in Art. 7 I lit. b der Richtlinie betreffend die indirekten Steuern auf die Ansammlung von Kapital (Kapitalverkehrssteuerrichtlinie)[146].

---

139 *Langheim*, Die Einbringung von Unternehmensteilen nach der Fusionsrichtlinie und ihre Umsetzung im deutschen Umwandlungssteuergesetz, S. 132; *Herzig/Förster* DB 1992, 911 (912); *Strobl-Haarmann*, FS Widmann, S. 553 (556)

140 *Blumers* BB 2011, 2204 (2205); *Langheim*, Die Einbringung von Unternehmensteilen nach der Fusionsrichtlinie und ihre Umsetzung im deutschen Umwandlungssteuergesetz, S. 132; *Menner* in Haritz/Menner, UmwStG, § 20 Rn. 94; *Herzig/Förster* DB 1992, 911 (912); *Herzig* IstR 1994, 1 (2); *Strobl-Haarmann*, FS Widmann, S. 553 (556)

141 EuGH vom 15.01.2002, C-43/00, *Andersen og Jensen*, Slg. 2002, S. I-394 (I-409), Rn. 35; *Langheim*, Die Einbringung von Unternehmensteilen nach der Fusionsrichtlinie und ihre Umsetzung im deutschen Umwandlungssteuergesetz, S. 133; *Menner* in Haritz/Menner, UmwStG, § 20 Rn. 94

142 EuGH vom 15.01.2002, C-43/00, *Andersen og Jensen*, Slg. 2002, S. I-394 (I-409), Rn. 35

143 *Blumers* DB 2001, 722 (725); *ders.* BB 2011, 2204 (2205); *Herzig/Förster* DB 1992, 911 (913); *Langheim*, Die Einbringung von Unternehmensteilen nach der Fusionsrichtlinie und ihre Umsetzung im deutschen Umwandlungssteuergesetz, S. 141; *Thömmes*, FS Widmann, S. 583 (595)

144 *Blumers* DB 2001, 722 (725); *Herzig* IstR 1994, 1 (4)

145 EuGH vom 13.10.1992, C-50/91, *Commerz-Credit-Bank AG-Europartner/Finanzamt Saarbrücken*, Slg. 1992, S. I-5225 ff.

146 Richtlinie vom 17.07.1969, 69/335/EWG

1.1.1. Das Europartner-Urteil

a) Sachverhalt

Dem Urteil liegt ein Rechtsstreit zwischen der Commerz-Credit-Bank AG Europartner (Europartner) und dem Finanzamt Saarbrücken zu Grunde[147]. Die Commerzbank AG hatte als Aktionärin der Europartner fünf ihrer Filialen in ihre Tochtergesellschaft eingebracht. Europartner hatte daraufhin für den Vorgang die Anwendung eines ermäßigten Steuersatzes nach dem damaligen § 9 Abs. 2 Nr. 3 Kapitalverkehrssteuergesetz (KVStG) 1972[148] beantragt. Dies wurde durch das Finanzamt Saarbrücken mit der Begründung abgelehnt, die Filialen verfügten aufgrund der fehlenden Abgrenzung zur Tätigkeit des Gesamtbetriebes nicht über eine ausreichende Selbstständigkeit und wären daher keine Teilbetriebe im Sinne des § 9 Abs. 2 Nr. 3 KVStG[149]. Diese Norm ging auf Art. 7 I lit. b der Kapitalverkehrssteuerrichtlinie zurück[150].

Im darauffolgenden Rechtstreit legte der BFH dem EuGH mehrere Fragen zur Auslegung des Art. 7 I lit b der Kapitalverkehrssteuerrichtlinie vor[151]. Dieser verwandte in der deutschen Fassung nicht den Begriff des Teilbetriebes, sondern den des Zweigs einer Tätigkeit. In der Umsetzung im KVStG wurde der Begriff des Teilbetriebes verwendet. Um den Teilbetriebsbegriff des KVStG auszulegen, stellte der BFH in der Vorlage die Frage, wie der Zweig einer Tätigkeit auszulegen sei, insbesondere ob dieser eine gewisse Selbstständigkeit voraussetzt, die eine deutliche Abgrenzung der gewerblichen Tätigkeit vom übrigen Unternehmen beinhaltet.

b) Entscheidung

Der EuGH sah in seinem Urteil keine Notwendigkeit der Unterscheidung der Tätigkeit vom Gesamtunternehmen, damit ein Unternehmensteil als Zweig einer Tätigkeit im Sinne der Richtlinie gilt[152]. Aus dem Zweck der Richtlinie ergebe sich, dass die Umstrukturierung von Unternehmen gefördert werden soll, in dem

---

147 EuGH vom 13.10.1992, C-50/91, *Commerz-Credit-Bank AG-Europartner/Finanzamt Saarbrücken*, Slg. 1992, S. I-5225 (I-5238) Rn. 2 f.

148 Gesetz vom 17.11.1972, BGBl I 1972, 2129 ff.

149 EuGH vom 13.10.1992, C-50/91, *Commerz-Credit-Bank AG-Europartner/Finanzamt Saarbrücken*, Slg. 1992, S. I-5225 (I-5235) Rn. 5

150 EuGH vom 13.10.1992, C-50/91, *Commerz-Credit-Bank AG-Europartner/Finanzamt Saarbrücken*, Slg. 1992, S. I-5225 (I-5238) Rn. 4

151 BFH vom 31.10.1990, I R 46/88, BStBl II 1991, 370 f.

152 EuGH vom 13.10.1992, C-50/91, *Commerz-Credit-Bank AG-Europartner/Finanzamt Saarbrücken*, Slg. 1992, S. I-5225 (I-5241) Rn. 14

die Zusammenlegung von Einheiten eines Unternehmens, die gleiche oder sich ergänzende Tätigkeiten ausüben, erleichtert wird[153]. Im Vordergrund der Regelung stehe daher vielmehr die Fähigkeit der Untereinheit, durch ihre Tätigkeit zur Entwicklung des aufnehmenden Unternehmens beizutragen[154].

1.1.2. Anwendung auf den Teilbetriebsbegriff der Fusionsrichtlinie

Für die Übertragung dieser Rechtsprechung auf den Teilbetriebsbegriff der Fusionsrichtlinie spricht zum einen die vergleichbare Zielsetzung mit der Kapitalverkehrssteuerrichtlinie, nämlich die Erleichterung von Umstrukturierungen durch den Abbau steuerlicher Hemmnisse[155]. Zum anderen wird in anderssprachlichen Fassungen nicht zwischen den Begriffen des Teilbetriebs und dem Zweig einer Tätigkeit unterschieden[156].

Andererseits besteht für die Kapitalverkehrssteuerrichtlinie keine Definition für den Zweig der Tätigkeit wie ihn die Fusionsrichtlinie für den Teilbetrieb aufweist. Das Urteil des EuGH geht daher nicht auf die Kriterien ein, wie sie Art. 2 lit. j FRL aufstellt. Daher ist eine direkte Übertragung der Aussagen im Europartner-Urteil nicht uneingeschränkt möglich[157].

Die Legaldefinition des europäischen Teilbetriebsbegriffes stellt jedoch die Funktionsfähigkeit in den Vordergrund, durch die die Selbstständigkeit konkretisiert wird. Eine Selbstständigkeit, die eine Unterscheidung zur Tätigkeit des Gesamtunternehmens verlangt, ist für die Funktionsfähigkeit des Unternehmensteils jedoch nicht notwendig[158]. Insofern ist die Entscheidung, dass keine Abgrenzung

---

153 EuGH vom 13.10.1992, C-50/91, *Commerz-Credit-Bank AG-Europartner/Finanzamt Saarbrücken*, Slg. 1992, S. I-5225 (I-5241) Rn. 12

154 EuGH vom 13.10.1992, C-50/91, *Commerz-Credit-Bank AG-Europartner/Finanzamt Saarbrücken*, Slg. 1992, S. I-5225 (I-5241) Rn. 14

155 *Blumers* DB 1995, 496 (499); *Graw* IFSt-Schrift Nr. 488, S. 24; *Graw* IFSt-Schrift Nr. 488, S. 23; *Langheim*, Die Einbringung von Unternehmensteilen nach der Fusionsrichtlinie und ihre Umsetzung im deutschen Umwandlungssteuergesetz, S. 159; *Strobl-Haarmann*, FS Widmann, S. 553 (557); *Thömmes*, FS Widmann, S. 583 (592); *Wälzholz*, Der Teilbetriebsbegriff im Steuerrecht, S. 238; *Wassermeyer* EuzW 1992, 738; *Weier* DStR 2008, 1002 (1004)

156 *Graw* IFSt-Schrift Nr. 488, S. 23; *Herzig* IstR 1994, 1 (3); *Langheim*, Die Einbringung von Unternehmensteilen nach der Fusionsrichtlinie und ihre Umsetzung im deutschen Umwandlungssteuergesetz, S. 135; *Thömmes*, FS Widmann, S. 583 (592)

157 *Graw* IFSt-Schrift Nr. 488, S. 24; *Herzig* IstR 1994, 1 (3); *Strobl-Haarmann*, FS Widmann, S. 553 (557); *Thömmes*, FS Widmann, S. 583 (593)

158 *Goebel/Ungemach/Seidenfad* DStZ 2009, 354 (361); *Graw* IFSt-Schrift Nr. 488, S. 28; *Langheim*, Die Einbringung von Unternehmensteilen nach der Fusionsrichtlinie und

der Tätigkeitsbereiche bestehen muss, auch auf den Teilbetriebsbegriff der Fusionsrichtlinie übertragbar[159].

1.2. Teilbetrieb als Gewerbebetrieb

Die Definition des europäischen Teilbetriebsbegriffs beschreibt den Teilbetrieb als selbstständigen Betrieb. Daher könnte eine eigenbetriebliche Tätigkeit des Teilbetriebes notwendig sein.

Der Einbringungsgegenstand des Betriebes ist im Gegensatz zum Teilbetrieb nicht durch die Fusionsrichtlinie definiert. In Art. 2 lit. d FRL wird jedoch klargestellt, dass eine Gesellschaft über mehrere Teilbetriebe, aber nur über einen Betrieb verfügen kann. Diese Unterscheidung ergibt sich allerdings daraus, dass die Fusionsrichtlinie lediglich Kapitalgesellschaften und keine natürlichen Personen als Einbringende erfasst[160]. Insoweit lassen sich hieraus keine Rückschlüsse ziehen, was als Betrieb im Sinne der Fusionsrichtlinie zu verstehen ist.

Mit der Konkretisierung des Betriebsmerkmals als eine aus eigenen Mitteln funktionsfähige Einheit, kommt diesem im europäischen Teilbetriebsbegriff keine eigenständige Bedeutung zu[161]. Für das zentrale Merkmal der Funktionsfähigkeit ist es unbedeutend, inwieweit der betroffene Unternehmensteil eine eigengewerbliche Tätigkeit ausübt[162].

1.3. Organische Geschlossenheit

Zum Teil wird aus der Formulierung des Unternehmensteils in der Teilbetriebsdefinition gefolgert, dass auch im europäischen Teilbetriebsbegriff eine organische Geschlossenheit erforderlich ist[163]. Mit dem Erfordernis der funktionsfähigen

---

ihre Umsetzung im deutschen Umwandlungssteuergesetz, S. 139; *Herzig* IstR 1994, 1 (3); *Herlinghaus* in Rödder/Herlinghaus/van Lishaut, UmwStG, § 20 Rn. 59

159 *Herzig* IstR 1994, 1 (3); *Langheim*, Die Einbringung von Unternehmensteilen nach der Fusionsrichtlinie und ihre Umsetzung im deutschen Umwandlungssteuergesetz, S. 139; *Wälzholz*, Der Teilbetriebsbegriff im Steuerrecht, S. 226; *Weier* DStR 2008, 1002 (1004)

160 *Langheim*, Die Einbringung von Unternehmensteilen nach der Fusionsrichtlinie und ihre Umsetzung im deutschen Umwandlungssteuergesetz, S. 221

161 *Herzig* IstR 1994, 1 (3); *Langheim*, Die Einbringung von Unternehmensteilen nach der Fusionsrichtlinie und ihre Umsetzung im deutschen Umwandlungssteuergesetz, S. 146

162 *Langheim*, Die Einbringung von Unternehmensteilen nach der Fusionsrichtlinie und ihre Umsetzung im deutschen Umwandlungssteuergesetz, S. 147

163 *Herzig* IstR 1994, 1 (2); *Goebel/Ungemach/Seidenfad* DStZ 2009, 354 (360)

Einheit ist ein zusätzliches Merkmal der organischen Geschlossenheit jedoch nicht erforderlich[164]. Zudem verlangt die Definition des Teilbetriebes eine Gesamtheit von Wirtschaftsgütern, sodass die Übertragung einzelner Wirtschaftsgüter von vornherein nicht erfasst ist[165].

1.4. Lebensfähigkeit

Der Teilbetrieb muss nach Art. 2 lit. j FRL eine aus eigenen Mitteln funktionsfähige Einheit bilden. Die Lebensfähigkeit des Teilbetriebes wird so über das Merkmal der Funktionsfähigkeit gesichert[166]. Für die Frage der Funktionsfähigkeit spielen dabei primär funktionelle, daneben aber auch finanzielle Anforderungen eine Rolle[167]. Der Teilbetrieb muss hierfür aus eignen Mitteln funktionsfähig sein, das heißt ohne zusätzliche Investitionen[168].

Hinsichtlich des funktionellen Aspektes sollen insbesondere die sachlichen und personellen Mittel bestehen, um selbstständig am Markt tätig zu werden[169].

Darüber hinaus muss der Teilbetrieb auch finanziell überlebensfähig sein[170]. Dies steht insbesondere in Frage, wenn die laufenden Ausgaben zur Refinanzierung nicht durch die Einnahmen gedeckt werden können[171]. Die Aufnahme von

---

164 *Langheim*, Die Einbringung von Unternehmensteilen nach der Fusionsrichtlinie und ihre Umsetzung im deutschen Umwandlungssteuergesetz, S. 143; *Strobl-Haarmann*, FS Widmann, S. 553 (556)

165 *Langheim*, Die Einbringung von Unternehmensteilen nach der Fusionsrichtlinie und ihre Umsetzung im deutschen Umwandlungssteuergesetz, S. 143

166 *Blumers* DB 2001, 722 (725); *ders.* BB 2011, 2204 (2205); *Herzig/Förster* DB 1992, 911 (913); *Langheim*, Die Einbringung von Unternehmensteilen nach der Fusionsrichtlinie und ihre Umsetzung im deutschen Umwandlungssteuergesetz, S. 141; *Thömmes*, FS Widmann, S. 583 (595)

167 EuGH vom 15.01.2002, C-43/00, *Andersen og Jensen*, Slg. 2002, S. I-394 (I-406), Rn. 35; *Blumers* BB 2008, 2041 (2041); *Desens* Beihefter zu DStR 46, 2010, 80 (83); *Goebel/Ungemach/Seidenfad* DStZ 2009, 354 (362); *Langheim*, Die Einbringung von Unternehmensteilen nach der Fusionsrichtlinie und ihre Umsetzung im deutschen Umwandlungssteuergesetz, S. 142

168 EuGH vom 15.01.2002, C-43/00, *Andersen og Jensen*, Slg. 2002, S. I-394 (I-409), Rn. 35

169 *Goebel/Ungemach/Seidenfad* DStZ 2009, 354 (362); *Herzig* IStR 1994, 1 (4); *Neumann* EStB 2002, 437 (441)

170 EuGH vom 15.01.2002, C-43/00, *Andersen og Jensen*, Slg. 2002, S. I-394 (I-409), Rn. 35, 36

171 EuGH vom 15.01.2002, C-43/00, *Andersen og Jensen*, Slg. 2002, S. I-394 (I-409), Rn. 36

Bankkrediten zu normalen Marktbedingungen soll die finanzielle Funktionsfähigkeit jedenfalls nicht in Frage stellen[172]. Inwieweit ein Teilbetrieb nicht mehr in der Lage ist selbstständig zu funktionieren, ist einer Einzelfallbetrachtung durch die nationalen Gerichte überlassen[173]. Dabei ist es insbesondere erforderlich auch die Ertrags- und Liquiditätslage des Unternehmensteiles zu betrachten[174]. Das finanzielle Element ist jedoch gegenüber dem funktionellen Aspekt nachrangig[175].

2. Maßgebliche Sichtweise

Bei der Frage, aus welcher Perspektive die Eigenschaft als Teilbetrieb bestimmt werden soll, wird beim Richtlinienbegriff zum Teil auf die Sichtweise der übernehmenden Gesellschaft abgestellt[176]. Es wird davon ausgegangen, dass das Engagement des Teilbetriebsübernehmers begünstigt werden soll, sodass sich die Sichtweise hieraus ergibt[177]. Dem kann entgegen gehalten werden, dass der Vorteil, die stillen Reserven nicht aufdecken zu müssen, vor allem dem Einbringenden zu Gute kommt, der keinen Veräußerungsgewinn erzielt. Das Engagement wird durch ihn indirekt weiter geführt. Derselbe Gedanke war auch schon im deutschen Umwandlungssteuerrecht ausschlaggebend[178].

Darüber hinaus wird zur Unterstützung der These, dass die Sicht der übernehmenden Gesellschaft ausschlaggebend sei, auch das Europapartner-Urteil herangezogen[179]. Diese Entscheidung lässt sich allerdings nicht uneingeschränkt auf die Fusionsrichtlinie übertragen, da diese über eine eigene Teilbetriebsdefinition verfügt, die selbstständig ausgelegt werden muss[180]. Zudem begünstigt die

---

172 EuGH vom 15.01.2002, C-43/00, *Andersen og Jensen*, Slg. 2002, S. I-394 (I-409), Rn. 36

173 EuGH vom 15.01.2002, C-43/00, *Andersen og Jensen*, Slg. 2002, S. I-394 (I-409), Rn. 37

174 *Goebel/Ungemach/Seidenfad* DStZ 2009, 354 (362); *Graw* IFSt-Schrift Nr. 488, S. 23; *Langheim*, Die Einbringung von Unternehmensteilen nach der Fusionsrichtlinie und ihre Umsetzung im deutschen Umwandlungssteuergesetz, S. 142; *Menner/Broer* DB 2002, 815 (817)

175 EuGH vom 15.01.2002, C-43/00, *Andersen og Jensen*, Slg. 2002, S. I-394 (I-406)

176 *Blumers* DB 2001, 722 (725); *ders.* BB 2008, 2041 (2044); *ders.* BB 2011, 2204 (2205); *Menner/Broer* DB 2002, 815; *Strobl-Haarmann*, FS Widmann, S. 553 (556); *Weier* DStR 2008, 1002 (1004)

177 *Blumers* BB 2008, 2041 (2044)

178 RFH vom 09.05.1933, VI A 434/30, RStBl 1933, 999

179 *Menner/Broer* DB 2002, 815; *Weier* DStR 2008, 1002 (1004)

180 *Herzig* IStR 1994, 1 (3); *Strobl-Haarmann*, FS Widmann, S. 553 (557); *Thömmes*, FS Widmann, S. 583 (593); *Langheim*, Die Einbringung von Unternehmensteilen nach

Kapitalverkehrssteuerrechtlinie die übernehmende Gesellschaft mit einem verminderten Steuersatz. Daher ist die Richtlinie auch Sicht des übernehmenden Rechtsträgers formuliert.

Nach der Definition der Fusionsrichtlinie besteht ein Teilbetrieb aus der Gesamtheit der in einem Unternehmensteil vorhandenen aktiven und passiven Wirtschaftgüter. Die Wirtschaftsgüter müssen also schon als Unternehmensteil beim Erwerber vorhanden sein[181]. Dabei besteht der Ausdruck der „vorhandenen“ Wirtschaftsgüter nicht in allen sprachlichen Fassungen[182]. Allerdings ist die Einbringung in Art. 2 lit. d FRL so beschrieben, dass eine Gesellschaft einen ihrer Unternehmensteile in eine andere Gesellschaft einbringt und ist daher aus Sicht des Einbringenden formuliert[183].

Darüber hinaus würde, wenn durch die Einbringung die übernehmende Gesellschaft erst gegründet würde, aus Sichtweise der aufnehmenden Gesellschaft immer ein Betrieb vorliegen, da dies ihr einziges Betriebsvermögen wäre[184].

Deshalb ist der Auffassung, die auf die Sichtweise des Einbringenden abstellt[185], zuzustimmen. In dieser Hinsicht besteht kein Unterschied zum nationalen Teilbetriebsbegriff.

---

der Fusionsrichtlinie und ihre Umsetzung im deutschen Umwandlungssteuergesetz, S. 155

181 *Patt* in Dötsch/Patt/Pung/Möhlenbröck, Umwandlungssteuerrecht, § 20 Rn. 92; *Graw* IFSt-Schrift Nr. 488, S. 22; *Langheim*, Die Einbringung von Unternehmensteilen nach der Fusionsrichtlinie und ihre Umsetzung im deutschen Umwandlungssteuergesetz, S. 155

182 *Blumers* BB 2011, 2204 (2207); *Langheim*, Die Einbringung von Unternehmensteilen nach der Fusionsrichtlinie und ihre Umsetzung im deutschen Umwandlungssteuergesetz, S. 155

183 *Langheim*, Die Einbringung von Unternehmensteilen nach der Fusionsrichtlinie und ihre Umsetzung im deutschen Umwandlungssteuergesetz, S. 155; *Thömmes*, FS Widmann, S. 583 (602); *Patt* in Dötsch/Patt/Pung/Möhlenbröck, Umwandlungssteuerrecht, § 20 Rn. 92

184 *Goebel/Ungemach/Seidenfad* DStZ 2009, 354 (362); *Langheim*, Die Einbringung von Unternehmensteilen nach der Fusionsrichtlinie und ihre Umsetzung im deutschen Umwandlungssteuergesetz, S. 155; *Menner* in Haritz/Menner, UmwStG, § 20 Rn. 105; *Patt* in Dötsch/Patt/Pung/Möhlenbröck, Umwandlungssteuerrecht, § 20 Rn. 92; *Thömmes*, FS Widmann, S. 583 (602)

185 *Langheim*, Die Einbringung von Unternehmensteilen nach der Fusionsrichtlinie und ihre Umsetzung im deutschen Umwandlungssteuergesetz, S. 155; *Menner* in Haritz/Menner, UmwStG, § 20 Rn. 105; *Patt* in Dötsch/Patt/Pung/Möhlenbröck, Umwandlungssteuerrecht, § 20 Rn. 92; *Thömmes*, FS Widmann, S. 583 (602)

3. Zeitpunkt

Als maßgeblicher Zeitpunkt für das Vorliegen der Teilbetriebsvoraussetzungen kommt der Zeitpunkt in Betracht, in dem das relevante Vermögen des Teilbetriebes auf die übernehmende Gesellschaft übertragen wird[186]. Ab diesem Zeitpunkt trägt die neue Teilbetriebsinhaberin die Verantwortung für den Einbringungsgegenstand.

Etwas anderes könnte sich aber aus dem Erfordernis der Funktionsfähigkeit ergeben. Dessen finanzielle Anforderungen können so verstanden werden, dass die Lebensfähigkeit des Teilbetriebes nicht nur beim Übergang, sondern auch noch einen gewissen Zeitraum danach gesichert sein muss[187]. Dann wäre die Funktionsfähigkeit kein punktuelles Merkmal, sondern müsste sich im Zeitablauf beweisen[188].

Dabei steht die finanzielle Funktionsfähigkeit eines Teilbetriebes jedenfalls in Frage, wenn eine aufnehmende Gesellschaft die nur den eingebrachten Unternehmensteil betreibt, laufende Verbindlichkeiten aus einem im Rahmen der Einbringung aufgenommen Darlehen, nicht durch ihre Einkünfte begleichen kann[189]. Allerdings kann dies auch so ausgelegt werden, dass die finanziellen Schwierigkeiten der aufnehmenden Gesellschaft nur ein Indiz für eine fehlende Funktionsfähigkeit im Zeitpunkt der Übertragung sind. Zur Feststellung, ob ein Teilbetrieb dahingehend funktionsfähig ist, sind ohnehin die nationalen Gerichte anhand der besonderen Umstände des Einzelfalls angehalten[190]. Gegen eine Ausdehnung des maßgeblichen Zeitpunktes spricht, dass ein Teilbetrieb nach der Einbringung oft Änderungen unterworfen wird, um in die aufnehmende Gesellschaft integriert zu werden[191]. Bei weitreichenden Veränderungen des Einbringungsgegenstandes ist eine Beurteilung der Funktionsfähigkeit für den Zeitraum nach der Übertragung jedoch unrealistisch.

Welche Ursache ein finanzielles Scheitern des Teilbetriebes hat, bleibt in einer solchen Situation spekulativ. Für eine Beurteilung der Teilbetriebsvoraussetzungen

---

186 *Thömmes*, FS Widmann, S. 583 (601)

187 *Blumers* DB 2010, 1670 (1672); *ders.* BB 2011, 2204 (2205)

188 *Blumers* DB 2010, 1670 (1672)

189 EuGH vom 15.01.2002, C-43/00, *Andersen og Jensen*, Slg. 2002, S. I-394 (I-406), Rn. 35

190 EuGH vom 15.01.2002, C-43/00, *Andersen og Jensen*, Slg. 2002, S. I-394 (I-406), Rn. 37

191 *Thömmes*, FS Widmann, S. 583 (601)

ist ein Zeitraum nach der Übertragung daher ungeeignet. Wie bereits gezeigt, ist ohnehin die Sicht des Einbringenden ausschlaggebend[192]. Sobald dieser den Teilbetrieb übertragen hat, ist sein Einfluss auf dessen Weiterentwicklung in der Regel gemindert. Maßgeblich ist, wie auch im Grundsatz beim deutschen Teilbetriebsbegriff, der Zeitpunkt der Vermögensübertragung. Zu diesem muss sich der Teilbetrieb sowohl funktionell als auch finanziell als lebensfähig erweisen. Rückwirkende Regelungen, die die Teilbetriebsvoraussetzungen zeitlich fiktiv vor verlagern, wie dies in den §§ 20 Abs. 5, Abs. 6, 24 Abs. 4 UmwStG geregelt wird, kennt die Richtlinie selbst nicht.

4. Teilbetrieb im Aufbau

Ein im Aufbau befindlicher Teilbetrieb, der zum Zeitpunkt der Einbringung noch keine volle Lebensfähigkeit besitzt, soll nach verbreiteter Auffassung[193] nicht von Art. 2 lit. j FRL erfasst sein. Die dortige Definition des Teilbetriebes stellt die Funktionsfähigkeit der Unternehmenseinheit in den Vordergrund. Dabei stellt sie auf die Gesamtheit der vorhandenen aktiven und passiven Wirtschaftsgüter ab. Wenn die erforderliche Funktionsfähigkeit nur nach den bereits vorhandenen Gegebenheiten bestimmt wird, so reicht eine zu erwartende Funktionsfähigkeit nicht aus, um den Anforderungen des europäischen Teilbetriebsbegriffes zu entsprechen[194].

Allerdings setzt auch das Institut des Teilbetriebes im Aufbau voraus, dass alle relevanten Wirtschaftsgüter bereits im zu übertragendem Unternehmensteil präsent sind[195]. Insofern kann der im Rahmen des Art. 2 lit. j FRL vorgegebenen Ausrichtung an den vorhandenen Wirtschaftsgütern entsprochen werden[196]. Schließlich steht bei der Bestimmung der Funktionsfähigkeit der funktionelle Aspekt im Vordergrund[197], sodass die Bereitstellung der notwendigen sachlichen

---

192 siehe IV. 2.

193 *Goebel/Ungemach/Seidenfad* DStZ 2009, 354 (362); *Langheim*, Die Einbringung von Unternehmensteilen nach der Fusionsrichtlinie und ihre Umsetzung im deutschen Umwandlungssteuergesetz, S. 151; *Neumann* EStB 2002, 437 (441); *Patt* in Dötsch/Patt/Pung/Möhlenbröck, Umwandlungssteuerrecht, § 20 Rn. 95; *Schmitt* in Schmitt/Hörtnagl/Stratz, UmwG, UmwStG § 20 UmwStG Rn. 87

194 *Langheim*, Die Einbringung von Unternehmensteilen nach der Fusionsrichtlinie und ihre Umsetzung im deutschen Umwandlungssteuergesetz, S. 151

195 siehe III. 5.

196 *Graw* IFSt-Schrift Nr. 488, S. 24

197 siehe IV. 1.4.

und personellen Mittel zunächst ausreichen könnte[198]. Da es auch bei bereits im Aufbau befindlichen Teilbetrieben ein betriebswirtschaftlich sinnvolles Interesse an einer steuerneutralen Einbringung geben kann, könnte es hinsichtlich der Zielsetzung des Normgebers, notwendige Umstrukturierungen zu ermöglichen[199], geboten sein, diese Vorgänge zu privilegieren[200].

Allerdings kann die Einschätzung des europäischen Normgebers, welche Vorgänge durch die Steuerneutralität privilegiert werden sollen, von der bisherigen Handhabung des deutschen Gesetzgebers durchaus abweichen. Dabei gehört im Gegensatz zur Lebensfähigkeit nach deutschem Verständnis auch die Möglichkeit, in finanzieller Hinsicht zu funktionieren. Deswegen müsste auch dieser Aspekt anhand eines Aufbauplanes nachvollziehbar sein.

Außerdem ist die Funktionsfähigkeit des Teilbetriebes das zentrale Merkmal an dem die Voraussetzungen des Begriffes festgemacht werden[201]. Im Gegensatz zum deutschen Teilbetriebsbegriff[202] wird nicht zwischen dem Vorliegen eines Teilbetriebes und dem Einbringungsumfang unterschieden. Beim Teilbetrieb im Aufbau im Rahmen des deutschen Teilbetriebsbegriffes ist es entscheidend, dass alles, was übertragen werden muss, bereits vorhanden ist. Beim europäischen Teilbetrieb muss jedoch die funktionsfähige Einheit als Ganzes eingebracht werden. Dem widerspricht die Vorstellung, dass eine noch zu erwartende Funktionsfähigkeit des Unternehmensteils bereits ausreichen kann, um diesen steuerneutral einzubringen[203].

5. 100%ige Beteiligung an einer Kapitalgesellschaft

Eine 100%ige Beteiligung an einer Kapitalgesellschaft wird im deutschen Steuerrecht zum Teil als Teilbetrieb behandelt, wobei es sich allerdings um eine Fiktion handelt[204]. Im Rahmen der Fusionsrichtlinie scheitert die Qualifikation als Teilbetrieb an der Legaldefinition des Art. 2 lit j FRL, da die einzelne Beteiligung als Wirtschaftsgut keine aus eigenen Mitteln funktionsfähige Einheit begründen

---

198 *Schumacher* in Rödder/Herlinghaus/van Lishaut, UmwStG, § 15 Rn. 134

199 Präambel der Richtlinie vom 19.10.2009, 2009/133/EG, ABl. 2009 L 310/34, Grund (2)

200 *Graw* IFSt-Schrift Nr. 488, S. 24; *Schumacher* in Rödder/Herlinghaus/van Lishaut, UmwStG, § 15 Rn. 134

201 siehe IV. 1.4.

202 siehe III. 6.

203 *Langheim*, Die Einbringung von Unternehmensteilen nach der Fusionsrichtlinie und ihre Umsetzung im deutschen Umwandlungssteuergesetz, S. 151

204 siehe II. 1.2

kann[205]. Allerdings sieht Art. 1 lit. a FRL den Austausch von Anteilen als eigenständigen, privilegierten Vorgang vor.

6. Umfang der Einbringungspflicht

Zu einem Teilbetrieb gehört nach der Definition des Art. 2 lit. j FRL die „Gesamtheit der in einem Unternehmensteil einer Gesellschaft vorhandenen aktiven und passiven Wirtschaftsgüter, die in organisatorischer Hinsicht einen selbständigen Betrieb, d. h. eine aus eigenen Mitteln funktionsfähige Einheit, darstellen". Auch zur Ermittlung des erforderlichen Einbringungsumfangs kann auf diese Definition zurückgegriffen werden. Zum einen kann auf die beschriebene Gesamtheit der aktiven und passiven Wirtschaftsgüter abgestellt werden, sodass alle Wirtschaftsgüter übertragen werden müssen[206]. Zum anderen kann, im Hinblick auf das zentrale Merkmal der Funktionsfähigkeit, die Übertragung derjenigen Wirtschaftsgüter verlangt werden, die für diese Funktionsfähigkeit notwendig sind[207]. Zu dem erforderlichen Einbringungsumfang hat der EuGH bisher im Urteil in der Rechtssache Andersen og Jensen Stellung bezogen[208].

6.1. Das Urteil „Andersen og Jensen"

Mit der Frage, in welchem Umfang Wirtschaftsgüter konkret übertragen werden müssen, um den Anforderungen an eine steuerneutrale Einbringung zu genügen, beschäftigte sich das Urteil in der Rechtssache Andersen og Jensen. Der Entscheidung ist eine Vorlage des dänischen Vestre Landsret nach dem damaligen Art. 234 EGV vorausgegangen.

---

205 *Langheim*, Die Einbringung von Unternehmensteilen nach der Fusionsrichtlinie und ihre Umsetzung im deutschen Umwandlungssteuergesetz, S. 152; *Menner* in Haritz/Menner, UmwStG, § 20 Rn. 107; *Schmitt* in Schmitt/Hörtnagl/Stratz, UmwG, UmwStG § 20 UmwStG Rn. 95; *Weier* DStR 2008, 1002 (1005)

206 *Blumers* DB 2001, 722 (725); *ders.* BB 2007, 1757 (1760); *Herlinghaus* in Rödder/Herlinghaus/van Lishaut, UmwStG, § 20 Rn. 59; *Neumann* EStB 2002, 437 (438); *Patt* in Dötsch/Patt/Pung/Möhlenbröck, Umwandlungssteuerrecht, § 20 Rn. 76; *Weier* DStR 2008, 1002 (1005)

207 *Blumers* BB 2008, 2041 (2044); *ders.* BB 2011, 2204 (2205); *Langheim*, Die Einbringung von Unternehmensteilen nach der Fusionsrichtlinie und ihre Umsetzung im deutschen Umwandlungssteuergesetz, S. 157; *Menner* in Haritz/Menner, UmwStG, § 20 Rn. 97; *Schmitt* in Schmitt/Hörtnagl/Stratz, UmwG, UmwStG § 20 UmwStG Rn. 89

208 EuGH vom 15.01.2002, C-43/00, *Andersen og Jensen*, Slg. 2002, S. I-394 ff.

6.1.1. *Sachverhalt*

Der Vorlage lag ein Rechtsstreit zwischen der Anderson og Jensen ApS, einer Kapitalgesellschaft dänischen Rechts, und dem dänischen Steuerministerium (Skatteministeriet) zu Grunde[209].

Die Klägerin war ursprünglich eine Aktiengesellschaft dänischen Rechts mit der Bezeichnung Randers Sport A/S. Deren Aktionäre wollten, dass der Geschäftsbetrieb auf die neu gegründete Randers Sport Nyt A/S übertragen wird[210]. Das Aktienkapital der neuen Gesellschaft betrug 500.000 dänische Kronen, das der Randers Sport A/S 300.000 dänische Kronen[211]. Die einbringende Gesellschaft sollte zudem ein Darlehen in Höhe von 10 Millionen dänischen Kronen aufnehmen[212]. Während die Verbindlichkeit auf die neue Gesellschaft übergehen sollte, war geplant, dass die Valuta der einbringenden Gesellschaft zukommt. Darüber hinaus sollte auch ein Aktienpaket einer weiteren Gesellschaft zurück behalten werden[213].

Um ihren Liquiditätsbedarf zu decken nahm die neue Gesellschaft einen Kredit auf[214]. Als Sicherheit wurde dem Darlehensgeber ein Pfandrecht an sämtlichen, das Gesellschaftskapital bildenden Aktien gewährt[215].

Die alte Gesellschaft beantragte bei der dänischen Finanzverwaltung die steuerneutrale Einbringung von Unternehmensteilen nach dem dänischen Fusionsgesetz[216]. Diese erteilte die Genehmigung unter zwei Auflagen[217]. Zum einen musste entweder die Darlehensvaluta zusammen mit der Verbindlichkeit übertragen werden oder die Verbindlichkeit mit der Valuta bei der einbringenden Gesellschaft verbleiben[218]. Zum anderen dürften keine Sicherheiten von

---

209 EuGH vom 15.01.2002, C-43/00, *Andersen og Jensen*, Slg. 2002, S. I-394 (I-396), Rn. 1, (I-400), Rn. 8; siehe hierzu auch ausführlich *Langheim*, Die Einbringung von Unternehmensteilen nach der Fusionsrichtlinie und ihre Umsetzung im deutschen Umwandlungssteuergesetz, S. 118 f.

210 EuGH vom 15.01.2002, C-43/00, *Andersen og Jensen*, Slg. 2002, S. I-394 (I-400), Rn. 8

211 EuGH vom 15.01.2002, C-43/00, *Andersen og Jensen*, Slg. 2002, S. I-394 (I-400), Rn. 8

212 EuGH vom 15.01.2002, C-43/00, *Andersen og Jensen*, Slg. 2002, S. I-394 (I-400), Rn. 8

213 EuGH vom 15.01.2002, C-43/00, *Andersen og Jensen*, Slg. 2002, S. I-394 (I-401), Rn. 8

214 EuGH vom 15.01.2002, C-43/00, *Andersen og Jensen*, Slg. 2002, S. I-394 (I-400), Rn. 8

215 EuGH vom 15.01.2002, C-43/00, *Andersen og Jensen*, Slg. 2002, S. I-394 (I-400), Rn. 8

216 EuGH vom 15.01.2002, C-43/00, *Andersen og Jensen*, Slg. 2002, S. I-394 (I-401), Rn. 9

217 EuGH vom 15.01.2002, C-43/00, *Andersen og Jensen*, Slg. 2002, S. I-394 (I-401), Rn. 10

218 EuGH vom 15.01.2002, C-43/00, *Andersen og Jensen*, Slg. 2002, S. I-394 (I-401), Rn. 10

der einbringenden Gesellschaft, deren Aktionären oder Dritten zugunsten der übernehmenden Gesellschaft gestellt werden[219].

Um die Rechtmäßigkeit der Auflagen zu prüfen erhob die einbringende Gesellschaft Klage am Vestre Landsret[220]. Dieser sah sich in der Situation, dass das einschlägige dänische Gesetz in Umsetzung der Fusionrichtlinie Vorschriften aus dieser übernommen hatte und aus den Gesetzesmaterialien hervorgeht, dass diese gleichermaßen auf nationale und grenzüberschreitende Einbringungen angewendet werden soll[221]. Daraufhin legte das dänische Gericht dem EuGH mehrere Fragen zur Auslegung der Richtlinie nach dem damaligen Art. 234 EGV vor. Insbesondere ging es darum, ob der Teilbetriebsbegriff der Fusionsrichtlinie so zu verstehen ist, dass die Auflagen mit ihm unvereinbar sind[222].

6.1.2. Entscheidung

Der Gerichtshof hat sich, in Fortsetzung seiner Rechtsprechung zu Dzodzi[223] und Leur-Bloem[224], auch für die Auslegung von Richtlinienbegriffen zuständig erklärt, soweit Fälle betroffen sind, in denen der nationale Gesetzgeber die Regelungen der Richtlinie über deren Anwendungsbereich hinaus auf innerstaatliche Sachverhalte ausgeweitet hat[225]. Der EuGH stellte fest, dass die Richtlinie so auszulegen ist, dass sich das Zurückbehalten der Darlehensvaluta bei Übertragung der Verbindlichkeit steuerschädlich auswirkt.

Unter Verweis auf die Teilbetriebsdefinition in Art. 2 lit. i FRL a.F. (entspricht Art. 2 lit. j FRL) führte der Gerichtshof aus, dass die aktiven und passiven Wirtschaftsgüter eines Teilbetriebes in ihrer Gesamtheit übertragen werden müssen. Bei einer Trennung des aktiven und des passiven Wirtschaftsgutes sind diese Anforderungen der Richtlinie nicht erfüllt[226].

---

219 EuGH vom 15.01.2002, C-43/00, *Andersen og Jensen*, Slg. 2002, S. I-394 (I-401), Rn. 10

220 EuGH vom 15.01.2002, C-43/00, *Andersen og Jensen*, Slg. 2002, S. I-394 (I-401), Rn. 11

221 EuGH vom 15.01.2002, C-43/00, *Andersen og Jensen*, Slg. 2002, S. I-394 (I-399), Rn. 7

222 EuGH vom 15.01.2002, C-43/00, *Andersen og Jensen*, Slg. 2002, S. I-394 (I-402), Rn. 13

223 EuGH vom 18.10.1990, C-297/88 und C197/89, *Dzodzi*, Slg. 1990, S. I-3763 ff.

224 EuGH vom 17.07.1997, C-28/95, *Leur-Bloem*, Slg. 1997, S. I-4161 ff.

225 EuGH vom 15.01.2002, C-43/00, *Andersen og Jensen*, Slg. 2002, S. I-394 (I-403), Rn. 14

226 EuGH vom 15.01.2002, C-43/00, *Andersen og Jensen*, Slg. 2002, S. I-394 (I-406), Rn. 25

Darüber hinaus begründet der EuGH seine Entscheidung damit, dass die Trennung von Valuta und Verbindlichkeit eine Umgehung der Richtlinienanforderungen bedeutet[227]. Die gleiche Situation wäre entstanden, wenn die übernehmende Gesellschaft das Darlehen aufgenommen hätte und die andere Gesellschaft als Gegenleistung für die Einbringung sowohl Anteile als auch die Darlehensvaluta erhalten hätte[228]. Eine Einbringung gegen eine partielle Geldleistungen entspricht nicht mehr der Einbringung von Unternehmensteilen, wie sie die Richtlinie vorsieht. Insofern ist diese Vorgehensweise eine Umgehung der Richtlinie.

Hinsichtlich des zurückbehaltenen Aktienpaketes sah der EuGH keine Steuerschädlichkeit. Der übertragene Teilbetrieb hatte keinen Bezug zu der Beteiligung[229].

Bezüglich der Sicherung des Kredites der übernehmenden Gesellschaft durch ihre Aktionäre stellte der EuGH klar, dass die erforderliche Funktionsfähigkeit in erster Linie funktionell, in zweiter Linie jedoch auch finanziell zu sehen ist[230]. Die Sicherung von marktüblichen Krediten durch Dritte steht dem jedoch nicht grundsätzlich entgegen, allerdings kann die finanzielle Selbstständigkeit nicht mehr gegeben sein, wenn die Zinsen und Tilgungsraten, dem Anschein nach, nicht mehr durch die Einkünfte gedeckt werden können[231]. Die Frage der Selbstständigkeit ist dabei nach den besonderen Umständen des Einzelfalls durch die nationalen Gerichte zu bewerten[232].

6.2. Stellungnahme

Bei der Beurteilung des erforderlichen Einbringungsumfanges stellt der EuGH unter Hinweis auf die Definition der Fusionsrichtlinie auf die Gesamtheit der

227 EuGH vom 15.01.2002, C-43/00, *Andersen og Jensen*, Slg. 2002, S. I-394 (I-406), Rn. 26

228 EuGH vom 15.01.2002, C-43/00, *Andersen og Jensen*, Slg. 2002, S. I-394 (I-406), Rn. 26

229 EuGH vom 15.01.2002, C-43/00, *Andersen og Jensen*, Slg. 2002, S. I-394 (I-407), Rn. 28

230 EuGH vom 15.01.2002, C-43/00, *Andersen og Jensen*, Slg. 2002, S. I-394 (I-409), Rn. 35 f.

231 EuGH vom 15.01.2002, C-43/00, *Andersen og Jensen*, Slg. 2002, S. I-394 (I-409), Rn. 36

232 EuGH vom 15.01.2002, C-43/00, *Andersen og Jensen*, Slg. 2002, S. I-394 (I-409), Rn. 37

aktiven und passiven Wirtschaftsgüter des Teilbetriebs ab[233]. Diese Aussage legt die Vermutung nahe, dass beim europäischen Teilbetriebsbegriff grundsätzlich sämtliche Wirtschaftsgüter übertragen werden müssen[234].

Allerdings geht der EuGH davon aus, dass es auch beim europäischen Teilbetriebsbegriff Wirtschaftsgüter gibt, die nicht mit übertragen werden müssen, wie er bei seiner Aussage bezüglich der Zurückhaltung des Aktienpaketes zeigt[235]. Da dieses keinen Bezug zum Teilbetrieb gehabt hatte, ist das Zurückbehalten nicht schädlich gewesen[236]. Hier zeigt sich, dass auch beim Teilbetrieb nach der Fusionsrichtlinie unterschieden wird, inwieweit Wirtschaftsgüter übertragen werden müssen[237].

Angesichts der Tatsache, dass der EuGH zuvor auf die Gesamtheit der Aktiva und Passiva abgestellt hat, wird unter anderem angenommen, dass lediglich solche Wirtschaftsgüter zurückbehalten werden können, die keine Besicherungsfunktion haben und die Ertragskraft nicht steigern können[238]. Insoweit soll eine betriebswirtschaftliche Betrachtung erforderlich sein[239]. Allerdings hätte das hier unschädlich zurückbehaltene Aktienpaket zumindest theoretisch auch die Ertragskraft des Teilbetrieb steigern können und wäre vom Einbringungsumfang erfasst gewesen, wenn es auf dieses Kriterium ankommen würde[240]. Zudem sollte bedacht werden, dass dem Urteil zur Rechtssache Andersen og Jensen ein atypischer Sachverhalt zu Grunde lag[241]. Die Trennung von Darlehensvaluta und der zugehörigen Verbindlichkeit wirkt sich wie eine zusätzliche Gegenleistung der

233 EuGH vom 15.01.2002, C-43/00, *Andersen og Jensen*, Slg. 2002, S. I-394 (I-406), Rn. 24

234 *Blumers* DB 2001, 722 (725); *Menner/Broer* DB 2002, 815 (816); *Neumann* EStB 2002, 437 (441); *Patt* in Dötsch/Patt/Pung/Möhlenbröck, Umwandlungssteuerrecht, § 20 Rn. 93

235 EuGH vom 15.01.2002, C-43/00, *Andersen og Jensen*, Slg. 2002, S. I-394 (I-407), Rn. 28

236 EuGH vom 15.01.2002, C-43/00, *Andersen og Jensen*, Slg. 2002, S. I-394 (I-407), Rn. 28

237 *Goebel/Ungemach/Seidenfad* DStZ 2009, 354 (361)

238 *Neumann* EStB 2002, 437 (441)

239 *Neumann* EStB 2002, 437 (441)

240 *Goebel/Ungemach/Seidenfad* DStZ 2009, 354 (361)

241 Anträge des Generalanwalts vom 11.09.2001, C-43/00, *Andersen og Jensen*, Slg. 2002, S. I-382 (I-390), Rn. 25; *Graw* IFSt-Schrift Nr. 488, S. 26; *Langheim*, Die Einbringung von Unternehmensteilen nach der Fusionsrichtlinie und ihre Umsetzung im deutschen Umwandlungssteuergesetz, S. 121; *Menner/Broer* DB 2002, 815 (817); *Goebel/Ungemach/Seidenfad* DStZ 2009, 354 (361)

übernehmenden Gesellschaft aus, welche nach Art. 2 lit. d FRL nicht vorgesehen ist[242]. Ob sich diese Entscheidung verallgemeinern lässt und der Einbringungsumfangsumfang grundsätzlich durch die Gesamtheit aller Wirtschaftsgüter bestimmt wird, ist daher zweifelhaft[243].

Ohne eine Unterscheidung in relevante und irrelevante Wirtschaftsgüter wäre der Teilbetriebsbegriff praktisch kaum anwendbar[244]. Darüber hinaus widerspräche eine vollumfängliche Einbringungspflicht den Zielen der Fusionsrichtlinie[245], die eine Behinderung sinnvoller Umwandlungen verhindern möchte[246].

Nach der Definition des Art. 2 lit. j FRL wird ein Teilbetrieb durch die Gesamtheit der in einem Unternehmensteil einer Gesellschaft vorhandenen aktiven und passiven Wirtschaftsgüter gebildet, die in organisatorischer Hinsicht einen selbstständigen Betrieb, das heißt eine aus eigenen Mitteln funktionsfähige Einheit darstellen.

Das zentrale Merkmal des Teilbetriebs ist die Funktionsfähigkeit[247]. Reduziert man die Definition auf dieses Element, so besteht der Teilbetrieb aus allen Wirtschaftsgütern, die eine funktionsfähige Einheit bilden. Der Teilbetrieb, und damit auch der Umfang der Einbringungspflicht, ist somit auf die Wirtschaftsgüter, die für die Funktionsfähigkeit entscheidend sind, begrenzt[248]. Die Funktionsfähigkeit bestimmt sich, wie der EuGH ausführt, primär nach einem funktionellen

242 EuGH vom 15.01.2002, C-43/00, *Andersen og Jensen*, Slg. 2002, S. I-394 (I-406), Rn. 26; *Langheim*, Die Einbringung von Unternehmensteilen nach der Fusionsrichtlinie und ihre Umsetzung im deutschen Umwandlungssteuergesetz, S. 125

243 *Goebel/Ungemach/Seidenfad* DStZ 2009, 354 (361); *Langheim*, Die Einbringung von Unternehmensteilen nach der Fusionsrichtlinie und ihre Umsetzung im deutschen Umwandlungssteuergesetz, S. 125; *Menner/Broer* DB 2002, 815 (817); *Schumacher* DStR 2008, 325 (328)

244 *Schumacher* DStR 2008, 325 (328)

245 siehe Präambel der Richtlinie vom 19.10.2009, 2009/133/EG, ABl. 2009 L 310/34, Grund (2)

246 *Goebel/Ungemach/Seidenfad* DStZ 2009, 354 (362); *Langheim*, Die Einbringung von Unternehmensteilen nach der Fusionsrichtlinie und ihre Umsetzung im deutschen Umwandlungssteuergesetz, S. 157; *Schumacher* DStR 2008, 325 (328)

247 *Blumers* BB 2011, 2204 (2205); *Graw* IFSt-Schrift Nr. 488, S. 23; *Langheim*, Die Einbringung von Unternehmensteilen nach der Fusionsrichtlinie und ihre Umsetzung im deutschen Umwandlungssteuergesetz, S. 157; *Menner* in Haritz/Menner, UmwStG, § 20 Rn. 94; *Herzig/Förster* DB 1992, 911 (912); *Herzig* IStR 1994, 1 (2); *Strobl-Haarmann*, FS Widmann, S. 553 (556)

248 *Blumers* BB 2008, 2041 (2042); *Langheim*, Die Einbringung von Unternehmensteilen nach der Fusionsrichtlinie und ihre Umsetzung im deutschen Umwandlungssteuergesetz, S. 157; *Neumann* EStB 2002, 437 (441); *Schmitt* DStR 2011, 1108 (1110)

Aspekt[249]. Dies konkretisiert er dahingehend, dass der Unternehmensteil als selbständiges Unternehmen funktionsfähig sein muss, ohne dass es zusätzlicher Investitionen bedarf[250]. Grundsätzlich kommt es also darauf an, dass diejenigen Wirtschaftsgüter übertragen werden, die notwendig sind, damit der Teilbetrieb ohne fremde Hilfe seinen Betrieb weiterführen kann[251].

Bei einer funktionalen Zuordnung sind liquide Mittel wie die Darlehensvaluta grundsätzlich nicht erfasst[252]. Die Funktionsfähigkeit hat neben dem funktionalen, aber auch ein finanzielles Element[253]. Dies erläutert der EuGH bei seinen Aussagen zu den Sicherheiten der übernehmenden Gesellschaft[254]. Bei der Beurteilung der Trennung der Darlehensvaluta von der Verbindlichkeit betont der EuGH auch die erhebliche Höhe des Darlehens[255]. Diese Aussage kann auch dahingehend verstanden werden, dass mit der Belastung durch die hohe Verbindlichkeit die finanzielle Funktionsfähigkeit nicht mehr gegeben war[256].

Eine finanzielle Funktionsfähigkeit lässt sich schwer an einzelnen Wirtschaftsgütern festmachen. Ob der Teilbetrieb als Ganzes auch finanziell überlebensfähig ist, sollte vielmehr allein anhand einer ganzheitlichen Betrachtung erfolgen. Die Fixierung darauf, ob ein einzelnes Wirtschaftsgut die Ertragskraft des Teilbetriebes steigert[257], geht über das Ziel funktionsfähige Einheiten zu übertragen hinaus. Entscheidend ist vielmehr, ob die funktionale Einheit letztlich auch finanziell überleben kann. Ansonsten würde das vom EuGH formulierte Prioritätsverhältnis[258] des

---

249 EuGH vom 15.1.2002, C-43/00, *Andersen og Jensen*, Slg. 2002, S. I-394 (I-409), Rn. 35

250 EuGH vom 15.1.2002, C-43/00, *Andersen og Jensen*, Slg. 2002, S. I-394 (I-496), Rn. 35

251 *Blumers* BB 2008, 2041 (2042); *Langheim*, Die Einbringung von Unternehmensteilen nach der Fusionsrichtlinie und ihre Umsetzung im deutschen Umwandlungssteuergesetz, S. 157; *Neumann* EStB 2002, 437 (441); *Schmitt* DStR 2011, 1108 (1110)

252 *Menner/Broer* DB 2002, 815 (817)

253 *Blumers* BB 2008, 2041 (2041); *Desens* Beihefter zu DStR 46, 2010, 80 (83); *Goebel/Ungemach/Seidenfad* DStZ 2009, 354 (362); *Langheim*, Die Einbringung von Unternehmensteilen nach der Fusionsrichtlinie und ihre Umsetzung im deutschen Umwandlungssteuergesetz, S. 142

254 EuGH vom 15.01.2002, C-43/00, *Andersen og Jensen*, Slg. 2002, S. I-394 (I-409), Rn. 35

255 EuGH vom 15.01.2002, C-43/00, *Andersen og Jensen*, Slg. 2002, S. I-394 (I-409), Rn. 35 f.

256 *Blumers* BB 2011, 2204 (2205); *Langheim*, Die Einbringung von Unternehmensteilen nach der Fusionsrichtlinie und ihre Umsetzung im deutschen Umwandlungssteuergesetz, S. 124

257 so jedoch *Neumann* EStB 2002, 437 (441)

258 EuGH vom 15.01.2002, C-43/00, *Andersen og Jensen*, Slg. 2002, I-394 (I-406), Rn. 35

funktionalen und des finanziellen Elements ad absurdum geführt werden, denn ein Wirtschaftsgut, das aus funktionaler Sicht notwendig ist, wird auch immer die Ertragskraft des Teilbetriebes steigern. Eine Einzelbetrachtung der verschiedenen Wirtschaftsgüter auf ihre Sicherungsfunktion kann zudem nicht die finanzielle Überlebensfähigkeit des Teilbetriebes in seiner Gesamtheit gewährleisten. Genau darauf zielt jedoch das finanzielle Element der Funktionsfähigkeit ab.

Vielmehr müsste zunächst unter dem funktionellen Aspekt betrachtet werden, welche Wirtschaftsgüter übertragen werden müssen. Sollte sich diese Einheit aus Sicht des Übertragenden nicht als finanziell funktionsfähig darstellen, so müssten gegebenenfalls auch Wirtschaftsgüter übertragen werden, die zwar nicht funktionell, jedoch finanziell notwendig sind. Auch dürfte es dem Übertragenden unverwehrt sein, den Teilbetrieb so mit entsprechenden Mitteln auszustatten, dass dieser finanziell überlebensfähig ist. Schließlich kommt es nicht darauf an, ob der Teilbetrieb in der Form, in der er übertragen wird, schon eine gewisse Zeit bestanden hat[259]. Die Zuordnung einzelner Wirtschaftsgüter wird daher nicht durch die finanzielle Funktionsfähigkeit bestimmt. Der Einbringungsumfang wird vielmehr grundsätzlich durch das funktionelle Element geprägt.

Die Definition des Teilbetriebes umfasst darüber hinaus auch die passiven Wirtschaftsgüter. Hier stellt sich die Frage, inwieweit passive Wirtschaftsgüter für die Funktionsfähigkeit notwendig sind und daher übertragen werden müssen. Verbindlichkeiten lassen sich aus funktionaler Sicht in der Regel nicht einem Teilbetrieb zuordnen; es sei denn, diese stehen mit einer bestimmten Tätigkeit des Teilbetriebes in Verbindung, wie beispielsweise bei der Bildung von Pensionsrückstellungen[260]. Für die finanzielle Funktionsfähigkeit sind passive Wirtschaftsgüter ohnehin eher abträglich.

Die Übertragung passiver Wirtschaftsgüter ist unter dem zentralen Gesichtspunkt der Funktionsfähigkeit daher nur in Ausnahmefällen erforderlich[261].

---

259 siehe IV. 3.

260 *Langheim*, Die Einbringung von Unternehmensteilen nach der Fusionsrichtlinie und ihre Umsetzung im deutschen Umwandlungssteuergesetz, S. 123; *Menner/Broer* DB 2002, 815 (817); *Menner* in Haritz/Menner, UmwStG, § 20 Rn. 97

261 *Langheim*, Die Einbringung von Unternehmensteilen nach der Fusionsrichtlinie und ihre Umsetzung im deutschen Umwandlungssteuergesetz, S. 123; *Menner* in Haritz/Menner, UmwStG, § 20 Rn. 97

6.3. Zuordnung neutralen Vermögens

Über den notwendigen Einbringungsumfang hinaus ist es bedeutsam, inwieweit Wirtschaftsgüter, die dem Teilbetrieb nicht im Rahmen der Funktionsfähigkeit zuzuordnen sind, übertragen werden dürfen. Falls der Teilbetrieb dadurch besser ausgestattet wird als notwendig, ergeben sich keine Probleme[262]. Anders kann dies jedoch bei der Zuordnung von Verbindlichkeiten sein. Wie sich in dem Urteil in der Rechtssache Andersen og Jensen zeigt, kann eine Übertragung von Verbindlichkeiten steuerschädlich sein[263]. In diesem Fall bewirkte die Belastung mit der Verbindlichkeit in erheblicher Höhe, dass die finanzielle Funktionsfähigkeit nicht mehr gewährleistet war[264]. Eine Zuordnung von Verbindlichkeiten in einem Maß, das die finanzielle Funktionsfähigkeit nicht gefährdet, wäre unter diesem Gesichtspunkt denkbar[265]. Allerdings ergibt sich bei der Übertragung von Verbindlichkeiten auch ein Problem mit dem Verbot zusätzlicher Gegenleistungen bei der Einbringung[266]. Art. 2 lit. d FRL sieht bei der Einbringung nur Anteile am Gesellschaftskapital der übernehmenden Gesellschaft als Gegenleistung vor. Bei anderen Vorgängen wie der Fusion in Art. 2 lit. a FRL, der Spaltung in Art. 2 lit. b FRL, der Abspaltung in Art. 2 lit. c FRL und dem Austausch von Anteilen in Art. 2 lit. e FRL sind Zuzahlungen in begrenztem Umfang zulässig. Bei der Einbringung fehlt eine solche Regelung. Daher sind zusätzliche Gegenleistungen bei der Einbringung von Unternehmensteilen nach der Fusionsrichtlinie steuerschädlich[267]. Die Übernahme einer funktional nicht zuordenbaren Verbindlichkeit kommt dabei faktisch einer Zuzahlung durch die übernehmende Gesellschaft gleich[268]. Die atypische Konstellation im Fall Andersen og Jensen hat den EuGH daher dazu bewegt, eine

262 *Blumers* BB 2008, 2041 (2042); *ders.* BB 2011, 2204 (2206)

263 EuGH vom 15.01.2002, C-43/00, *Andersen og Jensen*, Slg. 2002, S. I-394 (I-407), Rn. 29

264 siehe oben, IV. 5.2.

265 *Blumers* BB 2008, 2041 (2045); *Menner/Broer* DB 2002, 815 (817); *Schumacher* DStR 2008, 325 (328)

266 *Langheim*, Die Einbringung von Unternehmensteilen nach der Fusionsrichtlinie und ihre Umsetzung im deutschen Umwandlungssteuergesetz, S. 125

267 *Langheim*, Die Einbringung von Unternehmensteilen nach der Fusionsrichtlinie und ihre Umsetzung im deutschen Umwandlungssteuergesetz, S. 165

268 EuGH vom 15.01.2002, C-43/00, *Andersen og Jensen*, Slg. 2002, S. I-394 (I-406), Rn. 26; *Langheim*, Die Einbringung von Unternehmensteilen nach der Fusionsrichtlinie und ihre Umsetzung im deutschen Umwandlungssteuergesetz, S. 165; *Menner* in Haritz/Menner, UmwStG, § 20 Rn. 98

Umgehung der Fusionsrichtlinie anzunehmen[269]. Bei der von vornherein geplanten Trennung von der Darlehensvaluta, stellt sich die Übernahme der ansonsten in keinem Zusammenhang mit dem Teilbetrieb stehenden Verbindlichkeit als eine zusätzliche Gegenleistung durch die übernehmende Gesellschaft dar[270]. Ein umfassendes Verbot der Zuordnung aller Verbindlichkeiten, die nicht der Funktionsfähigkeit dienen, steht jedoch im Konflikt zu dem Bestreben der Fusionsrichtlinie,[271] steuerliche Behinderungen abzubauen[272]. Die Frage, wann die Übernahme einer Verbindlichkeit als Zuzahlung und damit Umgehung zu sehen ist, ließ der EuGH jedoch offen. In jedem Fall ist es als Umgehung anzusehen, wenn die übertragenen Verbindlichkeiten in keinem Zusammenhang mit dem Teilbetrieb stehen[273]. Falls die Verbindlichkeit jedoch in einem wirtschaftlichen Zusammenhang mit dem übertragenen Teilbetrieb steht, insbesondere weil sie der Finanzierung von für die Funktionsfähigkeit erforderlichen Wirtschaftsgütern dient, liegt eine missbräuchliche Gestaltung fern[274]. Soweit die finanzielle Funktionsfähigkeit gewahrt bleibt, ist eine Übertragung von Verbindlichkeiten in diesen Fällen möglich.

6.4. Übertragung des Nutzungsrechtes

Beim europäischen Teilbetriebsbegriff wird zum Teil davon ausgegangen, dass die Übertragung des gesicherten Nutzungsrechts an einem Wirtschaftsgut ausreichend ist, um die Funktionsfähigkeit im Sinne des Art. 2 lit. j FRL zu gewährleisten[275].

---

269 *Goebel/Ungemach/Seidenfad* DStZ 2009, 354 (361); *Langheim*, Die Einbringung von Unternehmensteilen nach der Fusionsrichtlinie und ihre Umsetzung im deutschen Umwandlungssteuergesetz, S. 125

270 EuGH vom 15.01.2002, C-43/00, *Andersen og Jensen*, Slg. 2002, S. I-394 (I-406), Rn. 26; *Goebel/Ungemach/Seidenfad* DStZ 2009, 354 (361); *Langheim*, Die Einbringung von Unternehmensteilen nach der Fusionsrichtlinie und ihre Umsetzung im deutschen Umwandlungssteuergesetz, S. 165

271 siehe Präambel der Richtlinie vom 19.10.2009, 2009/133/EG, ABl. 2009 L 310/34, Grund (2)

272 *Goebel/Ungemach/Seidenfad* DStZ 2009, 354 (361)

273 *Langheim*, Die Einbringung von Unternehmensteilen nach der Fusionsrichtlinie und ihre Umsetzung im deutschen Umwandlungssteuergesetz, S. 165; *Thömmes*, FS Widmann, S. 583 (599)

274 *Langheim*, Die Einbringung von Unternehmensteilen nach der Fusionsrichtlinie und ihre Umsetzung im deutschen Umwandlungssteuergesetz, S. 165; *Thömmes*, FS Widmann, S. 583, (599); *ders.* IWB 2002, Fach 11a, S, 564 (565)

275 *Blumers* DB 2001, 722 (725); *ders.* BB 2008, 2041 (2042); *Goebel/Ungemach/Seidenfad* DStZ 2009, 354 (360); *Graw* IFSt-Schrift Nr. 488, S. 26; *ders.* DB 2013, 1011 (1012);

Diese Nutzungsüberlassung stellt dabei geringere Anforderungen auf, als dies bei der Übertragung des wirtschaftlichen Eigentums im Sinne des § 39 Abs. 2 Nr. 1 AO der Fall ist, da es nicht darauf ankommt, ob der zivilrechtliche Eigentümer für dir gesamte gewöhnliche Nutzungsdauer von der Einwirkung auf des Wirtschaftsgut wirtschaftlich ausgeschlossen wird[276]. Zweifel an der Zulässigkeit der Nutzungsüberlassung können sich aus der Terminologie der Richtlinie in Art. 2 lit. f und g und der Rechtsprechung des EuGH[277] ergeben, die von einer Übertragung und einer Übernahme der Wirtschaftsgüter ausgehen[278]. Auch der BFH geht obiter dictum davon aus, dass im Rahmen der Fusionsrichtlinie die bloße Nutzungsüberlassung nicht ausreicht[279]. Die Begriffe des Übertragens, beziehungsweise Übernehmens sind jedoch auf europäischer Ebene nicht zwingend im Sinne einer Eigentumsübertragung zu verstehen, sondern können allgemein für die Zurechnung von Wirtschaftsgütern stehen[280].

Allerdings sind die Teilbetriebsvoraussetzungen, wie gezeigt[281], aus der Sicht des Einbringenden zu beurteilen. Insofern kann der Begriff des Übertragens so verstanden werden, dass dasjenige hingegeben wird, was dem Einbringenden zur Verfügung steht[282]. Falls sich die Wirtschaftsgüter des Teilbetriebes in seinem Eigentum befinden, gehört auch dieses Eigentum aus seiner Sicht zu der Gesamtheit der Wirtschaftsgüter, die im Sinne des Art. 2 lit. j FRL bei ihm eine funktionsfähige Einheit bilden. Daher kann eine bloße Nutzungsüberlassung auch im Rahmen der Einbringung nach der Fusionsrichtlinie nicht ausreichen.

7. Vergleich mit dem Teilbetriebsbegriff im deutschen Recht

Das Merkmal der Selbstständigkeit im europäischen Teilbetriebsbegriff unterscheidet sich von dem der gewissen Selbstständigkeit des deutschen Teilbetriebsbegriffes. Während die gewisse Selbstständigkeit auf eine Abgrenzung

---

Menner in Haritz/Menner, UmwStG, § 20 Rn. 96; *Menner/Broer* BB 2003, 229 (234); *Schmitt* in Schmitt/Hörtnagl/Stratz, UmwG, UmwStG § 20 UmwStG Rn. 87; *Thömmes*, FS Widmann, S. 583 (598); *Weier* DStR 2008, 1002 (1005)

276 *Desens* Beihefter zu DStR 46, 2010, 80 (82)

277 EuGH vom 15.01.2002, C-43/00, *Andersen og Jensen*, Slg. 2002, S. I-394 (I-406), Rn. 25

278 *Nitzschke* in Blümich, EStG, KStG, GewStG und Nebengesetze, § 20 UmwStG Rn. 53; *Desens* Beihefter zu DStR 46, 2010, 80 (84); *Schumacher* DStR 2008, 325 (328); *ders.* in Rödder/Herlinghaus/van Lishaut, UmwStG, § 15 Rn. 145

279 BFH vom 07.04.2010, I R 96/08, BStBl II 2011, 467, Rn. 30

280 *Blumers* BB 2008, 2041 (2042)

281 siehe IV. 2.

282 *Blumers* BB 2008, 2041 (2042)

zum restlichen Betrieb abzielt, ist beim europäischen Teilbetriebsbegriff die Funktionsfähigkeit das zentrale Merkmal. Auf die Abgrenzung zum Gesamtbetrieb kommt es hier nicht an.

Das im nationalen Begriff geprägte Merkmal der Lebensfähigkeit wird weitgehend von der Voraussetzung der Funktionsfähigkeit erfasst[283]. Diese hat allerdings, im Gegensatz zum nationalen Teilbetriebsbegriff, auch einen finanziellen Aspekt[284]. Dabei ist die finanzielle Funktionsfähigkeit nicht mehr gewährleistet, wenn ein Teilbetrieb die durch ihn versursachten laufenden Kosten nicht mehr durch Einnahmen decken kann[285]. Insofern muss darauf abgestellt werden, ob der Teilbetriebsbegriff in der Lage ist Gewinne zu erwirtschaften[286]. In jedem Fall muss er sich wirtschaftlich selbst tragen können. Beim deutschen Teilbetriebsbegriff kommt es hingegen nicht darauf an, ob dieser auch im Moment Gewinne erwirtschaften kann, solange die Absicht besteht einen Totalgewinn zu erzielen[287]. Insoweit besteht eine Divergenz zwischen der Lebensfähigkeit beim deutschen Teilbetriebsbegriff und dem Merkmal der Funktionsfähigkeit beim Begriff der Fusionrichtlinie, da dort zum Zeitpunkt der Übertragung sämtliche Ausgaben durch laufende Einnahmen gedeckt sein müssen[288]. In diesem Punkt stellt der europäische Teilbetriebsbegriff höhere Anforderungen an die Funktionsfähigkeit als der deutsche Begriff an die Lebensfähigkeit.

---

283 *Blumers* DB 2001, 722 (725); *ders.* BB 2011, 2204 (2205); *Herzig/Förster* DB 1992, 911 (913); *Langheim*, Die Einbringung von Unternehmensteilen nach der Fusionsrichtlinie und ihre Umsetzung im deutschen Umwandlungssteuergesetz, S. 141; *Thömmes*, FS Widmann, S. 583 (595)

284 EuGH vom 15.01.2002, C-43/00, *Andersen og Jensen*, Slg. 2002, S. I-394 (I-406), Rn. 35; *Blumers* BB 2008, 2041 (2041); *Desens* Beihefter zu DStR 46, 2010, 80 (83); *Goebel/Ungemach/Seidenfad* DStZ 2009, 354 (362); *Langheim*, Die Einbringung von Unternehmensteilen nach der Fusionsrichtlinie und ihre Umsetzung im deutschen Umwandlungssteuergesetz, S. 142

285 EuGH vom 15.01.2002, C-43/00, *Andersen og Jensen*, Slg. 2002, S. I-394 (I-409), Rn. 36, 37

286 *Graw* IFSt-Schrift Nr. 488, S. 23; *Langheim*, Die Einbringung von Unternehmensteilen nach der Fusionsrichtlinie und ihre Umsetzung im deutschen Umwandlungssteuergesetz, S. 142

287 siehe III. 2.2.4.

288 siehe IV. 1.4.

Die organische Geschlossenheit hat keine Entsprechung im europäischen Teilbetriebsbegriff, vielmehr ist hier die Funktionsfähigkeit als Merkmal ausreichend[289]. Eine eigengewerbliche Tätigkeit des Teilbetriebes ist nach der Definition der Fusionsrichtlinie nicht notwendig. Hier besteht ein Unterschied zum deutschen Teilbetriebsbegriff, der einen vermögensverwaltenden Teilbetrieb grundsätzlich nicht privilegiert[290].

Ein Teilbetrieb im Aufbau ist beim europäischen Teilbetriebsbegriff nicht erfasst, da dieser den Anforderungen an die Funktionsfähigkeit nicht gerecht werden kann[291]. Beim deutschen Teilbetriebsbegriff ist es hingegen möglich, einen Teilbetrieb steuerneutral einzubringen, falls dieser erst in absehbarer Zeit seine vollständige Lebensfähigkeit erlangt.

Beim deutschen wie beim europäischen Teilbetriebsbegriff wird unterschieden, in welchem Umfang Wirtschaftsgüter übertragen werden müssen. Während der nationale Teilbetriebsbegriff im UmwStG nur auf die funktional wesentlichen Betriebsgrundlagen abstellt, ist für den Umfang beim europäischen Begriff die Funktionsfähigkeit entscheidend, die sowohl funktional als auch finanziell bestimmt wird.

Beide Begriffe beinhalten eine funktionale Betrachtungsweise bei der Bewertung des erforderlichen Einbringungsumfanges. Diese Betrachtungsweisen unterscheiden sich in der Herangehensweise, da bei der funktionalen Wesentlichkeit nur die einzelnen Wirtschaftsgüter betrachtet werden und nicht deren Gesamtheit[292]. Nach der Definition des europäischen Teilbetriebsbegriffes kommt es jedoch auf die Gesamtheit der Wirtschaftsgüter an, die eine funktionsfähige Einheit bilden. Beim europäischen Teilbetriebsbegriff ist das Merkmal der Funktionsfähigkeit sowohl Ausdruck der Lebensfähigkeit als auch das Kriterium für den Einbringungsumfang. Beim deutschen Teilbetriebsbegriff werden die Fragen, ob ein Teilbetrieb vorliegt und in welchem Umfang die dazugehörigen Wirtschaftsgüter zu übertragen sind, getrennt beurteilt[293]. Beim europäischen Teilbetriebsbegriff wird dieser hingegen selbst schon durch die Wirtschaftsgüter definiert, die eine funktionsfähige Einheit bilden. Dieser Unternehmensteil ist dann als solcher zu übertragen.

---

289 *Langheim*, Die Einbringung von Unternehmensteilen nach der Fusionsrichtlinie und ihre Umsetzung im deutschen Umwandlungssteuergesetz, S. 145; *Strobl-Haarmann*, FS Widmann, S. 553 (556)

290 siehe II. 2.2.2.

291 siehe IV. 4.

292 *Neumann* EStB 2002, 437 (440)

293 *Hörtnagel* in Schmitt/Hörtnagl/Stratz, UmwG, UmwStG § 15 UmwStG Rn. 66

Bei den funktional wesentlichen Betriebsgrundlagen kommt es jedoch auch darauf an, dass die für den Betriebszweck entscheidenden und die den Betrieb prägenden Wirtschaftsgüter des lebensfähigen Teilbetriebes übertragen werden[294]. Insoweit wird auch beim deutschen Teilbetriebsbegriff ein Bezug zur Gesamtheit der Wirtschaftsgüter hergestellt, sodass sich letztlich keine praktischen Unterschiede ergeben.

Zum Teil wird sogar angenommen, die Kriterien der funktional wesentlichen Betriebsgrundlagen beim deutschen Teilbetriebsbegriff und das funktionale Element des europäischen Begriffes seien deckungsgleich[295]. Dieser Blinkwinkel versteift sich jedoch zu sehr auf die gewohnten Kriterien aus dem deutschen Recht[296]. Die deutsche Vorstellung von funktional wesentlichen Betriebsgrundlagen ist insbesondere durch die Kasuistik des BFH geprägt[297]. Deswegen ist es unrealistisch anzunehmen, dass sich im Rahmen des europäischen Teilbetriebsbegriffes die Kriterien identisch zu den deutschen entwickeln. Zudem bestehen erkennbare Unterschiede zwischen der funktionalen Betrachtungsweise nach deutschem Verständnis und dem funktionellen Kriterium der Funktionsfähigkeit beim europäischen Teilbetriebsbegriff. Bei letzterem dürfen nämlich keine zusätzlichen Investitionen zur Erreichung der Funktionsfähigkeit erforderlich sein[298].

Hinsichtlich der Schädlichkeit von zusätzlichem Investitionsbedarf wird zum Teil unter Verweis auf ein Urteil des RFH[299] vertreten, dass ähnliche Anforderungen ursprünglich auch hinsichtlich des deutschen Teilbetriebsbegriffes galten[300]. Allerdings geht es dabei um die Veräußerung eines mit einer Fabrik bebauten Grundstückes unter Zurückbehaltung jeglicher Maschinen und Betriebsmittel[301]. Das heißt, es geht nicht nur um die Erforderlichkeit einzelner weniger Investitionen, so dass sich eine derartige Aussage aus dem besagtem Urteil nicht ableiten lässt.

---

294 siehe III. 6.2.

295 *Langheim*, Die Einbringung von Unternehmensteilen nach der Fusionsrichtlinie und ihre Umsetzung im deutschen Umwandlungssteuergesetz. S. 157

296 *Blumers* BB 2008, 2041 (2042)

297 *Wälzholz*, Der Teilbetriebsbegriff im Steuerrecht, S. 99

298 EuGH vom 15.01.2002, C-43/00, *Andersen og Jensen*, Slg. 2002, S. I-394 (I-409), Rn. 35

299 RFH vom 01.07.1931, VI A 140, StuW 1931, 1721

300 *Langheim*, Die Einbringung von Unternehmensteilen nach der Fusionsrichtlinie und ihre Umsetzung im deutschen Umwandlungssteuergesetz, S. 141

301 RFH vom 01.07.1931, VI A 140, StuW 1931, 1721

In neuerer Rechtsprechung sieht der BFH jedenfalls Wirtschaftsgüter zum Teil schon dann nicht als funktional wesentlich an, wenn diese kurzfristig wiederbeschafft werden können[302]. Dies geht zum Teil soweit, dass Wirtschaftsgüter, ohne die ein Betrieb des Unternehmensteils schlechterdings unmöglich ist, zurückbehalten werden können, wenn problemlos Ersatz beschafft werden kann[303]. Der überwiegende Teil der Rechtsprechung zu dieser Problematik betrifft den § 16 EStG[304]. Bei diesem wird mit der gemischt funktional-quantitativen Betrachtungsweise ein anderer Maßstab für die wesentlichen Betriebsgrundlagen angewendet als in den Einbringungstatbeständen[305]. Zwar sind die wesentlichen Betriebsgrundlagen normspezifisch auszulegen[306], ob ein Wirtschaftsgut funktional wesentlich ist oder nicht, wird im Regelungskomplex der § 20, 24 UmwStG als lex specialis zu § 16 EStG[307] jedoch gleich ausgelegt. Somit konnte die bisherige Rechtsprechung zur Unwesentlichkeit kurzfristig wiederbeschaffbarer Wirtschaftsgüter auch auf den deutschen Teilbetriebsbegriff in den Einbringungstatbeständen übertragen werden.

Dies widerspricht der Vorstellung der Funktionsfähigkeit und damit des Einbringungsumfanges beim europäischen Teilbetriebsbegriff, der gerade darauf abstellt, dass der Teilbetrieb so fortgesetzt werden kann, wie er übertragen wird und ohne dass zusätzliche Anschaffungen notwendig sind. Daher bestehen Differenzen hinsichtlich der funktionalen Betrachtung. Dennoch bleibt festzuhalten, dass beide Teilbetriebsbegriffe auf einem funktionalen Verständnis beruhen und sich auch der Einbringungsumfang daran orientiert.

Passive Wirtschaftsgüter sind beim nationalen wie beim europäischen Teilbetriebsbegriff in der Regel neutral[308]. Anders als beim deutschen Teilbetriebsbegriff

---

302 BFH vom 18.08.2009, X R 20/06, BStBl II 2010, 222; BFH vom 11.10.2007, X R 39/04, BStBl II 2008, 220; BFH vom 14.03.2006, VIII R 80/03, BStBl II 2006, 591; BFH vom 05.06.2003, IV R 18/02, BStBl II 2003, 838; BFH vom 17.04.1997, VIII R 2/95, BStBl II 1998, 388 (392); BFH vom 12.06.1996, XI R 56/95, BStBl II 1996, 257 (528)

303 BFH vom 05.06.2003, IV R 18/02, BStBl II 2003, 838

304 BFH vom 11.10.2007, X R 39/04, BStBl II 2008, 220; BFH vom 14.03.2006, VIII R 80/03, BStBl II 2006, 591; BFH vom 05.06.2003, IV R 18/02, BStBl II 2003, 838

305 siehe III. 6.2.

306 siehe III. 6.2.

307 siehe II. 1.1.

308 *Menner/Broer* DB 2002, 815 (817); *Langheim*, Die Einbringung von Unternehmensteilen nach der Fusionsrichtlinie und ihre Umsetzung im deutschen Umwandlungssteuergesetz, S. 123; *Menner* in Haritz/Menner, UmwStG, § 20 Rn. 97

gibt es beim europäischen jedoch keine freie Zuordnung von Verbindlichkeiten[309]. Falls eine Verbindlichkeit nicht im wirtschaftlichen Zusammenhang mit dem Teilbetrieb steht, darf diese wegen des Verbotes zusätzlicher Gegenleistungen nicht dem Teilbetrieb zugeordnet werden[310]. Nur wo der hinreichende Zusammenhang mit dem Teilbetrieb besteht, hat der Einbringende die Wahl, ob er eine Verbindlichkeit einbringt oder nicht[311]. Die Belastung mit wirtschaftlich zuordenbaren Verbindlichkeiten darf nicht dazu führen, dass die finanzielle Funktionsfähigkeit des Teilbetriebes nicht mehr gewährleistet ist[312]. Sonstige neutrale Wirtschaftsgüter, die der Funktionsfähigkeit nicht im Wege stehen, können jedoch auch im Rahmen der Fusionsrichtlinie dem Teilbetrieb zugeordnet werden.

Beim deutschen[313] wie beim europäischen Teilbetriebsbegriff[314] ist die Übertragung des Eigentums an den Wirtschaftsgütern erforderlich.

8. Zusammenfassung

Der Teilbetriebsbegriff der Fusionsrichtlinie ist trotz der Legaldefinition noch auslegungsbedürftig. Es zeigt sich, dass es neben Gemeinsamkeiten auch Unterschiede zum deutschen Teilbetriebsbegriff gibt. Eine gewisse Selbstständigkeit mit einer Unterscheidung der Tätigkeit vom Gesamtbetrieb ist beim europäischen Begriff nicht notwendig. Bei diesem steht die Funktionsfähigkeit im Vordergrund. Eine eigenbetriebliche Tätigkeit ist nicht erforderlich. Ein Teilbetrieb im Aufbau ist mangels ausreichender Funktionsfähigkeit nicht begünstigt. Bei der Lebensfähigkeit kommt es beim europäischen Teilbetriebsbegriff zudem bereits zum Einbringungszeitpunkt auf die konkrete Ertragslage an. Im Rahmen des Einbringungsumfanges zeigen sich weitere Unterschiede. Bei der Funktionsfähigkeit des europäischen Begriffs ist es, im Gegensatz zur funktionalen Betrachtungsweise nach deutschen Verständnis, entscheidend, dass keine weiteren Investitionen notwendig sind. Verbindlichkeiten sind beim Begriff der Fusionsrichtlinie nicht frei

309 siehe IV. 5.3.

310 siehe IV. 6.3.

311 siehe IV. 6.3.

312 siehe IV. 6.3.

313 BMF vom 25.03.1998, BStBl I 1998, 268, Tz. 20.08; BFH vom 16.02.1996, I R 183/94, BStBl II 1996, 342; *Menner* in Haritz/Menner, UmwStG, § 20 Rn. 93; *Schmitt* in Schmitt/Hörtnagl/Stratz, UmwG, UmwStG § 20 UmwStG Rn. 93; a.A. *Haarmann*, FS Widmann, S. 375 (391); *Neumann* EStB 2002, 437 (441)

314 siehe IV. 6.4.

zuordenbar, soweit sie nicht mit dem Teilbetrieb im Zusammenhang stehen, da andere Gegenleistungen als Gesellschaftsanteile nicht vorgesehen sind.

Die beiden Teilbetriebsbegriffe teilen zwar gemeinsame Merkmale, sind jedoch in einigen Punkten nicht deckungsgleich.

V. Der Teilbetriebsbegriff nach dem SEStEG 2006

1. Ausgangslage

Mit dem Gesetz über steuerliche Begleitmaßnahmen zur Einführung der Europäischen Gesellschaft und zur Änderung weiterer steuerrechtlicher Vorschriften (SEStEG)[315] fand 2006 eine Umgestaltung des Umwandlungssteuergesetzes statt. Insbesondere wurden die Einbringungstatbestände der §§ 20, 23 UmwStG 1995, die nationale und grenzüberschreitende Einbringungen in Kapitalgesellschaften getrennt geregelt hatten, in § 20 UmwStG 2006 zusammengefasst. Für den neuen Tatbestand stellt sich die Frage, wie dessen Merkmale, insbesondere das des Teilbetriebes auszulegen sind. Vor der Gesetzesänderung wurde überwiegend davon ausgegangen, dass in § 20 UmwStG 1995 der nationale Teilbetriebsbegriff und in § 23 UmwStG 1995 der europäische Teilbetriebsbegriff Anwendung findet[316].

Diese Teilbetriebsbegriffe sind trotz Gemeinsamkeiten nicht deckungsgleich[317]. Der § 20 UmwStG 2006 verwendet den Begriff des Teilbetriebes nun einheitlich für in- und ausländische Einbringungen. In der Gesetzesbegründung[318] findet sich keine eindeutige Aussage, welcher Teilbetriebsbegriff anzuwenden ist. Die wissenschaftliche Auseinandersetzung dazu hat zu sehr unterschiedlichen Ergebnissen geführt[319]. Inzwischen gibt es einen Umwandlungssteuererlass[320] zum UmwStG 2006. Auch dieser beschäftigt sich mit der Frage des Teilbetriebsbegriffes[321]. Dennoch bleiben danach Fragen zu dessen Auslegung offen.

---

315 Gesetz vom 7.12.2006 BGBl I 2006, S. 2782

316 *Herlinghaus* in Rödder/Herlinghaus/van Lishaut, UmwStG, § 20 Rn. 59; *Menner/Broer* DB 2002, 815 (818); *Menner* in Haritz/Menner, UmwStG, § 20 Rn. 102

317 siehe IV. 7.

318 BT-Drs. 16/2710

319 siehe u.a. *Blumers* BB 2011, 220; *Graw* DB 2013, 1011; *Langheim*, Die Einbringung von Unternehmensteilen nach der Fusionsrichtlinie und ihre Umsetzung im Deutschen Umwandlungsgesetz, S. 233; *Nitzschke* in Blümich, EStG, KStG, GewStG und Nebengesetze, § 20 UmwStG Rn. 54; *Schmitt* in Schmitt/Hörtnagl/Stratz, UmwG, UmwStG § 20 UmwStG Rn. 84; *Schumacher* DStR 2008, 325; *Widmann* in Widmann/Mayer, Umwandlungsrecht, § 20 UmwStG Rn. 5

320 BMF vom 11.11.2011, BStBl I 2011, 1314

321 BMF vom 11.11.2011, BStBl I 2011, 1314, Tz. 15.02, 20.06, 24.03

Um die Auslegung des Begriffes zu untersuchen, sollen zunächst die Reichweite der Umsetzungspflicht der Fusionsrichtlinie und der Einfluss des EuGH auf die Auslegung des Teilbetriebsbegriffes dargestellt werden.

Anschließend werden die bisherigen Auslegungen durch die Wissenschaft an der Gesetzessystematik, den gesetzgeberischen Vorgaben sowie den europarechtlichen und verfassungsrechtlichen Grenzen gemessen. Danach wird die genaue Auslegung des Teilbetriebsbegriffes in einer Stellungnahme diskutiert. Schließlich werden die Aussagen des Umwandlungssteuererlasses 2011 anhand der gefundenen Ergebnisse überprüft.

2. Umfang der Umsetzungspflicht der Fusionsrichtlinie

2.1. Anwendungsbereich

Wie bereits gezeigt, erstreckt sich der Anwendungsbereich der Richtlinie nur auf Einbringungen von Unternehmensteilen, wenn daran Gesellschaften aus zwei oder mehr Mitgliedstaaten beteiligt sind[322]. Der europäische Teilbetriebsbegriff muss folglich nur bei grenzüberschreitenden Umwandlungen angewendet werden. Bei Einbringungen in Personengesellschaften und solche durch natürliche Personen besteht zudem keine Verpflichtung die Richtlinienvorschriften anzuwenden[323].

2.2. Abweichungen zugunsten der Steuerpflichtigen

Zum Teil wird davon ausgegangen, dass durch die Fusionsrichtlinie nur Mindeststandards gewährleistet werden, die ein Abweichen zugunsten des Steuerpflichtigen erlaubt[324]. Andererseits bestehen Bedenken, dass ein Abweichen von den Vorgaben der Fusionsrichtlinie der durch die Union angestrebten Harmonisierung entgegensteht[325].

Grundlage für den Erlass der Fusionsrichtlinie ist der Art. 100 EGV a.F.[326], beziehungsweise für die aktuelle Fassung der Art. 94 EGV a.F.[327] (entsprechen beide Art. 115 EAUV). Die Intensität der angestrebten Harmonisierung wird hier nicht ausdrücklich genannt. Anders verhält sich dies beispielsweise in Art. 82 Abs. 2,

---

322 siehe II. 3.

323 siehe II. 3.

324 *Blumers* BB 2008, 2041 (2043); *Menner* in Haritz/Menner, UmwStG, § 20 Rn. 93; *Schumacher* DStR 2008, 325 (327); *Strobl-Haarmann*, FS Widmann, S. 553 (559)

325 *Rasche* GmbHR 2012, 149 (153)

326 Einleitung zur Richtlinie vom 23.7.1990, 90/434/EWG, ABl. EG 1990 L 225/ 1

327 Einleitung zur Richtlinie vom 19.10.2009, 2009/133/EG, ABl. 2009 L 310/34

Art. 83 Abs. 1 und Art. 153 Abs. 2 lit. b AEUV, wo durch Richtlinien ausdrücklich Mindestvorschriften festgesetzt werden können. Zum Teil wird zu Art. 100 EGV a.F. (Art. 115 AEUV) vertreten, die angestrebte Wettbewerbsgleichheit in den Mitgliedstaaten verlange, dass die erlassenen Richtlinien grundsätzlich Ober- und Untergrenzen für eine Umsetzung vorgeben[328]. Dabei werden jedoch die vielschichtigen Ziele der Union bei der Harmonisierung nicht berücksichtigt[329]. Vielmehr sollte der Harmonisierungsgrad jeweils im Einzelfall durch die Gemeinschaftsorgane bestimmt werden[330].

In der Fusionsrichtlinie selbst finden sich keine ausdrücklichen Regelungen, inwieweit die Mitgliedstaaten bei ihrer Umsetzung auch weniger strenge Anforderungen stellen können.

Die Fusionsrichtlinie legt zum Teil ausdrücklich fest, wo eine Abweichung von den grundsätzlichen Vorgaben möglich ist, wie in Art. 7 Abs. 2 FRL, Art. 8 Abs. 9 und Art. 10 Abs. 2 FRL. Hierbei handelt es sich aber um Abweichungsmöglichkeiten zulasten der Steuerpflichtigen. Eine generelle Aussage über die Zulässigkeit von günstigeren Regelungen lässt sich daher daraus nicht ableiten.

Soweit durch die Richtlinie selbst der Grad der Harmonisierung nicht ausdrücklich geregelt ist, kann anhand der für die Richtlinie ausschlaggebenden Ziele die Zulässigkeit von Abweichungen ermittelt werden[331].

Als Argument gegen die Möglichkeit einer Abweichung wird angeführt, dass in den Gründen zum Erlass der Richtlinie[332] eine gemeinsame steuerliche Regelung als notwendig erachtet wird, da eine Ausweitung der nationalen Systeme auf die Gemeinschaftsebene zu Wettbewerbsverzerrungen führen würde[333]. Die Ziele der Richtlinie sollen ausdrücklich durch ein gemeinsames Steuersystem für die dort genannten Vorgänge realisiert werden[334]. Hierauf weißt auch die Überschrift der Fusionsrichtlinie hin, die von einem gemeinsamen Steuersystem spricht[335].

Die Regelungen in Art. 7 Abs. 2, Art. 8 Abs. 9, sowie Art. 10 Abs. 1 FRL gestehen den Mitgliedstaaten jedoch ausdrücklich Spielräume zu, in denen sie abweichend

---

328 *Bleckmann*, Europarecht, S. 175, Rn. 453

329 *Lutter*, FS Everling, S. 765 (771); *Wagner*, Das Konzept der Mindestharmonisierung, S. 123

330 *Wagner*, Das Konzept der Mindestharmonisierung, S. 123

331 *Bleckmann* ZGR 1992, 364 (372); *Lutter*, FS Everling, S. 765 (772)

332 Einleitung zur Richtlinie vom 19.10.2009, 2009/133/EG, ABl. 2009 L 310/34, (4)

333 *Rasche* GmbHR 2012, 149 (153)

334 Präambel der Richtlinie vom 19.10.2009, 2009/133/EG, ABl. 2009 L 310/34, Grund (4)

335 *Rasche* GmbHR 2012, 149 (153)

von den Vorschriften der Richtlinie zulasten der Steuerpflichtigen eine Besteuerung vornehmen können. Daher ist die Richtlinie nicht auf ein vollständig einheitliches System angelegt. Auch bei Richtlinien, die an sich auf eine Vereinheitlichung von Regelungen angelegt sind, kann der Richtliniengeber Abweichungen zulassen, insbesondere falls der Schutz des betroffenen Rechtsgutes im besonderen Interesse der Union steht[336]. In der Richtlinie findet sich ausdrücklich das Ziel, Behinderungen bei den dort genannten grenzüberschreitenden Vorgängen zu vermeiden, insbesondere Benachteiligungen im Vergleich zu nationalen Vorgängen zu beseitigen[337]. Dies spricht dafür, dass Hürden beseitigt, aber weitere Erleichterungen nicht grundsätzlich ausgeschlossen werden sollen. Die zu vermeidenden Wettbewerbsverzerrungen beziehen sich dann nur auf zusätzliche Hemmnisse, die über die Anforderungen der Richtlinie hinausgehen. Schließlich kann es auch Ziel des Richtliniengebers sein, Wettbewerbsverzerrungen nur partiell zu beseitigen[338].

Für die Möglichkeit, zugunsten der Steuerpflichtigen von der Richtlinie abzuweichen, spricht darüber hinaus, dass sich eine Beseitigung der Behinderung von grenzüberschreitenden Vorgängen nicht erreichen ließe, wenn die Mitgliedstaaten an die nationalen Vorgänge geringere Anforderungen stellen. Dürfte von der Richtlinie nicht zugunsten der Steuerpflichtigen abgewichen werden, so müssten Mitgliedstaaten, die ein weniger strenges Umwandlungssteuerrecht haben, ihre Standards auch für nationale Vorgänge der Richtlinie angleichen. Ansonsten würden grenzüberschreitende Vorgänge benachteiligt. Art. 1 lit. a FRL beschränkt die Umsetzungspflicht für die Richtlinie aber auf Vorgänge an denen Gesellschaften aus zwei oder mehr Mitgliedstaaten beteiligt sind. Würde die Richtlinie nicht nur Mindest-, sondern auch Höchststandards festsetzen, so bestünde indirekt eine Anpassungspflicht bei den Mitgliedstaaten, die geringere Anforderungen in ihrem Umwandlungsrecht stellen. Dies steht jedoch im Widerspruch mit dem Ziel der Richtlinie[339], grenzüberschreitende Umwandlungen zu erleichtern. Im Einzelfall kann dies dazu führen, dass grenzüberschreitende Umwandlungen erschwert werden, da diese dann nicht in liberalere nationale Regelungen einbezogen werden könnten.

---

336 *Bleckmann* ZGR 1992, 364 (373)

337 Präambel der Richtlinie vom 19.10.2009, 2009/133/EG, ABl. 2009 L 310/34, Gründe (2), (3)

338 *Bleckmann* ZGR 1992, 364 (373)

339 Präambel der Richtlinie vom 19.10.2009, 2009/133/EG, ABl. 2009 L 310/34, Grund (2)

Auch der Aufbau der Richtlinie spricht für einen Mindeststandard. Aus den Art. 1 lit. a, 4 I, 9 FRL ergibt sich, dass bei den genannten Vorgängen keine Besteuerung des Veräußerungsgewinns, der sich aus dem Unterschied zwischen dem tatsächlichen Wert des übertragenen Vermögens und dessen steuerlichem Wert ergibt, vorgenommen werden darf. Stellt ein Mitgliedstaat geringere Anforderungen an die genannten Vorgänge, so ist die Steuerneutralität in diesen Fällen stets gewährleistet. Die Systematik der Richtlinie ist dabei auf eine Aussetzung der Besteuerung ausgerichtet. Zu dem Zeitpunkt zu dem die Richtlinie ursprünglich erlassen wurde, war es so, dass viele Mitgliedstaaten die Steuerneutralität für innerstaatliche Umwandlungen geregelt hatten, während diese Möglichkeit bei grenzüberschreitenden Vorgängen nicht gewährt wurde, da das Besteuerungsrecht der Ansässigkeitsstaaten nicht gewährleistet war[340]. Deswegen ist es naheliegend, dass der Richtliniengeber ursprünglich davon ausging, dass nicht privilegierte Vorgänge in der Regel der Besteuerung unterliegen. Einen Zwang zur Besteuerung der Fälle, in denen die Voraussetzungen nicht vorliegen, ist dem Wortlaut der Richtlinienregelungen dagegen nicht zu entnehmen. Soweit die Richtlinie keine konkreten Anforderungen stellt, steht die Art und Weise der Umsetzung den Mitgliedstaaten jedoch grundsätzlich frei[341]. Insofern steht ein Steueraufschub, über die Regelungen der Richtlinie hinaus, dem zweiten Kapitel der Richtlinie, das die konkrete Pflicht zum Verzicht auf eine Besteuerung regelt, nicht entgegen.

Darüber hinaus spricht gegen ein Verbot von geringeren Anforderungen, dass sich die Fusionsrichtlinie in Art. 2 lit. d nur auf Betriebe und Teilbetriebe als Einbringungsgegenstände bezieht. Dass diese Aufzählung abschließend ist und den Mitgliedstaaten untersagt, weitere Einbringungsgegenstände zu schaffen, ist nicht ersichtlich. Wenn es den Mitgliedstaaten möglich ist, andere Einbringungsgegenstände zu schaffen, die unter Umständen geringere Anforderungen stellen als Betriebe oder Teilbetriebe nach der Richtlinie, wäre es widersprüchlich eine Abweichung zugunsten der Steuerpflichtigen zu untersagen.

Sowohl die Systematik als auch die Ziele der Richtlinie sprechen daher insgesamt für die Möglichkeit der Mitgliedstaaten abweichende Regelungen von der Fusionsrichtlinie zu treffen, soweit die Steuerneutralität in den von der Fusionsrichtlinie genannten Fällen gewährleistet ist.

---

340 *Eilers/Sedlaczek* in von der Groeben/Schwarze, vor Art. 90 bis 93 EGV, Rn. 10

341 vgl. EuGH vom 20.05.1992, C 190/90, *Kommission/Niederlande*, Slg. 1992 S. I 3300 (I-3309), Rn. 17

3. Umfang der Auslegungskompetenz des EuGH

3.1. Auslegung des Begriffes der Fusionsrichtlinie

Im Rahmen des Art. 267 Abs. 1 lit. b des Vertrags über die Arbeitsweise der Europäischen Union (AEUV)[342] entscheidet der EuGH über die Auslegung der Handlungen der Organe. Zu diesen Handlungen zählen nach Art. 288 Abs. 1 AEUV auch Richtlinien. In einem letztinstanzlichen nationalen Verfahren besteht nach Art. 267 Abs. 3 AEUV eine Vorlagepflicht des Gerichtes.

Die Auslegungskompetenz hinsichtlich des Teilbetriebsbegriffes im Rahmen der Fusionsrichtlinie liegt also letztendlich beim EuGH.

3.2. Auslegung außerhalb des direkten Anwendungsbereichs der Fusionsrichtlinie

Für die Auslegung des Teilbetriebsbegriffes sind außerhalb des Anwendungsbereichs der Fusionsrichtlinie grundsätzlich nur die nationalen Gerichte zuständig. Aber auch in Sachverhalten, die nicht von der Richtlinie erfasst sind, kann eine Zuständigkeit des EuGH zur Auslegung bestehen, wenn der nationale Gesetzgeber dort Regelungen der Richtlinie übernimmt[343]. Für eine solche freiwillige, weitergehende Anwendung der Richtlinie werden die Begriffe der „überschießenden Umsetzung“[344] oder auch der „autonomen Harmonisierung“[345] verwendet[346].

Ob dem EuGH auch in solchen Fällen eine Auslegungskompetenz zusteht, hatte dieser zunächst in der Rechtssache „Dzodzi“[347] zu entscheiden und dies im konkreten Fall bejaht. Im Rahmen der Auslegung der Fusionsrichtlinie hat er in der Rechtssache „Leur-Bloem“[348] dann die Gelegenheit gehabt, die Voraussetzungen hierfür zu konkretisieren. Im Fall „Andernsen og Jensen“[349], bei der es

342 Vertrag vom 1.12.2009; ABl. EG Nr. C 115 vom 9.5.2008, S. 47

343 EuGH vom 18.10.1990, C-297/88 und C-197/89, *Dzodzi*, Slg. 1990, S. I-3783 ff.; EuGH vom 17.07.1997, C-28/95, *Leur-Bloem*, Slg. 1997, S. I-4161 ff.; EuGH vom 15.01.2002, C-43/00, *Andersen og Jensen*, Slg. 2002, S. I-394 ff.

344 *Habersack/Mayer* JZ 1999, 913 (914)

345 *Schnorbus* RabelsZ 65, 654; *Radke*, Autonome Harmonisierung des Gemeinschaftsrechts, S. 5

346 zu den Begrifflichkeiten *Radke*, Autonome Harmonisierung des Gemeinschaftsrechts, S. 2 ff.

347 EuGH vom 18.10.1990, C-297/88 und C197/89, *Dzodzi*, Slg. 1990, S. I-3763 ff.

348 EuGH vom 17.07.1997, C-28/95, *Leur-Bloem*, Slg. 1997, S. I-4161 ff.

349 EuGH vom 15.01.2002, C-43/00, *Andersen og Jensen*, Slg. 2002, S. I-394 ff.

konkret um die Auslegung des Teilbetriebsbegriffes im Rahmen einer überschießenden Umsetzung ging, hat der EuGH diese Rechtsprechung aufrecht erhalten.

Zunächst sollen anhand der Entscheidung „Leur-Bloem" die Voraussetzungen für eine Auslegungskompetenz des EuGH in Fällen überschießender Richtlinienumsetzung aufgezeigt werden. Anschließend wird erörtert, inwiefern auch in solchen Fällen eine Vorlagepflicht besteht.

3.2.1. Das Urteil Leur-Bloem

Das Urteil „Leur-Bloem"[350] hat sich ausgiebig mit der Frage beschäftigt, wann der EuGH für die Auslegung von Unionsrecht zuständig ist, wenn dieses den Sachverhalt zwar nicht unmittelbar betrifft, jedoch der nationale Gesetzgeber bei der Umsetzung einer Richtlinie, über deren Anwendungsbereich hinaus, rein innerstaatliche Sachverhalte entsprechend der Richtlinie behandelt. Die Entscheidung erfolgte nach einer Vorlage des niederländischen Gerechtshof Amsterdam nach dem damaligen Art. 177 EGV (entspricht Art. 267 AEUV).

a) Sachverhalt

Der Vorlage liegt ein Rechtsstreit zwischen der Unternehmerin Leur-Bloem und dem Inspecteur der Belastingdienst/ Ondernemingen (Leiter der Steuerbehörde für Unternehmen) zu Grunde[351].

Die Klägerin war Alleingesellschafterin und Geschäftsführerin zweier Gesellschaften niederländischen Rechtes und unterlag dem niederländischen Einkommensteuergesetz. Um künftig nur noch mittelbare Alleingesellschafterin zu sein, wollte sie die Anteile einer Holding-Gesellschaft erwerben. Dies sollte im Austausch mit ihren Anteilen an den beiden Gesellschaften geschehen.

Der Antrag bei der niederländischen Finanzverwaltung, diese Transaktion nach Art. 14b des niederländischen Einkommensteuergesetzes steuerneutral durchzuführen, wurde abgelehnt, da der Vorgang nicht als Fusion im Sinne der Vorschrift anerkannt wurde. Voraussetzung für eine solche Fusion ist nach niederländischem Recht unter anderem, dass ein Anteilsaustausch zu dem Zweck geschieht, die Unternehmen beider Gesellschaften finanziell und wirtschaftlich dauerhaft zu einer Einheit zu verbinden. Diese Voraussetzung wurde von der niederländischen Finanzverwaltung nicht als gegeben angesehen, da die zu erwerbende Gesellschaft

---

350 EuGH vom 17.07.1997, C-28/95, *Leur-Bloem*, Slg. 1997, S. I-4161 ff.

351 vgl. EuGH vom 17.07.1997, C-28/95, *Leur-Bloem*, Slg. 1997, S. I-4161 (I-4192), Rn. 3 f.

selbst kein Unternehmen betreibt und die Klägerin die beiden anderen Gesellschaften bereits beherrscht, also keine neue Einheit anstrebt.

Gegen diese Entscheidung erhob Frau Leur-Bloem Klage vor dem Gerechtshof Amsterdam. Dieser hatte dabei eine Bestimmung auszulegen, die im Rahmen der Umsetzung der Fusionsrichtlinie[352] in das nationale Recht eingefügt wurde.

Dabei wurden keine Unterschiede zwischen rein nationalen und grenzüberschreitenden Fusionen gemacht und auch aus den Gesetzesmaterialen ging hervor, dass eine Gleichhandlung gewollt war[353]. Zudem wurde der Begriff der Fusion durch den Austausch von Anteilen aus der Richtlinie in das nationale Gesetz übernommen[354].

Der Gerechtshof legte daraufhin dem EuGH die Frage vor, inwieweit diesem Auslegungsfragen zu Richtlinien vorgelegt werden können, die zwar nicht unmittelbar anwendbar sind, jedoch der konkrete Fall nach dem Willen des Gesetzgebers gleich der Richtlinie zu behandeln ist.

Des Weiteren folgten Fragen bezüglich der konkreten Auslegung des Richtlinienbegriffes der Fusion durch den Austausch von Anteilen.

b) Entscheidung

Der EuGH hat sich hinsichtlich der Auslegung von Unionsrecht auch dann für zuständig erklärt, wenn der konkrete Sachverhalt durch dieses nicht unmittelbar geregelt wird, aber der nationale Gesetzgeber bei der Umsetzung nationale und richtlinienrelevante Fälle gleichbehandeln will und seine innerstaatlichen Rechtsvorschriften deshalb an das Unionsrecht anpasst[355]. Der EuGH prüft dabei aber nur die unionsrechtlichen Bestimmungen, die Tragweite der Verweisung des nationalen Gesetzgebers auf das Unionsrecht können ausschließlich durch die nationalen Gerichte beurteilt werden[356]. Er knüpft dabei an seine Rechtsprechung zu den Rechtssachen Dzodzi[357] und Federconsorzi[358] an[359]. Eine Zurückweisung des Ersuchens der nationalen Gerichte soll nur erfolgen, wenn

352 Richtlinie vom 27.7.1990, 90/434/EWG
353 EuGH vom 17.07.1997, C-28/95, *Leur-Bloem*, Slg. 1997, S. I-4161 (I-4191), Rn. 14
354 EuGH vom 17.07.1997, C-28/95, *Leur-Bloem*, Slg. 1997, S. I-4161 (I-4201), Rn. 31
355 EuGH vom 17.07.1997, C-28/95, *Leur-Bloem*, Slg. 1997, S. I-4161 (I-4202), Rn. 34
356 EuGH vom 17.07.1997, C-28/95, *Leur-Bloem*, Slg. 1997, S. I-4161 (I-4202), Rn. 33
357 EuGH vom 18.10.1990, C-297/88 und C-197/89, *Dzodzi*, Slg. 1990, S. I-3783 f.
358 EuGH vom 25.06.1992, C-88/91, *Federconsorzi*, Slg. 1992, S. I-4060
359 EuGH vom 17.07.1997, C-28/95, *Leur-Bloem*, Slg. 1997, S. I-4161 (I-4202), Rn. 33

der Rechtsstreit konstruiert ist oder es auf der Hand liegt, dass das Unionsrecht auf den Sachverhalt weder unmittelbar noch mittelbar anwendbar ist[360].

Anschließend grenzte das Gericht den vorliegenden Fall von dem in der Entscheidung Kleinwort Benson[361] ab, in der es seine Zuständigkeit verneint hatte. In diesem Fall ist das Unionsrecht nicht als solches durch den nationalen Gesetzgeber für anwendbar erklärt worden[362]. Vielmehr sollten unionsrechtliche Bestimmungen nur als Muster dienen, von dem ausdrücklich abgewichen werden konnte. Darüber hinaus war eine klare Unterscheidung von Sachverhalten mit und ohne Unionsbezug vorgesehen.

Im vorliegenden Fall wurde die Situation jedoch anders bewertet, da hier der nationale Gesetzgeber die Anwendbarkeit des Unionsrechts auf vergleichbare rein innerstaatliche Sachverhalte ausgedehnt hatte, um eine Benachteiligung eigener Staatsangehöriger zu vermeiden[363].

Des Weiteren führt der EuGH aus, dass ein klares Interesse der Union besteht, dass aus dem Unionsrecht übernommene Begriffe unabhängig davon, unter welchen Voraussetzungen sie angewandt werden sollen, einheitlich ausgelegt werden[364].

c) Stellungnahme

Für den Teilbetriebsbegriff der Fusionsrichtlinie bedeutet diese Rechtsprechung, dass dieser durch den EuGH ausgelegt werden kann, wenn er von einem Mitgliedstaat auch für nationale Sachverhalte übernommen wird. Eine unmittelbare und unbedingte Verweisung auf das Unionsrecht, wie sie noch zuvor vom EuGH[365] vorausgesetzt wurde, scheint nicht mehr notwendig zu sein[366]. Inwiefern eine Verweisung durch den nationalen Gesetzgeber erfolgt ist, müssen allein die nationalen Gerichte im Vorfeld einer Vorlage prüfen. Der EuGH wird eine Vorlage in der Regel zulassen, soweit sie nicht konstruiert ist oder das Unionsrecht offensichtlich nicht, auch nicht mittelbar, anwendbar ist. Im Rahmen seiner Entscheidung legt der EuGH dann nur europäisches Recht aus und nicht das nationale Gesetz selbst[367].

---

360 EuGH vom 17.07.1997, C-28/95, *Leur-Bloem*, Slg. 1997, S. I-4161 (I-4200), Rn. 26
361 EuGH vom 28.03.1995, C-346/93, *Kleinwort Benson*, Slg. 1995 S. I-615 ff.
362 EuGH vom 17.07.1997, C-28/95, *Leur-Bloem*, Slg. 1997, S. I-4161 (I-4201), Rn. 29
363 EuGH vom 17.07.1997, C-28/95, *Leur-Bloem*, Slg. 1997, S. I-4161 (I-4201), Rn. 31, 32
364 EuGH vom 17.07.1997, C-28/95, *Leur-Bloem*, Slg. 1997, S. I-4161 (I-4201), Rn. 32
365 EuGH vom 28.03.1995, C-346/93, *Kleinwort Benson*, Slg. 1995 S. I-615 (I-639), Rz. 16
366 *Radke*, Autonome Harmonisierung des Gemeinschaftsrechts, S. 59
367 EuGH vom 17.07.1997, C-28/95, *Leur-Bloem*, Slg. 1997, S. I-4161 (I-4201), Rn. 33

Insofern bleibt die letzte Kontrollinstanz für die Frage, ob der Teilbetriebsbegriff nach dem Willen des Gesetzgebers auch über den Anwendungsbereich der Richtlinie hinaus angewendet werden soll, bei den deutschen Gerichten.

Woraus sich die Zuständigkeit des EuGH für eine Auslegung in den Fällen überschießender Richtlinienumsetzung ergibt, wird in dem Urteil selbst nicht klar bestimmt. Die Entscheidung auf nationaler Ebene allein vermag jedenfalls nicht, die Kompetenz des EuGH eigenmächtig zu begründen, da dessen Aufgaben nicht einseitig durch die einzelnen Mitgliedstaaten bestimmt werden können[368].

Die Zuständigkeit ist daher an den Regelungen des Vorabentscheidungsverfahrens festzumachen[369]. Das nationale Gericht muss für ein Vorlagerecht nach Art. 267 Abs. 2 AEUV lediglich die Auslegung der Richtlinie hinsichtlich seines Urteils für erforderlich halten. Insofern ist diese Regelung sehr weit gefasst und schließt ihrem Wortlaut nach eine Vorlage auch dann nicht aus, wenn das Gericht die Auslegung auch außerhalb des Anwendungsbereiches der Richtlinie für erforderlich hält[370]. Zudem betont der EuGH das klare Interesse der Union, dass das Unionsrecht, unabhängig davon unter welchen Voraussetzungen es Anwendung findet, einheitlich ausgelegt wird[371]. Insoweit dient eine Vorlagemöglichkeit in den Fällen autonomer Harmonisierung auch der Erfüllung des Rücksichtnahmegebots der Mitgliedstaaten gegenüber der Union aus Art. 4 Abs. 3 EUV[372]. Ein Vorlagerecht ergibt sich daher aus dem Unionsrecht.

Das nationale Gericht hat zu prüfen, ob der Gesetzgeber die Richtlinienbestimmungen über deren Anwendungsbereich hinaus auf nationale Sachverhalte anwenden wollte und ob diese einheitlich im Sinne der Richtlinie ausgelegt werden sollen[373]. Die Übernahme von Richtlinienregelungen außerhalb deren Anwendungsbereiches bedeutet nämlich nicht zwingend, dass der Gesetzgeber eine

---

368 *Habersack/Mayer* JZ 1999, 913 (919); *Klinke* ZGR 1998, 212 (236); *Radke*, Autonome Harmonisierung des Gemeinschaftsrechts, S. 194; *Schnorbus* RabelsZ 65, 654 (696)

369 *Klinke* ZGR 1998, 212 (236); *Radke*, Autonome Harmonisierung des Gemeinschaftsrechts, S. 199

370 *Radke*, Autonome Harmonisierung des Gemeinschaftsrechts, S. 199; *Schnorbus* RabelsZ 65, 654 (696); EuGH vom 18.10.1990, C-297/88 und C-197/89, *Dzodzi*, Slg. 1990, S. I-3783 (I-3793) Rn. 33; a.A. *Habersack/Mayer* JZ 1999, 913 (920)

371 EuGH vom 17.07.1997, C-28/95, *Leur-Bloem*, Slg. 1997, S. I-4161 (I-4201), Rn. 32

372 *Hess* RabelsZ 66, S. 470 (487); *Radke*, Autonome Harmonisierung des Gemeinschaftsrechts, S. 200 hinsichtlich Art. 10 EGV

373 EuGH vom 18.10.1990, C-297/88 und C-197/89, *Dzodzi*, Slg. 1990, S. I-3783 (I-3794) Rn. 41; EuGH vom 17.07.1997, C-28/95, *Leur-Bloem*, Slg. 1997, S. I-4161 (I-4202), Rn. 33

Auslegung im Sinne der Richtlinie vorgesehen hat[374]. Falls die Anwendung der Richtlinie nicht zwingend ist, steht es dem Gesetzgeber frei, eigene Regelungen zu treffen. Daher muss das nationale Gericht prüfen, ob vorgesehen ist, dass es in diesen Fällen eine eigene Auslegung, unabhängig von der Richtlinie, zu treffen hat[375]. Nur wenn das Gericht zu dem Ergebnis kommt, dass eine einheitliche Auslegung der Norm, dass heißt auch für Fälle außerhalb der Richtlinie, vorgesehen ist, steht dem Gericht die Vorlage an den EuGH offen[376].

Hat der EuGH in einem solchen Vorlageverfahren entschieden, stellt sich zudem die Frage der Auswirkung für das nationale Gericht. Der Gerichtshof sieht seine Rolle selbst dahingehend, dass seine Entscheidungen stets bindend für das vorlegende Gericht sind[377]. Ansonsten bestünde die Gefahr, dass die Rolle des EuGH zu einem unverbindlichen Gutachter herabgestuft würde[378]. Außerdem würde eine fehlende Bindungswirkung dem Interesse der Union an einer einheitlichen Auslegung des Unionrechts, auch bei dessen mittelbarer Anwendbarkeit[379], zuwiderlaufen. Insoweit gebietet auch das in Art. 4 Abs. 3 AEUV niedergelegte Effizienzgebot, dass die nationalen Gerichte die Auslegung des EuGH umsetzen[380]. Nach einer erfolgten Vorlage sind die nationalen Gerichte daher auch an die Bewertung des EuGH gebunden.

3.2.2. Vorlagepflicht

Inwiefern neben dem Vorlagerecht auch eine Vorlagepflicht der letztinstanzlichen nationalen Gerichte bei überschießenden Umsetzungen besteht, lässt der EuGH bisher offen.

---

374 vgl. *Radke*, Autonome Harmonisierung des Gemeinschaftsrechts, S. 168 f.

375 *Radke*, Autonome Harmonisierung des Gemeinschaftsrechts, S. 196

376 EuGH vom 18.10.1990, C-297/88 und C-197/89, *Dzodzi*, Slg. 1990, S. I-3783 (I-3794) Rn. 41; EuGH vom 17.07.1997, C-28/95, *Leur-Bloem*, Slg. 1997, S. I-4161 (I-4202), Rn. 33

377 EuGH vom 14.12.1991, Gutachten 1/91, Slg 1991, S- I-6079 (6109), Rn. 61; EuGH vom 28.03.1995, C-346/93, *Kleinwort Benson*, Slg. 1995 S. I-615 (I-641), Rn. 24

378 *Schmid*, Die Grenzen der Auslegungskompetenz des EuGH im Vorabentscheidungsverfahren nach Art. 234 EG, S. 166

379 EuGH vom 17.07.1997, C-28/95, *Leur-Bloem*, Slg. 1997, S. I-4161 (I-4201), Rn. 32

380 *Schmid*, Die Grenzen der Auslegungskompetenz des EuGH im Vorabentscheidungsverfahren nach Art. 234 EG, S. 166

In seinen Schlussanträgen hegt der Generalanwalt Jacobs jedoch erhebliche Zweifel an einer solchen Pflicht[381]. Die Notwendigkeit der Auslegung beruhe dabei allein auf nationalem Recht und nicht auf Unionsrecht[382]. Dabei ist jedoch zu beachten, dass sich der Generalanwalt im konkreten Fall auch gegen eine Zuständigkeit des EuGH ausgesprochen hat[383]. Dem hat der EuGH in seinem Urteil aber widersprochen[384]. Für ihn ist es gerade im Interesse der Union, dass Begriffe des Unionsrechts, unabhängig unter welchen Voraussetzungen sie angewandt werden sollen, einheitliche ausgelegt werden[385]. Sollten nationale Gericht, mangels Vorlagepflicht, autonom harmonisiertes Unionsrecht selbstständig auslegen, besteht zudem die Gefahr, dass ein Nebeneinander von verschiedenen Auslegungen die richtige Anwendung des Unionsrechts beeinträchtigt[386].

Gegen eine Vorlagepflicht wird auch angeführt, dass bei einem Verstoß gegen diese konsequenterweise ein Vertragsverletzungsverfahren nach Art. 258 AEUV möglich wäre, obwohl die weitergehende Übernahme der Richtlinienbestimmungen freiwillig erfolgt ist[387]. Auch ist die Pflicht nach Art. 267 Abs. 3 AEUV, als Instrument der Rechtsangleichung, nur dort angebracht wo das Unionsrecht selbst eine einheitliche Auslegung zwingend fordert[388]. Allerdings ist zu beachten, dass der Mitgliedstaat seine Auslegungskompetenz des abgeleiteten Rechts übertragen hat und so auch ein Interesse der Union daran geschaffen hat, dass dieses Recht einheitlich ausgelegt wird[389]. Wo dieses Interesse der Union durch das Verhalten der Mitgliedstaaten gefährdet wird, ist daher auch bei freiwilliger Übernahme von Richtlinienregelungen ein Vertragsverletzungsverfahren denkbar.

---

381 Anträge des Generalanwalts vom 17.9.1996, C-28/95, *Leur-Bloem*, Slg. 1997, S- I-4165 (I-4185), Rn. 64

382 Anträge des Generalanwalts vom 17.9.1996, C-28/95, *Leur-Bloem*, Slg. 1997, S- I-4165 (I-4185), Rn. 64

383 Anträge des Generalanwalts vom 17.9.1996, C-28/95, *Leur-Bloem*, Slg. 1997, S- I-4165 (I-4189), Rn. 82

384 EuGH vom 17.07.1997, C-28/95, *Leur-Bloem*, Slg. 1997, S. I-4161 (I-4202), Rn. 34

385 EuGH vom 17.07.1997, C-28/95, *Leur-Bloem*, Slg. 1997, S. I-4161 (I-4201), Rn. 32

386 Anträge des Generalanwalts vom 17.9.1996, C-28/95, *Leur-Bloem*, Slg. 1997, S- I-4165 (I-4180), Rn. 48

387 *Bärenz* DStR 2001, 692 (694)

388 *Hess* RabelsZ 66, S. 470 (487)

389 *Radke*, Die autonome Harmonisierung des Gemeinschaftsrechts, S. 214

Versteht man die Möglichkeit zur Vorlage lediglich als „untechnische Rechtshilfe“[390] oder „Service-Leistung“[391], würde dies einer Vorlagepflicht widersprechen. Dem steht aber der Anspruch des EuGH[392] entgegen, dass seinen Urteilen eine bindende Wirkung und nicht bloß eine beratende Bedeutung zukommen soll[393]. Ohne bindende Wirkung des Urteils besteht bereits kein Vorlagerecht[394]. Daher ist es naheliegend, dass mit einem Vorlagerecht in diesem Anwendungsbereich auch eine Vorlagepflicht korrespondiert.

Eine Vorlagepflicht kann jedoch nur bestehen, wenn der Gesetzgeber eine einheitliche Anwendung des Richtlinienbegriffes gewollt hat, ansonsten besteht auch das Vorlagerecht nicht[395]. Dies ist im Rahmen der Vorlage durch die deutschen Gerichte jedoch ohnehin zu prüfen, da es auch um die Entscheidungserheblichkeit geht[396].

Eine solche Vorlagepflicht wird teilweise aus dem nationalen Recht abgeleitet, da dieses aufgrund der gesetzgeberischen Entscheidung die Einheitlichkeit der Auslegung erfordern kann[397]. Wenn man jedoch das Vorlagerecht im Rahmen der autonomen Harmonisierung unter Art. 267 Abs. 2 AEUV subsumiert, ist es konsequent, eine Vorlagepflicht auch aus Art. 267 Abs. 3 AEUV abzuleiten[398]. Die Entscheidung des Gesetzgebers für eine einheitliche Auslegung ist dann nicht Quelle einer Vorlagepflicht. Jedoch besteht nur dann eine Entscheidungserheblichkeit und damit erst das Vorlagerecht für das nationale Gericht, wenn diese Entscheidung getroffen wurde[399].

In den Fällen der autonomen Harmonisierung besteht daher eine Vorlagepflicht für letztinstanzliche Gerichte nach § 267 Abs. 3 AEUV, soweit sich der Gesetzgeber dafür entschieden hat, dass die Norm einheitlich im Sinne des Unionsrechtes auszulegen ist.

---

390 *Hess* RabelsZ 66, S. 470 (487)

391 *Bärenz* DStR 2003, 492 (494)

392 EuGH vom 14.12.1991, Gutachten 1/91, Slg 1991, S- I-6079 (6109), Rn. 61; EuGH vom 28.03.1995, C-346/93, *Kleinwort Benson*, Slg. 1995 S. I-615 (I-641), Rn. 24

393 *Lutter*, GS Heinze, S. 572 (583)

394 EuGH vom 28.03.1995, C-346/93, *Kleinwort Benson*, Slg. 1995 S. I-615 (I-641), Rn. 23

395 *Radke*, Die autonome Harmonisierung des Gemeinschaftsrechts, S. 212

396 *Radke*, Die autonome Harmonisierung des Gemeinschaftsrechts, S. 212

397 *Hess* RabelsZ 66, S. 470 (487); *Schmid*, Die Grenzen der Auslegungskompetenz des EuGH im Vorabentscheidungsverfahren nach Art. 234 EG, S. 180

398 *Radke*, Die autonome Harmonisierung des Gemeinschaftsrechts, S. 218

399 *Radke*, Die autonome Harmonisierung des Gemeinschaftsrechts, S. 218

3.3. Zusammenfassung

Die Fusionsrichtlinie hat einen eingegrenzten Regelungsbereich, der nur einen Teilbereich der Einbringungstatbestände des Umwandlungssteuergesetzes betrifft. Insofern bestehen für den deutschen Gesetzgeber Gestaltungsspielräume, wie er den Teilbetriebsbegriff dort regelt. Zudem kann er auch zugunsten der Steuerpflichtigen von den Vorgaben der Fusionsrichtlinie abweichen. Für die Auslegung des Teilbetriebsbegriffes nach Art. 2 lit. j FRL ist letztlich der EuGH zuständig. Dies ist auch dann der Fall, wenn sich der Gesetzgeber dafür entscheidet, den europäischen Teilbetriebsbegriff über den Anwendungsbereich der Richtlinie hinaus anzuwenden. Bei einer solchen Entscheidung für eine einheitliche Auslegung des Teilbetriebsbegriffes im Sinne der Richtlinie besteht sogar eine Vorlagepflicht für letztinstanzliche Gerichte.

4. Der Teilbetriebsbegriff in § 20 UmwStG

4.1. Der gespaltene Teilbetriebsbegriff

Wie bereits vor dem SEStEG größtenteils vertreten[400], gibt es auch weiterhin Vertreter der Auffassung, dass der Teilbetriebsbegriff nach dem jeweiligen Anwendungsbereich auszulegen ist[401]. Sobald grenzüberschreitende Fälle unter die Fusionsrichtlinie fallen, würde der Begriff im Sinne der Richtlinie ausgelegt werden. Dies ist stets der Fall, wenn an der Einbringung eine Gesellschaft im Sinne des Art. 3 lit. a FRL mit Sitz in einem anderen Mitgliedstaat beteiligt ist.

Für Einbringungsvorgänge, an denen nur deutsche Gesellschaften beteiligt sind oder der Einbringende eine natürliche Person oder nach § 1 Abs. 4 Nr. 2 lit. b eine Gesellschaft aus einem Drittstaat ist, würde der alte Teilbetriebsbegriff nach deutschem Verständnis gelten. Dabei kann auf den relativ ausprägten bisherigen Teilbetriebsbegriff zurückgegriffen werden und der europäische Begriff kommt nur dann zur Anwendung, wenn die Fusionsrichtlinie dies zwingend erfordert.

Diese Konstellation stellt sich anders dar als der Regelfall der gespaltenen Auslegung im Rahmen der autonomen Harmonisierung des Unionsrechts[402]. Dieser bezieht sich auf die Situation, dass Richtlinien über deren Anwendungsbereich

---

400 *Herlinghaus* in Rödder/Herlinghaus/van Lishaut, UmwStG, § 20 Rn. 59; *Menner/Broer* DB 2002, 815 (818); *Menner* in Haritz/Menner, UmwStG, § 20 Rn. 102

401 *Widmann* in Widmann/Mayer, Umwandlungsrecht, § 20 UmwStG Rn. 5; *Schmitt* in Schmitt/Hörtnagl/Stratz, UmwG, UmwStG § 20 UmwStG Rn. 84; *ders.* DStR 2011, 1108 (1110); *Graw* DB 2013, 1011 (1013)

402 vgl. *Radke*, Die autonome Harmonisierung des Gemeinschaftsrechts, S. 139

hinaus in nationales Recht umgesetzt werden und für diesen darüber hinausgehenden Bereich übernommene Richtlinienbegriffe unabhängig von der unionsrechtlichen Auslegung selbstständig ausgelegt werden[403].

Im UmwStG 2006 wurde der Begriff des Teilbetriebes nicht neu aus der Richtlinie übernommen, vielmehr haben sich die Begrifflichkeiten in der neuen Fassung der §§ 20 Abs. 1, 24 Abs. 1 UmwStG im Vergleich zur alten Fassung nicht geändert. Die gespaltene Auslegung des Teilbetriebsbegriffes beschreibt in diesem Fall die Beibehaltung einer bereits zuvor vorhandenen Auslegung unter Hinzuziehung der unionsrechtlichen Auslegung eines gleichlautenden Begriffes.

4.1.1. Bedeutung für die Auslegungskompetenz

Für die Frage, wer letztlich die Kompetenz zur Auslegung des Teilbetriebsbegriffes hat, muss an den Entscheidungen des EuGH zu „Leur-Bloem“[404] und „Andernsen og Jensen“[405] gemessen werden. Eine Auslegungskompetenz des EuGH kann danach außerhalb des Anwendungsbereiches der Richtlinie nur insofern begründet werden, als Begriffe für rein nationale Sachverhalte aus dem Unionsrecht übernommen werden, insbesondere dann, wenn dies einer Gleichbehandlung von inländischen und richtlinienrelevanten Sachverhalten dient. Hier würden bei einer gespaltenen Auslegung inländische und grenzüberschreitende Sachverhalte nicht gleich behandelt werden, denn der Richtlinienbegriff soll für rein deutsche Fälle gerade nicht gelten. Insofern würde für diese Fälle keine Auslegungskompetenz des EuGH bestehen[406].

4.1.2. Die gespaltene Auslegung von Tatbestandsmerkmalen

Eine gespaltene Auslegung würde in § 20 UmwStG n.F. bedeuten, dass der Teilbetriebsbegriff je nach Herkunft der Beteiligten unterschiedlich auszulegen wäre[407]. Es ist, wie auch schon beim nationalen Teilbetriebsbegriff[408], üblich, Rechtsbegriffe

403 *Schnorbus* RabelsZ 65, 654 (665 f.); *Radke*, Die autonome Harmonisierung des Gemeinschaftsrechts, S. 139 f.

404 EuGH vom 17.7.1997, C-28/95, *Leur-Bloem*, Slg. 1997, S. I-4161 ff.

405 EuGH vom 15.01.2002, C-43/00, *Andersen og Jensen*, Slg. 2002, S. I-394 ff

406 *Graw* IFSt-Schrift Nr. 488, S. 61; *ders.* DB 2013, 1011 (1014)

407 *Schmitt* in Schmitt/Hörtnagl/Stratz, UmwG, UmwStG § 20 UmwStG Rn. 84

408 siehe III. 2.1.

normspezifisch auszulegen. Ob eine gespaltene Auslegung innerhalb eines Tatbestandes möglich ist, ist hingegen umstritten[409].

Ausgangspunkt für die Bewertung der Möglichkeit der wechselnden Auslegung von Tatbestandsmerkmalen ist dabei vielfach der Gedanke der Relativität der Rechtsbegriffe[410]. Dieser bezieht sich auf die Situation, dass ein im Wortlaut gleicher Begriff in verschiedenen Zusammenhängen unterschiedlich ausgelegt werden kann[411]. Allerdings bezieht sich die Relativität der Rechtsbegriffe auf Situationen, in denen Begriffe erkennbar in verschiedenen systematischen und teleologischen Zusammenhängen stehen, während bei der gespaltenen Auslegung der Tatbestand in einem Regelungszusammenhang steht[412]. Insoweit kann in diesen Fällen die Bedeutung eines Begriffes schon durch die systematische und teleologische Auslegung ermittelt werden[413].

Die Ermittlung einer gespaltenen Auslegung bedürfte jedoch auch des Rückgriffes auf eine historische Auslegung[414]. Wenn die Heranziehung der üblichen Auslegungsmethoden den Rückschluss auf eine gespaltene Auslegung erlaubt, stehen einer solchen zumindest keine Gründe der Auslegungsdogmatik entgegen[415]. Der Anspruch, die Bedeutung einer Norm auch ohne Rückgriff auf den historischen Willen des Gesetzgebers zu ergründen, kann gerade bei komplexen Regelungen nicht bestehen[416]. Entscheidend ist daher vielmehr, inwiefern

409 siehe *Bärenz* DB 2003, 375 (376); *Blumers* BB 2011, 2204 (2206); *Brandner*, Die überschießenede Umsetzung von Richtlinien, S. 105; *Hennrichs* ZGR 1997, 66 (78); *Mayer/Schürnbrand* JZ 2004, 545 (549); *Radke*, Die autonome Harmonisierung des Gemeinschaftsrechts, S. 162 f.; *Schnorbus* RabelsZ 65, 654

410 *Bärenz* DB 2003, 375 (376); *Brandner*, Die überschießenede Umsetzung von Richtlinien, S. 106; *Hennrichs* ZGR 1997, 66 (78); *Mayer/Schürnbrand* JZ 2004, 545 (549); *Radke*, Die autonome Harmonisierung des Gemeinschaftsrechts, S. 162 f.; *Schnorbus* RabelsZ 65, 654

411 *Engisch*, Einführung in das juristische Denken, S. 140 ff.

412 *Bärenz* DB 2003, 375 (376); *Brandner*, Die überschießenede Umsetzung von Richtlinien, S. 106; *Mayer/Schürnbrand* JZ 2004, 545 (549); *Radke*, Die autonome Harmonisierung des Gemeinschaftsrechts, S. 163

413 *Radke*, Die autonome Harmonisierung des Gemeinschaftsrechts, S. 163

414 *Mayer/Schürnbrand* JZ 2004, 545 (550); *Radke*, Die autonome Harmonisierung des Gemeinschaftsrechts, S. 163

415 *Mayer/Schürnbrand* JZ 2004, 545 (550); *Radke*, Die autonome Harmonisierung des Gemeinschaftsrechts, S. 163

416 *Mayer/Schürnbrand* JZ 2004, 545 (549)

sich ein Wille des Gesetzgebers ermitteln lässt, einen Begriff je nach Adressat der Norm unterschiedlich auszugestalten[417].

4.1.3. Gesetzessystematische Auslegung

Das Gesetz verwendet den Begriff des Teilbetriebes einheitlich, ohne zwischen grenzüberschreitenden und rein nationalen Vorgängen zu differenzieren. Die neue Überschrift des § 20 UmwStG greift dabei mit der Bezeichnung „Einbringung von Unternehmensteilen" auf die Terminologie der Fusionsrichtlinie zurück[418].

In § 20 Abs. 2 S. 4 UmwStG wird allerdings von einer Möglichkeit zusätzlicher Gegenleistungen ausgegangen. Dies steht im Widerspruch zu Fusionsrichtlinie, die bei Einbringungen lediglich Gesellschaftsanteile als Gegenleistung vorsieht[419]. Insofern könnte die Fusionsrichtlinie zumindest nicht in vollem Umfang umgesetzt worden sein[420]. Hier ist es jedoch nicht erkennbar, dass nach der Ansässigkeit der Beteiligten unterschieden wird. Die Regelung in § 20 Abs. 2 S. 4 UmwStG betrifft dabei nicht nur rein nationale Fälle, sondern auch die Einbringung von Mitunternehmeranteilen, die von der Fusionsrichtlinie nicht erfasst sind. Für die von der Richtlinie erfassten Fälle kann der Gesetzgeber zudem zugunsten der Steuerpflichtigen von den Vorgaben der Fusionsrichtlinie abweichen[421]. Insofern kann aus § 20 Abs. 2 S. 4 UmwStG nicht zwingend die Fortgeltung des deutschen Teilbetriebsbegriffes geschlossen werden.

Für ein Fortbestehen des deutschen Teilbetriebsbegriffes im UmwStG wird außerdem das Argument angeführt, dass der Gesetzgeber in § 22 UmwStG eine pauschalisierte Missbrauchsregelung getroffen hat, was im Widerspruch zur Fusionsrichtlinie stehen würde[422].

In Art. 15 FRL wird den Mitgliedsstaaten ermöglicht, in missbräuchlichen Fällen Ausnahmen von den in der Richtlinie festgesetzten Vergünstigungen zu machen. In seiner Entscheidung in der Rechtssache Leur-Bloem hat der EuGH jedoch klargestellt, dass die Prüfung eines Missbrauchsfalles durch eine globale

---

417 *Brandner*, Die überschießenede Umsetzung von Richtlinien, S. 106; *Lutter*, GS Heinze, S. 571 (575); *Mayer/Schürnbrand* JZ 2004, 545 (550); *Radke*, Die autonome Harmonisierung des Gemeinschaftsrechts, S. 163

418 *Blumers* BB 2008, 2041 (2042)

419 siehe IV. 6.3.

420 *Menner* in Haritz/Menner, UmwStG, § 20 Rn. 102; *Langheim*, Die Einbringung von Unternehmensteilen nach der Fusionsrichtlinie und ihre Umsetzung im Deutschen Umwandlungsgesetz, S. 243

421 siehe V. 2.2.

422 *Schmitt* in Schmitt/Hörtnagl/Stratz, UmwG, UmwStG § 20 UmwStG Rn. 84

Untersuchung jedes Einzelfalls durchzuführen ist und nicht an allgemeinen Kriterien festgemacht werden darf[423]. In § 22 Abs. 1 UmwStG ist geregelt, dass der Einbringende die als Gegenleistung erhaltenen Anteile mindestens sieben Jahre halten muss, damit der Einbringungsvorgang für ihn vollständig steuerneutral ist. Erfolgt eine Veräußerung innerhalb dieser Haltefrist kommt es zu einer rückwirkenden, zeitanteiligen Aufdeckung der stillen Reserven. Eine solche fixe zeitliche Grenze zur Verhinderung von missbräuchlichen Gestaltungen ist mit der Vorgabe der Richtlinie nach einer Einzelfallbetrachtung jedoch nicht vereinbar[424]. Daher ist es möglich, dass sich § 22 UmwStG nicht auf Einbringungen nach den Kriterien der Fusionsrichtlinie bezieht, was ein Hinweis darauf sein kann, dass für inländische Einbringungen andere Regelungen gelten sollen[425].

Dabei wird zur Missbrauchsregel in § 15 Abs. 2 UmwStG hinsichtlich der gleichen Problematik der Standpunkt vertreten, diese müsse europarechtskonform dahingehend ausgelegt werden, dass diese nur pauschalisierte Missbrauchsvermutungen aufstellt, die einem Gegenbeweis zugänglich sind[426]. Wäre dies auch auf § 22 Abs. 1 UmwStG übertragbar, so bestünde kein Widerspruch zur Fusionsrichtlinie. Allerdings setzen hierbei die nationalen Methoden der Auslegung und Rechtsfortbildung den Rahmen für die unionsrechtskonforme Auslegung[427], sodass der eindeutige Wortlaut einer Norm die Grenze bildet[428]. Die Regelung des § 15 Abs. 2 S. 4 UmwStG ist so formuliert, dass von einer steuerschädlichen Handlung auszugehen ist, wenn eine Veräußerung innerhalb einer Fünfjahresfrist erfolgt. Währenddessen ist § 22 UmwStG so gestaltet, dass es bei einer Veräußerung der erhaltenen Anteile stets zu einer zeitanteiligen rückwirkenden Aufdeckung der stillen Reserven kommt. Einer Auslegung hinsichtlich einer widerlegbaren Vermutung des Missbrauches steht hier der unbedingte

---

423 EuGH vom 17.07.1997, C-28/95, *Leur-Bloem*, Slg. 1997, S. I-4161 (4204), Rn. 41

424 *Langheim*, Die Einbringung von Unternehmensteilen nach der Fusionsrichtlinie und ihre Umsetzung im Deutschen Umwandlungsgesetz, S. 259; *Schmitt* in Schmitt/Hörtnagl/Stratz, UmwG, UmwStG § 22 UmwStG Rn. 11; *Thömmes, Schulz, Eismayr, Müller*, IWB 2006, Fach 11, Gruppe 2, S. 747 (758)

425 *Schmitt* in Schmitt/Hörtnagl/Stratz, UmwG, UmwStG § 20 UmwStG Rn. 84

426 *Gille* IStR 2007, 194 (197); *Hahn* GmbHR 2006, 462 (464); *Schumacher/Neumann* DStR 2008, 325 (329), Auffassung Schumacher

427 EuGH vom 05.10.2004, C-397/01 bis C-403/01, *Pfeiffer*, Slg. 2004, S. I-8835 (I-8920), Rn. 121; EuGH vom 04.07.2006, C-212/04, *Adeneler*, Slg. 2006, S. I-6057 (I-6132), Rn. 113

428 *Bogdandy/Schill* in Grabitz/Hilf/Nettesheim, Art. 4 EUV Rn. 94; *Jarras/Beljin* JZ 2003, 769 (775)

Wortlaut der Norm entgegen. Daher kann § 22 UmwStG nicht mit der Richtlinie vereinbart werden.

Allerdings ist die Norm so formuliert, dass sie nicht nach der Herkunft der Beteiligten differenziert. Aus der Stellung des § 22 UmwStG ist ebenfalls nicht ersichtlich, dass sich dieser nur auf Vorgänge bezieht, die nicht von der Fusionsrichtlinie erfasst sind. Vielmehr ist dieser anschließend an den für alle Sachverhalte geltenden Tatbestand des § 20 Abs. 1 UmwStG zu finden. Insofern bezieht sich § 22 UmwStG auch auf Einbringungen, die von der Fusionsrichtlinie erfasst sind. In dieser Hinsicht ist die Fusionsrichtlinie durch den deutschen Gesetzgeber nicht richtig umgesetzt worden. Wenn eine Richtlinienvorschrift, wie hier die Regelungen für eine steuerneutrale Einbringung, inhaltlich unbedingt und hinreichend genau ist und der Mitgliedstaat diese nicht richtig in der vorgegeben Frist umgesetzt hat, so kann sich der einzelne Bürger, dem hierdurch gegenüber den Trägern öffentlicher Gewalt Rechte verliehen werden, unmittelbar auf die Richtlinienvorschrift berufen[429]. Die den Vorgaben der Richtlinie entgegenstehende deutsche Norm bleibt in diesen Fällen unangewendet[430]. Insoweit kann § 22 UmwStG nur für Fälle angewendet werden, die nicht von der Fusionsrichtlinie erfasst sind.

Zwei unterschiedliche Einbringungssysteme für grenzüberschreitende und inländische Vorgänge können allerdings aus den europarechtswidrigen Missbrauchsregelungen nicht abgeleitet werden, da diese gerade keine eigene Differenzierung treffen, sondern nur aus europarechtlichen Gründen teilweise unanwendbar sind.

Darüber hinaus erfordert eine Einbringung nach § 20 UmwStG, dass der Einbringende neue Anteile an der aufnehmenden Gesellschaft erhält. Dies steht jedoch im Widerspruch zur Fusionsrichtlinie, die in Art. 2 lit. d FRL lediglich die Gewährung von Anteilen voraussetzt, ohne dass es darauf ankommt, dass diese neu geschaffen werden[431]. Bei Einbringungen, die in den Anwendungsbereich der Fusionsrichtlinie fallen, ist § 20 Abs. 1 UmwStG daher wegen des Anwendungsvorranges des Europarechts dahingehend unangewendet zu lassen[432].

---

429 EuGH vom 04.12.1974, 41/74, *Van Duyn/Home Office*, Slg. 1974, S. 1337 (1349) Rn. 13; EuGH vom 19.01.1982, 8/81, *Becker/Finanzamt Münster Innenstadt*, Slg. 1982, 53 (71) Rn. 25; EuGH vom 08.10.1987, *Kolpinghuis Nijmegen*, 80/86, Slg. 1987, S. 3969 (3985), Rn. 7; EuGH vom 17.02.2005, C-453/02, C-462/02, *Akritidis*, Slg. 2005, S. I-1131 (S. I-1162) Rn. 33; st. Rspr.

430 BVerfG vom 09.06.1971, 2 BvR 225/69, BVerfGE 31, 145 (174)

431 *Schmitt* in Schmitt/Hörtnagl/Stratz, UmwG, UmwStG § 20 UmwStG Rn. 84

432 *Schmitt* in Schmitt/Hörtnagl/Stratz, UmwG, UmwStG § 20 UmwStG Rn. 204

Dies bedeutet jedoch nicht, dass der Gesetzgeber grundsätzlich eine gespaltene Auslegung des Teilbetriebsbegriffes gewollt hat. Eine Differenzierung trifft er nämlich hinsichtlich des Erfordernisses der neuen Anteile weder im Gesetz selbst, noch in der Gesetzesbegründung[433]. Insoweit wird von einem Verstoß gegen die Fusionsrichtlinie ausgegangen[434]. Die gleiche richtlinienwidrige Anforderung wurde zudem auch schon in § 23 UmwStG a.F. aufgestellt. Daher ist es nicht verwunderlich, dass diese in der Neugestaltung der Einbringungstatbestände übernommen wurde.

Deshalb bedeutet das Erfordernis von neuen Anteilen nicht, dass grenzüberschreitende und inländische Einbringungen grundsätzlich unterschiedlich behandelt werden sollen.

Aus der Systematik der Einbringungstatbestände ergeben sich daher keine zwingenden Hinweise auf eine gespaltene Auslegung des Teilbetriebsbegriffes.

4.1.4. Historische Auslegung

In der Ausgestaltung des UmwStG vor dem SEStEG hatte der Gesetzgeber durch die Trennung von nationalen und grenzüberschreitenden Einbringungen in den §§ 20, 23 UmwStG a.F. zum Ausdruck gebracht, dass eine unterschiedliche Behandlung der Sachverhalte vorgesehen ist. Ein ausdrücklicher Wille, dass eine Differenzierung für eine steuerneutrale Einbringung hinsichtlich der Herkunft der Beteiligten gemacht werden soll, lässt sich in der Gesetzesbegründung des SEStEG[435] jedoch nicht finden. Sämtliche Aussagen des Gesetzgebers zu den Einbringungsvorgängen unterscheiden nicht generell nach der Herkunft der Normadressaten. Insbesondere gibt es im Rahmen der Gesetzesbegründung keine ausdrückliche Festlegung auf einen der Teilbetriebsbegriffe. Tatsächlich haben andere Staaten, die den europäischen Teilbetriebsbegriff auch auf nationale Vorgänge anwenden wollten, zum Teil die Definition aus Art. 2 lit. j FRL übernommen[436]. In Frankreich geht man allerdings, trotz fehlender Definition, grundsätzlich vom europäischen Teilbetriebsbegriff aus[437]. Dass die Definition der Richtlinie nicht genannt wird, schließt die Anwendung des europäischen Begriffes schließlich nicht aus.

---

433 BT-Drs. 16/2710

434 *Schmitt* in Schmitt/Hörtnagl/Stratz, UmwG, UmwStG § 20 UmwStG Rn. 204

435 BT-Drs. 16/2710

436 so beispielsweise Dänemark, siehe IV. 6.1.1.

437 *Weier* DStR 2008, 1002 (1007)

Allerdings geht der deutsche Gesetzgeber in der Gesetzesbegründung auf die Ermittlung der wesentlichen Betriebsgrundlagen nach der funktionalen Betrachtungsweise ein[438]. Es wird teilweise davon ausgegangen, dass sich die Aussage des Gesetzgebers zu den funktional wesentlichen Betriebsgrundlagen aufgrund der dennoch bestehenden Ähnlichkeiten der beiden Begriffe tatsächlich auf den europäischen Teilbetriebsbegriff bezieht[439].

Zwar passt die Terminologie der wesentlichen Betriebsgrundlagen nicht zum europäischen Teilbetrieb, wohl aber die Absage an eine quantitative, beziehungsweise gemischt funktional-quantitative Betrachtungsweise. Eine Betrachtungsweise, die bei den zu übertragenden Wirtschaftsgütern auf das Vorhandensein von stillen Reserven abstellt, gibt es auch beim europäischen Teilbetriebsbegriff nicht. An dieser Stelle könnte die Gesetzesbegründung auf die frühere Auseinandersetzung[440] um die verschiedenen Betrachtungsweisen beim deutschen Teilbetriebsbegriff Bezug nehmen. Mit der Übernahme des europäischen Teilbetriebsbegriffes wäre eine solche Klarstellung jedoch sinnwidrig. Eine derartige Auseinandersetzung um funktionale oder quantitative Betrachtungsweisen einzelner Wirtschaftsgüter findet dort nicht statt.

Dass der Gesetzgeber auf den Begriff der wesentlichen Betriebsgrundlagen zurückgreift und nicht auf die Terminologie der Fusionsrichtlinie, scheint zunächst nicht zu einer grundsätzlichen Übernahme des europäischen Teilbetriebsbegriffes zu passen[441]. Jedoch ist zu bedenken, dass diese Begrifflichkeiten eine lange Tradition in der Regelungsmaterie haben[442]. Im Vergleich dazu ist die Terminologie zum europäischen Teilbetriebsbegriff weitaus weniger ausgeprägt. Deswegen muss der Gesetzgeber bei seiner Aussage nicht zwingend vom Teilbetriebsbegriff nach deutschem Verständnis ausgegangen sein.

Die Ausdrucksweise, die auf „die" funktionale Betrachtungsweise verweist, weckt allerdings den Eindruck, dass die bisher zum deutschen Teilbetriebsbegriff entwickelten Grundsätze gemeint sind[443]. Insoweit liegt es nahe, dass der

438 BT-Drs. 16/2710 S. 42

439 *Langheim*, Die Einbringung von Unternehmensteilen nach der Fusionsrichtlinie und ihre Umsetzung im Deutschen Umwandlungsgesetz, S. 235

440 vgl. dazu *Wälzholz*, Der Teilbetriebsbegriff im Steuerrecht, S. 99 f.

441 *Schmitt* in Schmitt/Hörtnagl/Stratz, UmwG, UmwStG § 20 UmwStG Rn. 84; *ders.* DStR 2011, 1108 (1110)

442 vgl. dazu *Wälzholz*, Der Teilbetriebsbegriff im Steuerrecht, S. 97 f.

443 *Schmitt* in Schmitt/Hörtnagl/Stratz, UmwG, UmwStG § 20 UmwStG Rn. 84; *ders.* DStR 2011, 1108 (1110)

Gesetzgeber sich auf jene Betrachtungsweise bezieht, die auch bisher im deutschen Recht als die funktionale bezeichnet wurde.

Daraus könnte gefolgert werden, dass der Gesetzgeber soweit wie möglich am nationalen Teilbetriebsbegriff festhalten wollte[444]. Die Erwähnung der funktional wesentlichen Betriebsgrundlagen betrifft aber nur einen Teilaspekt des Teilbetriebsbegriffes. Inwieweit dessen Kriterien weiterhin fortgelten sollen, bleibt in der Gesetzesbegründung offen. Auch trifft der Gesetzgeber hierbei keine Unterscheidung hinsichtlich der Normadressaten. Vielmehr bezieht er seine Aussage zur Anwendung der funktionalen Betrachtungsweise allgemein auf die Einbringung von Teilbetrieben.

Zudem bestehen zwischen den Einbringungsumfängen beim europäischem und beim deutschen Teilbetriebsbegriff nur geringfügige Unterschiede. Es ist beim europäischen Teilbetriebsbegriff mit der Funktionsfähigkeit neben dem funktionalen Element auch eine finanzielle Seite ausschlaggebend[445]. Für eine solche ist bei der funktionalen Betrachtungsweise, wie sie im deutschen Recht gebraucht wurde[446], kein Platz. Auch wird das finanzielle Element in der Gesetzesbegründung nicht erwähnt. Allerdings wird dort auch nur auf die Betrachtung der einzelnen Wirtschaftsgüter Bezug genommen. Die finanzielle Funktionsfähigkeit lässt sich jedoch nicht an einem einzelnen Wirtschaftsgut festmachen, sondern muss in einer Gesamtbetrachtung festgestellt werden[447]. Das finanzielle Element ist im Rahmen der Funktionsfähigkeit auch nur von nachrangiger Bedeutung[448]. Jedoch setzt das funktionelle Element bei der Funktionsfähigkeit des europäischen Teilbetriebes voraus, dass keine weiteren Investitionen notwendig sind[449]. Im Rahmen der funktionalen Betrachtungsweise beim deutschen Teilbetriebsbegriff kann ein für den Teilbetrieb an sich notwendiges Wirtschaftsgut jedoch bereits dann unwesentlich sein, wenn dieses kurzfristig wiederbeschaffbar ist[450]. Insofern sind das funktionelle Element beim europäischen Teilbetriebsbegriff und die funktionale Betrachtungsweise nach deutschen Verständnis zwar nicht vollkommen deckungsgleich, nähern sich jedoch stark an. Daher ist aus der Aussage des Gesetzgebers zu den funktional wesentlichen Betriebsgrundlagen,

---

444 *Schmitt* in Schmitt/Hörtnagl/Stratz, UmwG, UmwStG § 20 UmwStG Rn. 84; *Schmitt* DStR 2011, 1108 (1110)

445 siehe IV. 6.2.

446 siehe III. 6.2.

447 siehe IV. 2.

448 siehe IV. 8.2.

449 siehe IV. 7.

450 siehe IV. 7.

nicht zwingend auf eine Beibehaltung des deutschen Teilbetriebsbegriffes zu schließen.

Darüber hinaus bedeutet eine gespaltene Auslegung die Fortführung der Trennung von nationalen und grenzüberschreitenden Einbringungen. Gerade auf die Vereinheitlichung dieses Systems kam es dem Gesetzgeber jedoch an[451]. Ein weiterhin geteilter Tatbestand kann dieser Vorgabe nicht gerecht werden[452].

Aufgrund dieser Widersprüche kann aus dem historischen Zusammenhang nicht eindeutig auf einen Willen des Gesetzgebers für eine gespaltene Auslegung des Teilbetriebsbegriffes geschlossen werden.

4.1.5. Unionsrechtskonforme Auslegung

Die Fusionsrichtlinie muss nach Art. 1 lit. a FRL für Sachverhalte umgesetzt werden, die Fusionen, Spaltungen, Abspaltungen, die Einbringung von Unternehmensteilen und den Austausch von Anteilen betreffen, falls daran Gesellschaften aus zwei oder mehr Mitgliedstaaten beteiligt sind. Im Rahmen der gespaltenen Auslegung, die bei grenzüberschreitenden Fällen den europäischen Teilbetriebsbegriff anwendet, wäre diese Umsetzungspflicht erfüllt.

Sobald jedoch bei mehreren möglichen Auslegungsvarianten einer Norm eine dieser Möglichkeiten mit den Vorgaben des Unionsrechtes nicht vereinbar ist, ist es im Rahmen einer unionsrechtskonformen Auslegung geboten, von dieser Auslegung Abstand zu nehmen[453]. Daher ist zu prüfen, ob eine gespaltene Auslegung mit dem übrigen Unionsrecht vereinbar ist.

a) Vereinbarkeit mit dem Unionsinteresse an einheitlicher Auslegung

Die gespaltene Auslegung eines Tatbestandsmerkmals könnte, im Rahmen der Umsetzung von Richtlinien, im Widerspruch zu dem Interesse der Europäischen Union[454] an einer einheitlichen Auslegung des Unionsrechts stehen[455].

---

451 BT-Drs. 16/2710 S. 42

452 *Langheim*, Die Einbringung von Unternehmensteilen nach der Fusionsrichtlinie und ihre Umsetzung im Deutschen Umwandlungsgesetz, S. 233

453 EuGH vom 05.10.2004, C-397/01 bis C-403/01, *Pfeiffer*, Slg. 2004, S. I-8835 (I-8920), Rn. 121; EuGH vom 04.07.2006, C-212/04, *Adeneler*, Slg. 2006, S. I-6057 (I-6132), Rn. 113; *Bogdandy/Schill* in Grabitz/Hilf/Nettesheim, Art. 4 EUV Rn. 94; *Jarras/Beljin* JZ 2003, 769 (775)

454 EuGH vom 18.10.1990, C-297/88 und C-197/89, *Dzodzi*, Slg. 1990, S. I-3783 (3793), Rn. 37; EuGH vom 17.07.1997, C-28/95, *Leur-Bloem*, Slg. 1997, S. I-4161 (I-4201), Rn. 32

455 *Roth*, Festgabe 50 Jahre BGH, S. 847 (883)

Ein Nebeneinander von zwei verschiedenen Auslegungen eines Begriffes birgt die Gefahr, dass die nationale Auslegung auch auf Sachverhalte abfärbt, die in den Anwendungsbereich der Richtlinie fallen und so das Unionsrecht beeinträchtigt[456]. Um eine gespaltene Auslegung zu ermöglichen, könnte es daher erforderlich sein, dass der Gesetzgeber andere Begrifflichkeiten als in der Richtlinie verwendet[457]. Hier ist der Begriff des Teilbetriebes jedoch gleichlautend mit der Terminologie der Fusionsrichtlinie. Dies könnte letztlich zu einer Pflicht der einheitlichen Auslegung des Teilbetriebsbegriffes führen[458].

Allerdings wird die Gefahr der Beeinträchtigung des Unionsrechts durch das Gebot der richtlinienkonformen Auslegung abgeschwächt[459]. Dabei sind die nationalen Gerichte verpflichtet, das nationale Recht im Lichte des Wortlauts und des Zwecks der Richtlinie auszulegen, soweit der Sachverhalt in deren Anwendungsbereich fällt[460]. Die Gefahr für das Interesse an einer einheitlichen Auslegung des Unionsrechts hält sich so in Grenzen. Bei der Auslegung von nationalem Recht, das nicht von der Richtlinie beeinträchtigt ist und das bei der Umsetzung ausgenommen wird, kann diesem Interesse der Union kein maßgebendes Gewicht zukommen[461]. Zudem handelt es sich hier nicht um eine autonome Harmonisierung von Unionsrecht, bei der Richtlinienbegriffe übernommen und neu ausgelegt werden, sondern um die Weiterführung der Auslegung eines bereits zuvor verwendeten Begriffes. Es wird gerade nicht in Anlehnung an einen unionsrechtlichen Begriff eine eigene Auslegung entwickelt. Daher kann der gespaltenen Auslegung des Teilbetriebsbegriffes nicht das unionsrechtliche Interesse an einer einheitlichen Auslegung entgegenstehen.

---

456 *Roth*, Festgabe 50 Jahre BGH, S. 847 (884); *Radke*, Autonome Harmonisierung des Gemeinschaftsrechts, S. 164

457 *Roth*, Festgabe 50 Jahre BGH, S. 847 (885)

458 *Roth*, Festgabe 50 Jahre BGH, S. 847 (885)

459 *Radke*, Autonome Harmonisierung des Gemeinschaftsrechts, S. 164

460 EuGH vom 10.04.1984, 14/1983, *Colson und Kamann/Land Nordrhein-Westfalen*, Slg. 1984, S. 1891 (1909), Rn. 26; EuGH vom 08.10.1987, *Kolpinghuis Nijmegen*, 80/86, Slg. 1987, S. 3969 (3986), Rn. 12; EuGH vom 20.09.1986, 31/87, *Beentjes/Niederlande State*, Slg. 1988, S. 4635 (4662), Rn. 39; EuGH vom 25.02.1999, *Pretura circondariale di Bologna*, C-131/97, Slg. 1999, S. I-1103 (I-1134); EuGH vom 03.10.2000, C-371/97, *Gozza*, Slg. 2000, S. I-7881 (I-7912); EuGH vom 05.10.2004, C-397/01 bis C-403/01, *Pfeiffer*, Slg. 2004, S. I-8835 (I-8917), Rn. 113

461 *Radke*, Autonome Harmonisierung des Gemeinschaftsrechts, S. 165

b) Verstoß gegen Art. 18 AEUV

Eine unterschiedliche Behandlung von Einbringungen mit der Beteiligung von Gesellschaften aus anderen Mitgliedstaaten gegenüber inländischen Vorgängen könnte gegen das allgemeine Diskriminierungsverbot des Art. 18 AEUV verstoßen. Zwar spricht Art. 18 AEUV von der Staatsangehörigkeit als unzulässiges Differenzierungsmerkmal, jedoch ist das allgemeine Diskriminierungsverbot auch auf Gesellschaften anwendbar[462]. Aus Art. 199 Nr. 4 AEUV lässt sich ableiten, dass sich das Merkmal der Staatsangehörigkeit auch auf juristische Personen bezieht, wobei auf die Kriterien des Art. 54 AEUV hinsichtlich der Zuordnung von Gesellschaften zu den Mitgliedstaaten zurückgegriffen werden kann[463].

Soweit rein innerstaatliche Sachverhalte gegenüber grenzüberschreitenden Sachverhalten schlechter gestellt werden, wird dies allerdings nicht von Art. 18 AEUV erfasst, da diese vom Anwendungsbereich des Vertrages nicht erfasst sind[464]. Eine Benachteiligung von Gesellschaften aus anderen Mitgliedstaaten gegenüber deutschen Gesellschaften ist jedoch vom Anwendungsbereich des allgemeinen Diskriminierungsverbotes grundsätzlich erfasst.

Allerdings findet Art. 18 AEUV nach seinem Wortlaut nur unbeschadet besonderer Bestimmungen der Verträge Anwendung. Insbesondere falls Grundfreiheiten von den fraglichen Vorgängen betroffenen sind, kann Art. 18 AEUV keinen weiteren Schutz als diese bieten[465]. Daher sind vorrangig vor Art. 18 AEUV die speziellen Diskriminierungsverbote der Grundfreiheiten zu prüfen[466].

c) Verstoß gegen Grundfreiheiten

Problematisch könnte der Ansatz des gespaltenen Teilbetriebsbegriffes hinsichtlich einer den Grundfreiheiten widersprechenden Diskriminierung von

---

462 EuGH vom 20.10.1993, C-92/92, C-326/92, *Phil Collins*, Slg. 1993, S. I-5171 (I-5181), Rn. 30

463 *von Bogdany* in Grabitz/Hilf/Nettesheim, Art. 18 AEUV Rn. 29

464 vgl. hierzu EuGH vom 05.06.1997, C-64/96, *Uecker und Jacquet*, Slg. 1997, S. I-3171 (I-3190), Rn. 23; *von Bogdany* in Grabitz/Hilf/Nettesheim, Art. 18 AEUV Rn. 51 f.; *Graw* IFSt-Schrift Nr. 488, S. 45; *ders*, DB 2013, 1011 (1013)

465 *von Bogdany* in Grabitz/Hilf/Nettesheim, Art. 18 AEUV Rn. 29

466 EuGH vom 30.05.1989, 305/87, *Kommission/Griechenland*, Slg. 1989 S. I-1474 (I-1476), Rn. 12; EuGH vom 07.03.1991, C-10/90, *Masagio*, Slg. 1991 S. I-1134 (I-1138), Rn. 12; EuGH vom 10.01.2006, C-222/04, *Cassa di Risparmio di Firenze*, Slg. 2006 S. I-325 (I-355) Rn. 99

grenzüberschreitenden Einbringungen sein[467]. Die Kriterien des nationalen Teilbetriebsbegriffes weichen zum Teil von denen des europäischen ab[468]. Falls hier höhere Anforderungen an grenzüberschreitende Einbringungen als an nationale gestellt werden, könnte dies im Konflikt mit europarechtlichen Grundfreiheiten stehen.

Dabei würde der deutsche Gesetzgeber mit einer gespaltenen Auslegung die grenzüberschreitenden Einbringungen gerade so behandeln, wie es die Fusionsrichtlinie vorsieht. Für die Regelung der sonstigen Sachverhalte macht die Richtlinie keine Vorgaben. Allerdings kann eine unzulässige Diskriminierung von grenzüberschreitenden Sachverhalten auch dort stattfinden, wo die Regelungen einer Richtlinie nur teilweise zwingende Vorgaben machen[469]. Die Umsetzung von Richtlinien muss stets unter Berücksichtigung der grundlegenden Bestimmungen des Vertrages und damit auch der Grundfreiheiten erfolgen[470]. Die Einhaltung der Richtlinie schließt einen Verstoß gegen die Grundfreiheiten daher nicht aus. Der Schutzbereich der im primären Unionsrecht verankerten Grundfreiheiten geht über die Regelungen der Fusionsrichtlinie hinaus. Daher kann es auch zu unzulässigen Diskriminierungen kommen, wenn an innerstaatliche Einbringungen geringere Anforderungen gestellt werden als an die in der Richtlinie geregelten Sachverhalte.

Relevante Grundfreiheiten können bei der Einbringung sowohl die Niederlassungs- als auch die Kapitalverkehrsfreiheit sein. Problematisch ist, inwieweit diese beiden Grundfreiheiten nebeneinander Anwendung finden können oder ein Rangverhältnis zwischen diesen besteht[471].

Von der Niederlassungsfreiheit können Einbringungen dann erfasst sein, wenn der Einbringende durch den Erhalt der Anteile an der übernehmenden Gesellschaft einen bestimmenden Einfluss auf diese erlangt[472]. Allgemein ist jedoch

---

467 *Rasche* GmbHR 2012, 149 (153); *Langheim*, Die Einbringung von Unternehmensteilen nach der Fusionsrichtlinie und ihre Umsetzung im Deutschen Umwandlungsgesetz, S. 232

468 siehe IV. 7.

469 EuGH vom 18.09.2003, C-168/01, *Bosal Holding*, Slg. 2003, S. I-9430 (I-9442), Rn. 26; EuGH vom 23.02.2006, C-471/04, *Keller Holding*, Slg. 2006, S. I-2109 (I-2125) Rn. 45

470 EuGH vom 18.09.2003, C-168/01, *Bosal Holding*, Slg. 2003, S. I-9430 (I-9442), Rn. 26; EuGH vom 23.02.2006, C-471/04, *Keller Holding*, Slg. 2006, S. I-2109 (I-2125) Rn. 45

471 *Ress/Ukrow* in Grabitz/Hilf/Nettesheim, Art. 63 AEUV Rn. 222 f.

472 EuGH vom 13.04.2000, C-251/98, *Baars*, Slg. 2000, S. I-2787 (2815), Rn. 22; EuGH vom 21.11.2002; C-436/00, *X und Y*, Slg. 2002, S. I-10829 (I-10861), Rn. 37; EuGH vom 23.10.2007, C-112/05, *Kommission/Deutschland*, Slg. 2007, S. I-8995 (I-9025) Rn. 13; EuGH vom 26.03.2009, C-326/07, *Kommission/Italien*, Slg. 2009, S. I-2291

der Erwerb von Anteilen an Gesellschaften als Form der Direktinvestition auch von der Kapitalverkehrsfreiheit erfasst[473]. Insoweit können Einbringungen in den Schutzbereich beider Grundfreiheiten fallen.

Problematisch ist dabei, ob bei Vorgängen, bei denen ein bestimmender Einfluss erlangt wird, neben der Niederlassungsfreiheit auch der Schutzbereich der Kapitalverkehrsfreiheit eröffnet ist. Art. 49 Abs. 2 AEUV und Art. 65 Abs. 2 AEUV beinhalten jeweils einen Vorbehalt gegenüber der anderen Grundfreiheit. Wo sich die Anwendungsbereiche der beiden Grundfreiheiten überschneiden, nimmt der EuGH eine Schwerpunktbetrachtung vor, die die Anwendung einer mittelbar betroffenen Grundfreiheit ausschließen kann[474].

Falls jedoch eine Regelung unabhängig von der Höhe der Beteiligung greift und damit unmittelbar die Niederlassungs- und die Kapitalverkehrsfreiheit betrifft, muss diese sich an beiden Grundfreiheiten messen lassen[475]. Auch wenn der EuGH für die Entstrickungsregelungen des UmwStG im Einzelfall allein auf die Kapitalverkehrsfreiheit abgestellt hat[476], ist darin keine grundsätzliche Abkehr von seiner gefestigten Rechtsprechung des doppelten Prüfungsmaßstabes zu sehen[477].

Die Regelung über die Einbringung von Teilbetrieben ist unabhängig davon, ob der einbringende Rechtsträger dadurch Beteiligungen zur Erlangung eines bestimmenden Einflusses erhält. Bei einem Erwerb solcher Beteiligungen ist diese daher sowohl an der Niederlassungs- als auch an der Kapitalverkehrsfreiheit zu messen.

Rn. 34; EuGH vom 19.05.2009; C-531/06, *Kommission/Italien*, Slg. 2009, S. I-4103, Rn. 40; *Ress/Ukrow* in Grabitz/Hilf/Nettesheim, Art. 63 Rn. 231

473 EuGH vom 4.6.2003, C-367/98, *Kommission/Portugal*, Slg. 2002, S. I-4731 (4831) Rn. 38; EuGH vom 04.06.2002, C-503/99, *Kommission/Belgien*, Slg. 2002, S. I-4809 (I-4830), Rn. 38; EuGH vom 13.05.2003, C-463/00, *Kommission/Spanien*, Slg. 2003, S. I-4581 (I-4629) Rn. 53; EuGH vom 02.06.2005, C-174/04, *Kommission/Italien*, Slg. 2005, S. I-4933 (I-4961) Rn. 28

474 EuGH vom 12.09.2006, C-196/04, *Cadbury Schweppes und Cadbury Schweppes Overseas*, Slg. 2006, S. I-7995 (I-8042) Rn. 33; EuGH vom 10.05.2007, C-492/04, *Lasertec*, Slg. 2007 S. I-3775 (I-3785) Rn. 35; EuGH vom 18.07.2007, C-231/05, *Oy AA*, Slg. 2007, I-6373 (I-6401) Rn. 24; *Ress/Ukrow* in Grabitz/Hilf/Nettesheim, Art. 63 Rn. 230

475 EuGH vom 24.05.2007, C-157/05, *Holböck*, Slg. 2007, I-4051 (I-4062) Rn. 23; EuGH vom 13.11.2012, C-35/11, *Test Claimants in the FII Group Litigation*, ZIP 2012, 2396; *Ress/Ukrow* in Grabitz/Hilf/Nettesheim, Art. 63 Rn. 233

476 EuGH vom 23.01.2014, C-164/12, *DMC*, EuZW 2014, 273

477 *Sydow* DB 2014, 265 (267); vgl. auch EuGH vom 21.05.2015, C-657/13, *Verder Lab Tec*, DStR 2015, 1166 der wieder auf die Niederlassungsfreiheit abstellt

Sofern durch eine Beteiligung kein bestimmender Einfluss auf die aufnehmende Gesellschaft erlangt wird, ist ausschließlich die Kapitalverkehrsfreiheit maßgeblich[478].

aa) Verstoß gegen die Niederlassungsfreiheit

aaa) Sachlicher Anwendungsbereich

Die Einbringung von Teilbetrieben kann dem Anwendungsbereich des Art. 49 AEUV unterliegen, falls der Einbringende dabei Beteiligungen erwirbt, die ihm einen sicheren Einfluss auf die Beschlüsse der übernehmenden Gesellschaft verleiht[479].

Wann eine kontrollierende Beteiligung erreicht wird, ist nicht generell bestimmt, sondern bestimmt sich nach den tatsächlichen Umständen sowie nach den einschlägigen gesellschaftsrechtlichen Bestimmungen[480]. Wenn eine solche Beteiligung im Einzelfall erworben werden soll, so müssen sich dahingehenden Regelungen an der Niederlassungsfreiheit messen lassen.

bbb) Persönlicher Anwendungsbereich

Der persönliche Anwendungsbereich der Niederlassungsfreiheit erstreckt sich nach Art. 49 Abs. 1 AEUV auf alle Staatsangehörigen der Mitgliedsstaaten, wobei Artikel 54 AEUV die Anwendbarkeit auch auf Gesellschaften erstreckt, die nach dem Recht eines Mitgliedsstaates gegründet sind und ihren satzungsgemäßen Sitz, ihre Hauptverwaltung oder ihre Hauptniederlassung in der Union haben.

ccc) Räumlicher Anwendungsbereich

Eine gespaltene Auslegung des Teilbetriebsbegriffes betrifft gerade auch die Behandlung von Einbringungen, an denen Gesellschaften aus zwei oder mehr Mitgliedstaaten beteiligt sind. Insofern besteht bei dem geregelten Sachverhalt auch ein grenzüberschreitender Bezug.

---

478 *Ress/Ukrow* in Grabitz/Hilf/Nettesheim, Art. 63 Rn. 231

479 EuGH vom 13.04.2000, C-251/98, *Baars*, Slg. 2000, S. I-2787 (2815), Rn. 22; EuGH vom 21.11.2002; C-436/00, *X und Y*, Slg. 2002, S. I-10829 (I-10861), Rn. 37; EuGH vom 23.10.2007, C-112/05, *Kommission/Deutschland*, Slg. 2007, S. I-8995 (I-9025) Rn. 13; EuGH vom 26.03.2009, C-326/07, *Kommission/Italien*, Slg. 2009, S. I-2291 Rn. 34; EuGH vom 19.05.2009, C-531/06, *Kommission/Italien*, Slg. 2009, S. I-4103 Rn. 40

480 *Ress/Ukrow* in Grabitz/Hilf/Nettesheim, Art. 63 Rn. 231

ddd) Schutzumfang

Art. 49 Abs. 1 AEUV beinhaltet sowohl ein Beschränkungs- als auch ein Diskriminierungsverbot[481]. Auch wenn die direkten Steuern in die Zuständigkeiten der Mitgliedstaaten fallen, haben diese ihre Befugnisse unter Wahrung des Unionsrechtes auszuüben, sodass auch hier Diskriminierungen unterlassen werden müssen[482].

Eine gespaltene Auslegung des Teilbetriebsbegriffes stellt an Vorgänge, die von der Fusionsrichtlinie erfasst sind, andere Anforderungen als an rein innerstaatliche[483]. Nach Art. 1 lit. a FRL ist die Richtlinie auf Vorgänge anzuwenden, an denen Gesellschaften aus zwei oder mehr Mitgliedstaaten beteiligt sind. In Art. 3 lit. b FRL wird die Zugehörigkeit einer Gesellschaft zu einem Mitgliedstaat durch deren Ansässigkeit bestimmt. Ein Einbringungssystem mit gespaltenem Teilbetriebsbegriff knüpft so unmittelbar an die Ansässigkeit der Gesellschaften an. Der Sitz einer Gesellschaft hat dabei eine ähnliche Funktion wie die Staatsangehörigkeit einer Person, sodass eine unterschiedliche Behandlung aufgrund der Ansässigkeit der Gesellschaft zu einer direkten Diskriminierung führen kann[484].

Die beiden Teilbetriebsbegriffe unterscheiden sich dadurch, dass der europäische Teilbetriebsbegriff beim Einbringungsumfang höhere Hürden aufstellt, da keine zusätzlichen Investitionen notwendig sein dürfen[485]. Darüber hinaus stellt der europäische Teilbetriebsbegriff im Gegensatz zum deutschen Anforderungen an die finanzielle Funktionsfähigkeit auf[486]. Auch ist bei Einbringungen

---

481 *Forsthoff* in Grabitz/Hilf/Nettesheim, Art. 49 Rn. 68

482 EuGH vom 14.02.1995, C-279/93, *Schumacker*, Slg. 1995, S. I-225 (I-257), Rn. 21; EuGH vom 11.08.1995, C-80/94, *Wielockx*, Slg. 1995, S. I-2493 (I-2514), Rn. 16; EuGH vom 27.06.1997, *Asscher/Staatssecretaris van Financiën*, C-107/94, Slg. 1996, S. I-3089 (3124), Rn. 36; EuGH vom 29.4.1999, C-311/97, *Royal Bank of Scotland*, Slg. 1999, S. I-2664 (I-2671) Rn. 19; EuGH vom 04.03.2004, C-334/02, *Kommission/Frankreich*, Slg. 2004, S. I-2244 (I-2251), Rn. 21; EuGH vom 7.9.2004, C-319/02, *Manninen*, Slg. 2004, S. I-7477 (I-7505), Rn. 19; EuGH vom 12.09.2006, C-196/04, *Cadbury Schweppes und Cadbury Schweppes Overseas*, Slg. 2006, S. I-7995 (I-8044) Rn. 40

483 *Widmann* in Widmann/Mayer, Umwandlungsrecht, § 20 UmwStG Rn. 5; *Schmitt* in Schmitt/Hörtnagl/Stratz, UmwG, UmwStG § 20 UmwStG Rn. 84; *ders.* DStR 2011, 1108 (1110); *Graw* DB 2013, 1011 (1013)

484 EuGH vom 28.01.1986, 270/83, *avoir fiscal*, Slg. 1986, S. I-285 (I-304), Rn. 18; EuGH vom 13.7.1993, C.330/91, *Commerzbank*, Slg. 1993, S. I-4038 (I-4043), Rn. 1; EuGH vom 29.4.1999, C-311/97, *Royal Bank of Scotland*, Slg. 1999, S. I-2664 (I-2672) Rn. 23

485 siehe IV. 6.2.

486 siehe IV. 1.4.

nach der Fusionsrichtlinie ein Teilbetrieb im Aufbau kein tauglicher Einbringungsgegenstand[487].

Im Einzelfall können strengere Maßstäbe an die Einbringung von Teilbetrieben gelten, wenn Gesellschaften aus mehreren Mitgliedstaaten beteiligt sind. Allerdings kann der europäische Teilbetriebsbegriff gegebenenfalls auch vorteilhaft sein. Hinsichtlich der Selbstständigkeit gelten dort geringere Anforderungen, da sich der Teilbetrieb nicht vom restlichen Betrieb des Einbringenden unterscheiden muss[488]. Darüber hinaus werden keine Anforderungen hinsichtlich einer gewerblichen Tätigkeit des Teilbetriebes aufgestellt[489]. Darauf kommt es aber, nach ständige Rechtsprechung des EuGH[490], für einen Verstoß gegen die Niederlassungsfreiheit nicht an, denn diese verbietet grundsätzlich jegliche Diskriminierung im Einzelfall, ohne dass dabei Vor- und Nachteile gegeneinander aufgewogen werden.

Die Bereichsausnahme des Art. 51 Abs. 1 AEUV greift hier nicht.

eee) Rechtfertigung

Als Rechtfertigungsgrund aus Art. 52 Abs. 1 AEUV könnten Gründe der öffentlichen Sicherheit und Ordnung herangezogen werden. Bei der Bestimmung dieser Gründe steht den Mitgliedstaaten ein gewisser Spielraum zu. Jedoch werden dem dadurch Grenzen gesetzt, dass eine hinreichend schwere Gefährdung vorliegen muss, die ein Grundinteresse der Union berührt[491]. In Betracht käme auf dem Gebiet des Steuerrechts die Verhinderung von Missbräuchen und Steuerhinterziehungen[492]. Darauf wäre eine unterschiedliche Anwendung von Teilbetriebsbegriffen jedoch nicht ausgelegt. Vielmehr würde diese der Fortsetzung der bisherigen Rechtslage bei rein nationalen Einbringungsvorgängen dienen.

---

487 siehe IV. 4.

488 siehe IV. 1.1.

489 siehe IV. 1.2.

490 EuGH vom 28.01.1986, 270/83, *avoir fiscal*, Slg. 1986, S. I-285 (I-305), Rn. 21; EuGH vom 27.06.1997, *Asscher/Staatssecretaris van Financiën*, C-107/94, Slg. 1996, S. I-3089 (3127), Rn. 53; EuGH vom 21.09.1999, C-307/97, *Saint-Gobin*, Slg. 1999, S. I-6181 (I-6201), Rn. 54

491 EuGH vom 28.10.1975, 36/75, *Rutili*, Slg. 1975, S. 1219 (1231) Rn. 26/28; EuGH vom 14.03.2000, C-54/99, *Église de scientologie*, Slg. 2000, S. I-1335 (1361), Rn. 17; EuGH vom 27.10.1977, 30/77, *Boucherau*, Slg. 1977, S. 1999 (2013), Rn. 33/35; EuGH vom 19.01.1999, C-348/96, *Calfa*, Slg. 1999, S. I-11 (I-30) Rn. 21

492 EuGH vom 14.09.2006, C-386/04, *Centro di Musicologia Walter Stauffer*, Slg. 2006, S. I-8203 (I-8248), Rn. 32; EuGH vom 11.10.2007, C-451/05, *ELISA*, Slg. 2007, S. I-8251 (I-8312), Rn. 81

Als Ausnahmebestimmung ist Art. 52 Abs. 1 AEUV zudem eng auszulegen[493]. Um einer rechtfertigenden Verhinderung von Missbräuchen zu genügen, müsste die Maßnahme konkret darauf ausgerichtet sein, Umgehungen zu unterbinden und nicht allgemein an den grenzüberschreitenden Charakter eines Vorgangs anknüpfen[494].

Daneben wendet der EuGH[495] im Rahmen der Niederlassungsfreiheit auch ungeschriebene Rechtfertigungsgründe an. Allerdings wird bei direkten Diskriminierungen, wie hier, eine Rechtfertigung durch ungeschriebene Gründe überwiegend abgelehnt[496]. Selbst wenn man bei direkt diskriminierenden Beschränkungen ungeschriebene Rechtfertigungsgründe heranziehen würde, müsste die Maßnahme durch zwingende Gründe des Allgemeininteresses gerechtfertigt und zur Erreichung dieses Zieles geeignet und erforderlich sein[497].

Die Wahrung der Kohärenz des Steuersystems ist dabei als zwingender Grund des Allgemeininteresses anerkannt[498]. Das bedeutet, eine Ungleichbehandlung kann gerechtfertigt sein, wenn sie eine Regelung betrifft, bei der ein unmittelbarer Zusammenhang zwischen einer gewährten Steuervergünstigung und einer diese Vergünstigung ausgleichenden Abgabe besteht[499]. Hier kann der europäische Teilbetriebsbegriff sowohl Vorteile beim Kriterium der Selbstständigkeit[500] und bei der Eigengewerblichkeit[501] als auch Nachteile beim Einbringungsumfang[502], der Zuordnung neutraler Wirtschaftsgüter[503] und hinsichtlich des Teilbetriebs im

493 EuGH vom 28.10.1975, 36/75, *Rutili*, Slg. 1975, S. 1219 (1231) Rn. 26/28; EuGH vom 19.01.1999, C-348/96, *Calfa*, Slg. 1999, S. I-11 (I-30) Rn. 23

494 EuGH vom 11.10.2007, C-451/05, *ELISA*, Slg. 2007, S. I-8251 (I-8314), Rn. 91

495 EuGH vom 30.11.1995, C-55/94, *Gebhard*, Slg. 1995, S. I-4186 (I-4197), Rn. 37; EuGH vom 11.05.1999, C-255/97, *Pfeiffer*, Slg. 1999, I-2835 (I-2860), Rn. 19

496 *Kingreen* in Calliess/Ruffert, EUV/AEUV, Art. 36 AEUV Rn. 82; *Ress/Ukrow* in Grabitz/Hilf/Nettesheim, Art. 49 AEUV Rn. 123

497 EuGH vom 30.11.1995, C-55/94, *Gebhard*, Slg. 1995, S. I-4186 (I-4197), Rn. 37; EuGH vom 11.05.1999, C-255/97, *Pfeiffer*, Slg. 1999, I-2835 (I-2860), Rn. 19

498 EuGH vom 28.1.1992, C-204/90, *Bachmann*, Slg. 1992, S. I-249 (I-282 f.) Rn. 21 f.; EuGH vom 28.1.1992, C-300/90, *Kommission/Belgien*, Slg. 1992, I-305 (I-319), Rn. 14 f.

499 EuGH vom 13.04.2000, C-251/98, *Baars*, Slg. 2000, S. I-2787 (2819), Rn. 40; EuGH vom 7.9.2004, C-319/02, *Manninen*, Slg. 2004, S. I-7477 (I-7511), Rn. 42

500 siehe IV. 1.1.

501 siehe IV. 1.2.

502 siehe IV. 6.2.

503 siehe IV. 6.3.

Aufbau[504] haben. Diese Vor- und Nachteile können zwar nur bei grenzüberschreitenden Einbringungen entstehen, jedoch besteht zwischen ihnen kein Zusammenhang in dem Sinne, dass der eine Vorteil dazu dient, den anderen Nachteil auszugleichen. Vielmehr kann im Einzelfall die geringere Anforderung an die Selbstständigkeit irrelevant sein, während sich die Nachteile steuerschädlich auswirken können. Ein unmittelbarer Zusammenhang zwischen den Vor- und Nachteilen bei einem gespaltenen Teilbetriebsbegriff besteht nicht.

Darüber hinaus kann ein zwingender Grund des Allgemeinwohls auch die Wahrung der Aufteilung der Besteuerungsbefugnis zwischen den Mitgliedstaaten sein[505]. Die Unterschiede in den Teilbetriebsbegriffen knüpfen jedoch nicht an die Sicherung des Besteuerungsrechtes der Bundesrepublik Deutschland an. Insofern kommt auch dies nicht als Rechtfertigung in Betracht.

bb) Verstoß gegen die Kapitalverkehrsfreiheit

aaa) Anwendungsbereich

Im Rahmen des Art. 63 AEUV sind alle Beschränkungen des Kapitalverkehrs zwischen den Mitgliedstaaten sowie zwischen den Mitgliedstaaten und dritten Ländern verboten.

Erfasst ist davon auch der Erwerb von Anteilen an Gesellschaften in Form von Direktinvestitionen, um sich an deren Verwaltung und Kontrolle zu beteiligen[506]. Die Einbringung von Teilbetrieben ist daher auch von der Kapitalverkehrsfreiheit erfasst.

bbb) Schutzumfang

Art. 63 Abs. 1 AEUV verbietet jegliche Beschränkungen des Kapitalverkehrs, insbesondere aber auch Ungleichbehandlungen aufgrund der Staatsangehörigkeit[507]. Bei der gespaltenen Auslegung werden die Teilbetriebsbegriffe von der

---

504 siehe IV. 4.

505 EuGH vom 23.01.2014, C-164/12, *DMC*, EuZW 2014, 273

506 EuGH vom 4.6.2003, C-367/98, *Kommission/Portugal*, Slg. 2002, S. I-4731 (4831) Rn. 38; EuGH vom 04.06.2002, C-503/99, *Kommission/Belgien*, Slg. 2002, S. I-4809 (I-4830), Rn. 38; EuGH vom 13.05.2003, C-463/00, *Kommission/Spanien*, Slg. 2003, S. I-4581 (I-4629) Rn. 53; EuGH vom 02.06.2005, C-174/04, *Kommission/Italien*, Slg. 2005, S. I-4933 (I-4961) Rn. 28

507 EuGH vom 04.06.2004 C-367/98, *Kommission/Portugal*, Slg. 2002, S. I-4731 (4832) Rn. 40; EuGH vom 13.05.2003, C-463/00, *Kommission/Spanien*, Slg. 2003, S. I-4581 (4630), Rn. 56; EuGH vom 13.05.2003, C-98/01, *Kommission/Vereinigtes Königreich*, Slg. 2003, S. I-4641 (4662) Rn. 43

Ansässigkeit der beteiligten Gesellschaften abhängig gemacht, was im Einzelfall zu einer Diskriminierung grenzüberschreitender Einbringungen führen kann[508].

ccc) Rechtfertigung

Eine steuerrechtliche Ungleichbehandlung von grenzüberschreitenden und nationalen Einbringungen könnte von Art. 65 Abs. 1 lit. a AEUV gedeckt sein. Danach sind steuerliche Regelungen zulässig, die Steuerpflichtige mit unterschiedlichem Wohnort oder Kapitalanlageort unterschiedlich behandeln. Diese Möglichkeit wird allerdings durch Art. 65 Abs. 3 AEUV dahingehend eingeschränkt, dass es weder zu einer willkürlichen Diskriminierung noch zu einer verschleierten Beschränkung der Kapitalverkehrsfreiheit kommen darf. Der EuGH hat das Verhältnis von Art. 63 Abs. 1 und Art. 63 Abs. 3 AEUV so konkretisiert, dass eine Ungleichbehandlung nur zulässig ist, wenn sie Situationen betrifft, die objektiv nicht miteinander vergleichbar sind[509].

Wenn Gesellschaften aus mindestens zwei Mitgliedstaaten beteiligt sind, unterscheidet sich die Einbringung von Teilbetrieben jedoch nicht maßgeblich von der Situation einer nationalen Einbringung. Bezüglich der zwingenden Gründe des Allgemeinwohls ergeben sich keine Unterschiede zu den ungeschrieben Rechtfertigungsgründen beim Verstoß gegen die Niederlassungsfreiheit[510]. Daher kann auch der Verstoß gegen die Kapitalverkehrsfreiheit nicht gerechtfertigt werden.

d) Ergebnis

Eine gespaltene Auslegung des Teilbetriebsbegriffes ist mit dem Unionsrecht unvereinbar. Sie verstößt sowohl gegen die Niederlassungsfreiheit als auch gegen die Kapitalverkehrsfreiheit. Im Rahmen einer unionsrechtskonformen Auslegung ist es daher geboten, eine andere Auslegung zu wählen.

---

508 siehe V. 4.1.5. c) aa) ddd)

509 EuGH vom 6.6.2000, C-35/98, *Verkooijen*, Slg. 2000, S. I-4071 (I-4129), Rn. 43; EuGH vom 7.9.2004, C-319/02, *Manninen*, Slg. 2004, S. I-7477 (I-7507), Rn. 29; EuGH vom 8.11.2005, C-512/03, *Blanckaert*, Slg. 2005, S. I-7706 (I-7719), Rn. 42; EuGH vom 19.1.2006, C-265/04, *Bouanich*, Slg. 2006, I-923 (I-956), Rn. 38; EuGH vom 17.1.2008, C-256/06, *Jäger*, Slg. 2008, S. I-140 (I-153), Rn. 42; EuGH vom 27.1.2009, C-318/07, *Persche*, Slg. 2009, I-358, Rn. 41

510 siehe V. 4.1.5. c) aa) eee)

4.1.6. *Verfassungskonforme Auslegung*

Sofern mehrere Auslegungsmöglichkeiten einer Norm bestehen und eine hiervon mit dem Grundgesetz unvereinbar ist, so erfährt die Norm nur im Rahmen einer verfassungskonformen Auslegung Gültigkeit[511]. Soweit ein Gesetz auf der zwingenden Umsetzung von sekundärem Gemeinschaftsrecht (nun Unionsrecht) beruht, wird dieses grundsätzlich nicht am Maßstab der deutschen Grundrechte vom Bundesverfassungsgericht geprüft[512]. Im vorliegenden Fall besteht für den Gesetzgeber jedoch hinsichtlich der von der Fusionsrichtlinie erfassten Sachverhalte ein Umsetzungsspielraum[513]. Zudem würde die Verwendung zweier unterschiedlicher Teilbetriebsbegriffe nicht auf der Richtlinie beruhen, da diese nur für eine Gruppe der Normadressaten verbindliche Vorgaben macht.

Darüber hinaus wird diskutiert, ob in Sachverhalten mit unionsrechtlichem Bezug vorrangig die Charta der Grundrechte der EU anwendbar ist[514]. Da die Fusionsrichtlinie keine Vorgaben für inländische Sachverhalte macht, ist fraglich, ob zumindest diesbezüglich die Grundrechtecharta Anwendung finden kann. Zudem würden richtigerweise die deutschen Grundrechte nicht voll verdrängt werden, sondern neben die Grundrechtecharta treten[515]. Eine Berufung auf die Kapitalverkehrs- und Niederlassungsfreiheit bleibt den Beteiligten bei rein inländischen Sachverhalten wegen fehlendem grenzüberschreitendem Bezug in jedem Fall verwehrt. Daher ist es neben der unionsrechtskonformen Auslegung relevant, ob eine gespaltene Anwendung des Teilbetriebsbegriffes mit dem Grundgesetz vereinbar ist.

a) Vereinbarkeit mit dem Bestimmtheitsgebot

Eine gespaltene Auslegung von Tatbestandsmerkmalen könnte mit dem Gebot der ausreichenden Klarheit und Bestimmtheit von Normen unvereinbar sein[516].

Als Elemente des Rechtsstaatsprinzips sollen diese Grundsätze zur Rechtssicherheit beitragen[517]. Insbesondere soll eine Norm so gefasst sein, dass es dem

511 BVerfG vom 09.08.1978, 2 BvR 831/76, BVerfGE 49, 148 (157); BVerfG vom 03.06.1992, 2 BvR 1041/88, 2 BvR 78/89, BVerfGE 86, 288 (320); BVerfG vom 14.06.2007, 2 BvR 1447/05, 2 BvR 136/05, BVerfGE 118, 212 (234); st. Rspr.

512 BVerfG vom 09.01.2001, 1 BvR 1036/99, NJW 2001, 1267

513 siehe V. 2.2.

514 vgl. hierzu *Wernsmann* in Hübschmann/Hepp/Spitaler AO/FGO, § 4 AO Rn. 405

515 *Wernsmann* in Hübschmann/Hepp/Spitaler AO/FGO, § 4 AO Rn. 406

516 *Bärenz* DB 2003, 375 (376); *ders.* StuB 2001, 862 (864)

517 *Grzeszick* in Maunz/Dürig, Art. 20 GG, Rn. 58

Normadressaten möglich ist, deren Folgen vorherzusehen und er sich dementsprechend verhalten kann[518]. Dabei könnte es problematisch sein, wenn eine Norm mit einheitlichem Tatbestand verschiedene Anforderungen je nach Herkunft des Adressaten stellt[519].

Gegen einen Konflikt mit dem Bestimmtheitsgrundsatz spricht, dass auch bei einer gespaltenen Auslegung die Voraussetzungen für die unterschiedlichen Adressaten konkretisiert werden[520]. Insofern besteht die Möglichkeit, sich auf die Anforderungen einzustellen. Ein genaues Verständnis einer Norm, allein anhand des Gesetzestextes, kann in einem komplexen und dynamischen Rechtssystem ohnehin nicht erwartet werden[521]. Eine grundsätzliche Unvereinbarkeit von gespaltenen Auslegungen mit dem Rechtsstaatsprinzip besteht daher nicht[522].

b) Verstoß gegen Art. 3 Abs. 1

Die gespaltene Auslegung könnte auch gegen Art. 3 Abs. 1 GG verstoßen[523]. Da der europäische Teilbetriebsbegriff andere Anforderungen stellt als der deutsche, könnte eine unterschiedliche Behandlung der Normadressaten dem Gleichheitsgrundsatz widersprechen.

Im Rahmen des Art. 3 Abs. 1 GG ist der Gesetzgeber angehalten, wesentlich Gleiches gleich und wesentlich Ungleiches ungleich zu behandeln[524] Dies betrifft

518 BVerfG vom 07.07.1971, 1 BvR 775/66, BVerfGE 31, 255 (264); BVerfG vom 23.04.1972, 1 BvR 6/74, 1 BvR 2270/73, BVerfGE 37, 132 (142); BVerfG vom 22.06.1977, 1 BvR 799/76, BVerfGE 45, 400 (420); BVerfG vom 03.11.1982, 1 BvR 210/79, BVerfGE 62, 169 (182); BVerfG vom 18.05.1988, 2 BvR 579/84, BVerfGE 78, 205 (212); BVerfG vom 27.11.1990; 1 BvR 402/87, BVerfGE 83, 130 (145); BVerfG vom 09.04.2003, 1 BvR 1749/01, BVerfGE 108, 52 (75)

519 *Bärenz* DB 2003, 375 (376); *ders.* StuB 2001, 862 (864)

520 *Radke*, Autonome Harmonisierung des Gemeinschaftsrechts, S. 168

521 *Mayer/Schürnbrand* JZ 2004, 545 (550)

522 *Mayer/Schürnbrand* JZ 2004, 545 (550); *Radke*, Autonome Harmonisierung des Gemeinschaftsrechts, S. 168

523 *Patt* in Dötsch/Patt/Pung/Möhlenbröck, Umwandlungssteuerrecht, § 20 Rn. 76; *Langheim*, Die Einbringung von Unternehmensteilen nach der Fusionsrichtlinie und ihre Umsetzung im Deutschen Umwandlungsgesetz, S. 232

524 BVerfG vom 23.10.1951, 2 BvG 1/51 BVerfGE 1, 14 (52); BVerfG vom 27.06.1961, 1 BvR 486/59, BVerfGE 13, 46 (53); BVerfG vom 15.07.1998, 1 BvR 1554/89, 1 BvR 963/94, 1 BvR 964/94, BVerfGE 98, 365 (385); BVerfG vom 16.03.2005, 2 BvL 7/00, BVerfGE 112, 268 (279); BVerfG vom 21.06.2006, 2 BvL 2/99, BVerfGE 116, 164 (180); st. Rspr.

sowohl ungleiche Belastungen als auch ungleiche Begünstigungen[525]. Inwieweit dabei wesentlich Gleiches ungleich behandelt wird, lässt sich zunächst ermitteln, indem die betroffenen Gruppen vergleichend gegenüber gestellt werden.

aa) Vergleichsgruppen

Die Vergleichsgruppen sind Gesellschaften mit Ansässigkeit in Deutschland und Gesellschaften im Sinne des Art. 3 lit. a FRL, die in einem anderen Mitgliedstaat der EU ansässig sind.

Der Art. 3 Abs. 1 GG bezieht sich auf die Gleichheit der Menschen vor dem Gesetz. Der allgemeine Gleichheitsgrundsatz ist seinem Wesen nach auch auf juristische Personen anwendbar[526]. Die Grundrechte des Grundgesetzes können nach dem Wortlaut des Art. 19 Abs. 3 GG allerdings nur für inländische juristische Personen Anwendung finden. Der Anwendungsvorrang der Grundfreiheiten im Binnenmarkt nach Art. 26 Abs. 2 AEUV und das allgemeine Diskriminierungsverbot aufgrund der Staatsangehörigkeit aus Art. 18 AEUV bewirken jedoch eine vertraglich veranlasste Erweiterung des Grundrechtsschutzes auf juristische Personen aus den Mitgliedstaaten der Europäischen Union[527]. Deswegen können sich auch Gesellschaften im Sinne des Art. 3 lit. a FRL auf Art. 3 Abs. 1 GG berufen.

Falls eine ausländische Gesellschaft im Sinne des Art. 3 lit. a FRL als einbringender oder aufnehmender Rechtsträger an einer Teilbetriebseinbringung im Sinne des § 20 Abs. 1 UmwStG beteiligt ist, würde der europäische Teilbetriebsbegriff angewendet werden. Für deutsche Gesellschaften würde der deutsche Teilbetriebsbegriff gelten, soweit die andere beteiligte Gesellschaft ebenfalls im Inland ansässig ist. Die beiden Gruppen der deutschen Gesellschaften und der von der Fusionsrichtlinie erfassten Gesellschaften mit Ansässigkeit im EU-Ausland sind hier in einer vergleichbaren Situation. Beide beteiligen sich an einer Umstrukturierung von Unternehmen durch die Einbringung eines Unternehmensteils gegen Gewährung von Anteilen. Der einzige Unterscheidungspunkt liegt im Ort der Ansässigkeit der Gesellschaft.

---

525 BVerfG vom 08.06.2004, 2 BvL 5/00, BVerfGE 110, 412 (431); BVerfG vom 21.06.2006, 2 BvL 2/99, BVerfGE 116, 164 (180)

526 *Remmert* in Maunz/Dürig, Art. 19, Rn. 102; BVerfG vom 03.06.1954, 1 BvR 183/54, BVerfGE 3, 383 (390); BVerfG vom 20.07.1954, 1 BvR 459, 484, 548, 555, 623, 651, 748, 783, 801/52, 5, 9/53, 96, 114/54, BVerfGE 4, 7 (12); BVerfG vom 14.12.1965, 1 BvR 413/60, BVerfGE 19, 206 (215); BVerfG vom 08.04.1997, 1 BvR 48/94, BVerfGE 95, 267 (317)

527 BVerfG vom 19.07.2011, 1 BvR 1916/09, BVerfGE 129, 78

Als Oberbegriff lässt sich für diese beiden Gruppen der Begriff der Gesellschaft wählen, die an der Einbringung eines Teilbetriebes beteiligt ist.

bb) Ungleichbehandlung

Eine Ungleichbehandlung kann insoweit stattfinden, als für inländische juristische Personen bei Einbringungen von Teilbetrieben in andere inländische Gesellschaften stets der nationale Teilbetriebsbegriff herangezogen wird. Ist eine ausländische Gesellschaft aus einem Mitgliedstaat der Europäischen Union, die unter Art. 3 lit. a FRL fällt, an einer Einbringung in oder von einer deutschen Gesellschaft im Sinne des Art. 3 lit. a FRL beteiligt, würde stets der europäische Teilbetriebsbegriff gelten.

Die beiden Teilbetriebsverständnisse stellen jedoch unterschiedliche Anforderungen auf. So ist beim europäischen Begriff eine gewisse Selbstständigkeit mit einer Unterscheidung der Tätigkeit vom Gesamtbetrieb nicht notwendig. Auch kommt es bei ihm nicht auf eine gewerbliche Tätigkeit an. Ein Teilbetrieb im Aufbau ist im Gegensatz zu den Anforderungen des deutschen Begriffs mangels ausreichender Funktionsfähigkeit nicht begünstigt. Der europäische Begriff bedarf darüber hinaus einer finanziellen Funktionsfähigkeit. Zudem kommt es bei dem funktionalen Aspekt des europäischen Begriffs, im Gegensatz zur funktionalen Betrachtungsweise nach deutschen Verständnis, darauf an, dass keine weiteren Investitionen notwendig sind.

Daher bestehen bei einer gespaltenen Auslegung unterschiedliche Voraussetzungen für inländische Gesellschaften gegenüber solchen Gesellschaften aus einem anderen Mitgliedstaat der EU für eine steuerneutrale Einbringung nach § 20 UmwStG.

Allerdings müssten diese unterschiedlichen Anforderungen auf eine zurechenbare Behandlung durch den deutschen Gesetzgeber zurückzuführen sein. Hier würde der europäische Teilbetriebsbegriff aufgrund der unionsrechtlichen Umsetzungspflicht aus der Fusionsrichtlinie angewendet. Dies geschieht jedoch nur in deren Anwendungsbereich, während in den restlichen, hauptsächlich innerstaatlichen, Fällen der deutsche Begriff beibehalten würde. Sofern diese hauptsächlich inländischen Normadressaten durch die unterschiedliche Behandlung einen Nachteil erleiden, ist der Begriff der Inländerdiskriminierung, beziehungsweise der umgekehrten Diskriminierung gebräuchlich[528]. Bei einer

528 zu den Begrifflichkeiten siehe *Epiney*, Umgekehrte Diskriminierungen, S. 33 f.; *Hammerl*, Inländerdiskriminierung, S. 51 f.; *Lach*, Umgekehrte Diskriminierungen im Gemeinschaftsrecht, S. 20 f.

derartigen Unterscheidung ist jedoch auch eine Ausländerdiskriminierung denkbar.

Zum Teil wird angenommen, dass bei einer solchen Ungleichbehandlung, die auf unionsrechtlichen Verpflichtungen beruht, kein Verstoß gegen Art. 3 Abs. 1 GG begangen werden kann, da die Regelung auf zwei unterschiedliche Hoheitsträger zurückzuführen ist[529]. Dem liegt der Gedanke zu Grunde, dass ein Rechtsträger hoheitlicher Gewalt nur innerhalb seines Kompetenzbereiches dem Gleichheitsgrundsatz unterliegt[530].

Beispielhaft ist hier die Situation, dass ein Landesgesetzgeber nicht gegen Art. 3 Abs. 1 GG verstößt, wenn er unterschiedliche Regelungen trifft als in anderen Bundesländern[531]. Der wesentliche Unterschied besteht bei der umgekehrten Diskriminierung jedoch darin, dass dort nicht zwei gleichgeordnete Rechtsordnungen unterschiedliche Regelungen treffen[532]. Der Vergleich übersieht, dass für die konkrete Gesetzgebung letztlich ein Rechtsträger verantwortlich ist[533]. Dies wird insbesondere in Fällen der direkten Diskriminierung, bei der ein nationaler Gesetzgeber wie hier durch einen Umsetzungsakt die Ungleichbehandlung statuiert, deutlich. Außerdem hat der deutsche Gesetzgeber mit seinen Zustimmungsgesetzen zu den Gründungsverträgen und gestützt auf Art. 23 GG das Unionsrecht in die deutsche Rechtsordnung aufgenommen[534]. Insofern hat er durch den Gebrauch seiner Hoheitsrechte die Möglichkeit geschaffen, dass der europäische Gesetzgeber auf das innerstaatliche Recht Einfluss nimmt. Eine ansonsten zu rechtfertigende Ungleichbehandlung kann nicht allein dadurch zulässig werden, dass sie auf eine partielle Übertragung von Hoheitsrechten zurückzuführen ist[535]. Deshalb ist auch eine auf unionsrechtlichen Umsetzungspflichten zurückzuführende Behandlung von Normadressaten an Art. 3 Abs. 1 GG zu messen.

---

529 *Papier* JZ 1990, 253 (260); *Graw* IFSt-Schrift Nr. 488, S. 47; *ders.* DB 2013, 1011 (1014)

530 *Papier* JZ 1990, 253 (260)

531 *Epiney*, Umgekehrte Diskriminierungen, S. 423; *Lach*, Umgekehrte Diskriminierungen im Gemeinschaftsrecht, S. 356; *Papier* JZ 1990, 253 (260)

532 *Epiney*, Umgekehrte Diskriminierungen, S. 430; *Lach*, Umgekehrte Diskriminierungen im Gemeinschaftsrecht, S. 356

533 *Epiney*, Umgekehrte Diskriminierungen, S. 430; *Hammerl*, Inländerdiskriminierung S. 168; *Lach*, Umgekehrte Diskriminierungen im Gemeinschaftsrecht, S. 356

534 *Hammerl*, Inländerdiskriminierung S. 168; *Lach*, Umgekehrte Diskriminierungen im Gemeinschaftsrecht, S. 357

535 *Schilling* JZ 1994, 8 (10); *Lach*, Umgekehrte Diskriminierungen im Gemeinschaftsrecht, S. 357

Unterschiedliche Behandlungen können im Rahmen des Art. 3 Abs. 1 GG allerdings dann ausgeglichen werden, wenn die Vor- und Nachteile für die Vergleichsgruppen durch den Gesetzgeber in vertretbarer Weise gewichtet wurden[536]. Dabei müssen jedoch Begünstigungen und Belastungen typischerweise zusammentreffen[537]. Bei der gespaltenen Auslegung bestehen für die Einbringung von Teilbetrieben nach der Fusionsrichtlinie zum Teil weniger strenge Anforderungen als dies im Rahmen des deutschen Teilbetriebsbegriffes bisher der Fall war. Insofern können Einbringungen, die nicht in den Anwendungsbereich der Richtlinie fallen, im Einzelfall schlechter gestellt sein. Andererseits bestehen für die Steuerpflichtigen auch Vorteile bei der Anwendung des deutschen gegenüber dem europäischen Teilbetriebsbegriff.

Inwiefern die Kompensation von Vor- und Nachteilen bereits eine tatbestandliche Ungleichbehandlung ausschließt oder lediglich einen rechtfertigenden Charakter hat, wurde durch das Bundesverfassungsgericht nicht abschließend geklärt[538]. Zum Teil nahm es an, dass eine Ungleichbehandlung durch den Ausgleich bereits entfällt[539], zum Teil wurde der Ausgleich im Rahmen des sachlichen Grundes in der Rechtfertigung geprüft[540].

Gegen eine tatbestandsausschließende Wirkung des Ausgleichs wird vor allem angeführt, dass eine Gesamtbetrachtung verschiedener Regelungen dem Grundsatz der Einzelnormbetrachtung im Rahmen der Gleichheitsprüfung widerspricht[541]. Bei einer gespaltenen Auslegung des Teilbetriebsbegriffes handelt es sich jedoch um die atypische Konstellation, dass sich die Vor- und

---

536 BVerfG vom 10.4.1997, 2 BvL 77/92, BVerfGE 96, 1; BVerfG vom 21.5.1968, 1 BvR 610/60, BVerfGE 23, 327

537 BVerfG vom 10.4.1997, 2 BvL 77/92, BVerfGE 96, 1; BVerfG vom 21.5.1968, 1 BvR 610/60, BVerfGE 23, 327

538 vgl. hierzu auch *Hey* AöR 2003, 226 (236 f.); *Haller*, Die Verrechnung von Vor- und Nachteilen im Rahmen von Art. 3 Abs. 1 GG, S. 304 f.

539 BVerfG vom 20.03.1963, 1 BvL 20/61, BVerfGE 15, 328 (333); BVerfG vom 21.05.1968, 1 BvR 610/60, BVerfGE 23, 327 (343); BVerfG vom 20.06.1973, 1 BvL 9/71; 1 BvL 10/71, BVerfGE 35, 283 (291); BVerfG vom 08.10.1991, 1 BvL 50/86, BVerfGE 84, 348 (362)

540 BVerfG vom 24.01.1962, 1 BvR 845/58, BVerfGE 13, 331 (339); BVerfG vom 07.11.1972, 1 BvL 4/71, 1 BvL 17/71, 1 BvL 10/72, 1 BvR 355/71, BVerfGE 34, 118 (132); BVerfG vom 07.05.1974, 1 BvL 6/72 BVerfGE 37, 154 (165); BVerfG vom 18.06.1975, 1 BvR 528/72, BVerfGE 40, 109 (118); BVerfG vom 06.03.2002, 2 BvL 17/99, BVerfGE 105, 73 (113)

541 *Hey* AöR 2003, 226 (239); *Haller*, Die Verrechnung von Vor- und Nachteilen im Rahmen von Art. 3 Abs. 1 GG, S. 298 f.

Nachteile aus der zu prüfenden Regelung selbst ergeben. Daher spricht die Notwendigkeit einer Einzelnormbetrachtung hier nicht gegen eine Saldierung auf der Tatbestandsebene. Soweit sich hier in vertretbarer Weise gewichtete Begünstigungen und Belastungen typischerweise zum Ausgleich bringen, findet daher im Rahmen einer gespaltenen Auslegung bereits keine rechtfertigungsbedürftige Ungleichbehandlung statt.

Anders als der nationale Teilbetriebsbegriff, fordert der Begriff der Fusionsrichtlinie nicht, dass sich die Tätigkeit des Teilbetriebes von der des restlichen Betriebes unterscheidet[542]. Außerdem ist beim europäischen Teilbetrieb keine eigenbetriebliche Tätigkeit notwendig[543].

Darüber hinaus bestehen für die Vergleichsgruppe der ausländischen Gesellschaften im Sinne Art. 3 lit. a FRL zum Teil strengere Anforderungen an die steuerneutrale Einbringung eines Teilbetriebes. Wie bereits dargestellt, ist im Rahmen des europäischen Teilbetriebsbegriffes auch eine finanzielle Funktionsfähigkeit erforderlich[544]. Zudem wird beim funktionellen Aspekt der Funktionsfähigkeit im Gegensatz zu den funktional wesentlichen Betriebsgrundlagen gefordert, dass keine neuen Investitionen erforderlich sein dürfen, sodass auch kurzfristig wiederbeschaffbare Wirtschaftsgüter übertragen werden müssen[545]. Darüber hinaus ist im Gegensatz zum deutschen Teilbetriebsbegriff der Teilbetrieb im Aufbau kein tauglicher Einbringungsgegenstand[546].

Aus Sicht der inländischen juristischen Personen besteht im Vergleich zur ausländischen juristischen Person stets der Vorteil eines geringeren Anspruchs an die finanzielle Funktionsfähigkeit. Darüber hinaus können kurzfristig wiederbeschaffbare Wirtschaftsgüter aus dem Einbringungsumfang fallen. Durch den Teilbetrieb im Aufbau wird der zeitliche Rahmen für die Einbringung zudem nach vorne erweitert.

Die Frage der gewissen Selbstständigkeit gereicht den Beteiligten bei rein inländischen Einbringungen nur dann zum Nachteil, wenn sich die Tätigkeit des Teilbetriebes nicht von der des Gesamtbetriebes unterscheidet. Hinsichtlich des Erfordernisses der eigenbetrieblichen Tätigkeit ergibt sich zudem für die deutschen Gesellschaften nur ein Nachteil, wenn der einzubringende Unternehmensteil lediglich vermögensverwaltend tätig ist. Bei einer Betriebsaufspaltung ist auch beim deutschen Teilbetriebsbegriff das nur vermögensverwaltende Besitzunter-

542 siehe IV. 1.4.
543 siehe IV. 1.2.
544 siehe IV. 6.2.
545 siehe IV. 7.
546 siehe IV. 4.

nehmen privilegert[547]. Deswegen stehen den Nachteilen bei der Anwendung des deutschen Teilbetriebsbegriffes im Vergleich zum europäischen Teilbetriebsbegriff aus Sicht der deutschen Gesellschaften auch Vorteile gegenüber.

Aus Sicht der Gesellschaften im Sinne des Art. 3 lit. a FRL werden die Nachteile gegenüber der Anwendung des europäischen Teilbetriebsbegriffes jedoch nicht typischerweise durch dessen Vorteile ausgeglichen. Während die finanzielle Funktionsfähigkeit und die strengeren funktionalen Anforderungen stets für Einbringungen relevant sind, besteht hinsichtlich der Selbstständigkeit nur ein Vorteil, wenn sich die Tätigkeit des Teilbetriebes vom Gesamtbetrieb nicht unterscheidet[548]. Dass der europäische Teilbetriebsbegriff keine eigenbetriebliche Tätigkeit fordert, wird auch nur dann relevant, wenn die zu übertragende Untereinheit lediglich vermögensverwaltend tätig ist. Demgegenüber bleibt der zeitliche Handlungsspielraum bei der Anwendung des deutschen Teilbetriebsbegriffes größer, da der Teilbetrieb im Aufbau erfasst ist.

Auch wenn man dem Gesetzgeber einen gewissen Spielraum bei der Erreichung eines Ausgleiches geben muss[549], so bedarf es zumindest bei einer typisierenden Betrachtungsweise eines Zusammentreffens der Be- und Entlastungen[550]. Wie eben gezeigt ist ein solches, typisches Zusammentreffen bei den hier genannten Aspekten nicht der Fall. Zudem bedarf es für einen Ausgleich auch eine gewisse Gleichwertigkeit der Vor- und Nachteile, um einen tatsächlichen Ausgleich erreichen zu können[551]. Diese sind im Rahmen der steuerneutralen Gestaltungsmöglichkeiten so unterschiedlich, dass auch dahingehend keine Kompensation stattfinden kann.

Die Vor- und Nachteile der unterschiedlichen Anwendung der Teilbetriebsbegriffe gleichen sich daher nicht aus, sodass die hieraus resultierende Ungleichbehandlung einer Rechtfertigung bedarf.

cc) Rechtfertigung

Für die Grenzen der Zulässigkeit von Ungleichbehandlungen im Rahmen des Art. 3 Abs. 1 GG legte das Bundesverfassungsgericht zunächst lediglich einen

547 siehe III. 2.2.2.

548 siehe IV. 1.1

549 *Haller*, Die Verrechnung von Vor- und Nachteilen im Rahmen von Art. 3 Abs. 1 GG, S. 327

550 BVerfG vom 10.4.1997, 2 BvL 77/92, BVerfGE 96, 1; BVerfG vom 21.5.1968, 1 BvR 610/60, BVerfGE 23, 327

551 *Hey* AöR 2003, 226 (245); *Haller*, Die Verrechnung von Vor- und Nachteilen im Rahmen von Art. 3 Abs. 1 GG, S. 326

Willkürmaßstab an, nach dem ein Verstoß nur vorliegt, falls sich kein vernünftiger, sachlich einleuchtender Grund für die Differenzierung findet[552]. Später sah das Bundesverfassungsgericht insbesondere dort Verstöße, wo zwischen den Gruppen der Normadressaten keine Unterschiede von solcher Art und Gewicht bestehen, dass sie eine Ungleichbehandlung rechtfertigen können[553]. Abweichend von einem starren Rechtfertigungsgrund wurde schließlich an dem jeweiligen Regelungsgegenstand und dem Differenzierungsmerkmal angeknüpft, um die Grenzen des Gestaltungsspielraumes zu bestimmen, der von einem Willkürverbot bis zu einem strengen Verhältnismäßigkeitsmaßstab reichen kann[554]. Demnach ist der Rechtfertigungsmaßstab im Einzelfall insbesondere anhand des Differenzierungsmerkmals zu bestimmen.

Im Bereich des Steuerrechts hat der Gesetzgeber bei der Auswahl des Steuergegenstandes und bei der Bestimmung des Steuersatzes jedoch einen weitreichenden Entscheidungsspielraum[555]. Im Rahmen des Einkommensteuerrechtes ist dieser Spielraum allerdings durch die Grundsätze der Besteuerung nach der individuellen Leistungsfähigkeit und durch das Gebot der folgerichtigen Umsetzung der einmal getroffenen Belastungsentscheidung begrenzt[556]. Im Rahmen der verfassungsrechtlich gebotenen steuerlichen Lastengleichheit ist es insbesondere erforderlich, Steuerpflichtige bei gleicher Leistungsfähigkeit gleich hoch zu besteuern und so für eine horizontale Steuergerechtigkeit zu sorgen[557]. Diese Grundsätze gelten auch für das Körperschaftsteuerrecht[558].

Falls der Gesetzgeber von der folgerichtigen Umsetzung der getroffenen Belastungsentscheidung abweichen will, bedarf er daher eines besonderen, sachlichen

552 BVerfG vom 23.10.1951, 2 BvG 1/51, BVerfGE 1, 14 (52)
553 BVerfG vom 07.10.1980, 1 BvL 50/79, 1 BvL 89/79, 1 BvR 240/79, BVerfGE 55, 72 (88)
554 BVerfG vom 26.01.1993, 1 BvL 38/92 1 BvL 40/92, 1 BvL 43/92, BVerfGE 88, 87 (96); BVerfG vom 08.06.2011, 2 BvR 2846/09, BVerfGE 129, 49
555 BVerfG vom 22.06.1995, 2 BvL 37/91 BVerfGE 93, 121 (136); BVerfG vom 04.12.2002 - 2 BvR 400/98, 2 BvR 1735/00, BVerfGE 107, 27 (47); BVerfG vom 07.11.2006 - 1 BvL 10/02, BVerfGE 117, 1 (30)
556 BVerfG vom 06.03.2002, 2 BvL 17/99, BVerfGE 105, 73 (125); BVerfG vom 04.12.2002 - 2 BvR 400/98, 2 BvR 1735/00, BVerfGE 107, 27 (46); BVerfG vom 21.06.2006, 2 BvL 2/99, BVerfGE 116, 164 (180); BVerfG vom 07.11.2006 - 1 BvL 10/02, BVerfGE 117, 1 (30)
557 BVerfG vom 04.12.2002 - 2 BvR 400/98, 2 BvR 1735/00, BVerfGE 107, 27 (46); BVerfG vom 21.06.2006, 2 BvL 2/99, BVerfGE 116, 164 (180)
558 BVerfG vom 12.10.2010 - 1 BvL 12/07, BVerfGE 127, 224 (245)

Grundes[559]. Sofern der Gesetzgeber dabei Förderungs- oder Lenkungsziele durch die steuerlichen Ausgestaltungen verfolgt, müssen diese von einer erkennbaren gesetzgeberischen Entscheidung getragen werden[560].

Obwohl Gesellschaften mit Sitz in einem anderen Mitgliedstaat gleich leistungsfähig wie eine Gesellschaft mit Sitz in Deutschland oder einem anderen Drittstaat sein können, müssten diese im Einzelfall, im Gegensatz zu den anderen Gesellschaften, Veräußerungsgewinne versteuern. Daher widerspricht die Unterscheidung dem Grundsatz der Lastengleichheit und bedarf eines besonderen sachlichen Grundes.

Als Sachgrund bei einer gespaltenen Auslegung kommt die Beibehaltung des zum Teil günstigeren deutschen Teilbetriebsbegriffes in Betracht, soweit eine Anwendung der Fusionsrichtlinie nicht geboten ist. Dadurch würden für rein inländische Einbringungsvorgänge in der Regel geringere Anforderungen gelten. Zum Teil wurde die Besserstellung von Inländern als stets zulässiges Differenzierungsziel angesehen, da dem Staat für diese eine besondere Fürsorgepflicht zukomme[561]. Ein solches Ziel kann jedoch vor dem Hintergrund des Anwendungsvorranges der Grundfreiheiten im Binnenmarkt nach Art. 26 Abs. 2 AEUV und des allgemeinen Diskriminierungsverbotes aufgrund der Staatsangehörigkeit aus Art. 18 AEUV[562] nicht gegenüber Gesellschaften mit Ansässigkeit im EU-Ausland zulässig sein.

Darüber hinaus können Gründe, die generell an die Ansässigkeit der Gesellschaften im In- oder Ausland anknüpfen, hier keinen hinreichenden Sachgrund darstellen. Denn auch Vergünstigungstatbestände, wie hier, bedürfen bei der Verfolgung eines Lenkungszieles eines Mindestmaßes an zweckgerechter Ausgestaltung[563]. Im Fall der gespaltenen Auslegung würde der europäische Teilbetriebsbegriff nur im zwingenden Anwendungsbereich der Fusionsrichtlinie

559 BVerfG vom 06.03.2002, 2 BvL 17/99, BVerfGE 105, 73 (126); BVerfG vom 21.06.2006, 2 BvL 2/99, BVerfGE 116, 164 (180); BVerfG vom 07.11.2006 - 1 BvL 10/02, BVerfGE 117, 1 (31); BVerfG vom 09.12.2008, 2 BvL 1/07, 2 BvL 2/07, 2 BvL 1/08, 2 BvL 2/08, BVerfGE 122, 210 (234); BVerfG vom 12.10.2010, 1 BvL 12/07, BVerfGE 127, 224 (245)

560 BVerfG vom 22.06.1995, 2 BvL 37/91, BVerfGE 93, 121 (147); BVerfG vom 06.03.2002, 2 BvL 17/99, BVerfGE 105, 73 (112); BVerfG vom 21.6.2006, 2 BvL 2/99, BVerfGE 116, 164 (182)

561 *Schilling* JZ 1994, 8 (13)

562 vgl. BVerfG vom 19.07.2011, 1 BvR 1916/09, BVerfGE 129, 78

563 BVerfG vom 06.03.2002, 2 BvL 17/99, BVerfGE 105, 73 (113); BVerfG vom 07.11.2006, 1 BvL 10/02, BVerfGE 117, 1 (33)

herangezogen werden[564]. Die Richtlinie schließt jedoch Einbringungen durch Gesellschaften, die ihren Sitz in einem Drittstaat haben nicht ein. Diese können jedoch im Rahmen des § 1 Abs. 4 Nr. 2 lit. b UmwStG auch einbringende Rechtsträger eines Teilbetriebes nach § 20 UmwStG sein, soweit das Recht der Bundesrepublik Deutschland hinsichtlich der Besteuerung des Gewinns aus der Veräußerung der erhaltenen Anteile nicht ausgeschlossen oder beschränkt ist. Eine mögliche Besserstellung von inländischen über ausländische Gesellschaften würde als gesetzgeberische Entscheidung daher ebenfalls nicht erreicht. Die Konsequenz des gespaltenen Teilbetriebsbegriffes wäre deswegen eine Besserstellung von Gesellschaften aus Deutschland und aus Drittstaaten gegenüber Gesellschaften mit Sitz in einem anderen Mitgliedstaat.

Zudem ist es auch natürlichen Personen aus anderen Mitgliedstaaten nach § 1 Abs. 4 Nr. 2 lit. a bb iVm Abs. 2 Nr. 2 UmwStG genauso wie natürlichen Personen aus Drittstaaten im Rahmen des § 1 Abs. 4 Nr. 2 lit. b UmwSt, möglich, einbringender Rechtsträger zu sein. Auch Einbringungen unter deren Beteiligung sind nicht von der Richtlinie erfasst. Daher würde hierfür auch der deutsche Teilbetriebsbegriff gelten.

Insofern findet durch eine gespaltene Auslegung keine generelle Differenzierung von In- und Auslandssachverhalten statt.

Die unterschiedliche Behandlung gerade von Gesellschaften mit Sitz in einem anderen Mitgliedstaat würde wohl nur der Zielsetzung dienen, den Umsetzungsverpflichtungen der Fusionsrichtlinie nachzukommen, ohne das restliche Rechtssystem anzupassen. Falls man dem Gesetzgeber jeglichen Lenkungswillen abspricht und nur auf die grundsätzliche Beibehaltung des nationalen Teilbetriebsbegriffes abstellt, kann dies jedoch keinen ausreichenden besonderen sachlichen Grund darstellen. Die Tradition einer bestimmten Regelung kann selbst kein hinreichender Grund für eine Differenzierung sein[565]. Wäre eine Berufung auf historisch gewachsene Unterscheidungen zulässig, so bestünde die Gefahr, dass Art. 3 GG praktisch außer Kraft gesetzt wird[566]. Die Tradition einer differenzierenden Regelung kann zwar für die Existenz sachlicher Differenzierungsgründe

564 *Graw* DB 2013, 1011 (1013); *Schmitt* DStR 2011, 1108 (1110)

565 BVerfG vom 02.03.1999, 1 BvL 2/91, BVerfGE 99, 367 (393); BVerfG vom 14.10.2008, 1 BvF 4/05, BVerfGE 122, 1

566 BVerfG vom 28.04.1965, 1 BvR 346/61, BVerfGE 19, 1 (11)

sprechen, diese müssen jedoch noch vorhanden oder durch neue abgelöst sein[567]. Daher kann ein bloßer Wille der Beibehaltung gewachsener Regelungen ohne einen darüber hinausgehenden Förderungszweck keinen Rechtfertigungsgrund darstellen.

Sonstige Rechtfertigungsgründe für einen gespaltenen Teilbetriebsbegriff lassen sich darüber hinaus nicht finden. Insbesondere werden durch den gespaltenen Teilbetriebsbegriff keine möglichen Vereinfachungs- und Typisierungsregelungen getroffen. Die unterschiedliche Behandlung von Gesellschaften mit Sitz im Inland gegenüber Gesellschaften mit Sitz in einem anderen Mitgliedstaat kann daher nicht gerechtfertigt werden.

dd) Ergebnis

Eine gespaltene Auslegung des Teilbetriebsbegriffes ist mit dem Grundgesetz nicht vereinbar. Zwar bestehen keine Bedenken hinsichtlich des Bestimmtheitsgebotes, jedoch ist eine unterschiedliche Behandlung der Einbringungsvorgänge nicht mit dem allgemeinen Gleichheitsgrundsatz nach Art. 3 Abs. 1 GG vereinbar. Daher ist im Rahmen einer verfassungskonforme Auslegung des Teilbetriebsbegriffes die gespaltene Auslegung abzulehnen.

4.1.7. Zusammenfassung

Die gespaltene Auslegung des Teilbetriebsbegriffes ist unter mehreren Gesichtspunkten problematisch. Auch wenn eine gespaltene Auslegung grundsätzlich möglich ist, gibt es in der Gesetzessystematik dafür keinerlei Anhaltspunkte. Auch aus der Gesetzesbegründung lassen sich keine eindeutigen Schlüsse auf eine solche Auslegung finden. Außerdem steht diese Auslegung im Konflikt mit der Niederlassungs- und der Kapitalverkehrsfreiheit. Aus verfassungsrechtlicher Sicht ist eine gespaltene Auslegung des Teilbetriebsbegriffes problematisch. Eine daraus resultierende Ungleichbehandlung der verschieden Einbringungsvorgänge steht im Widerspruch zu Art. 3 Abs. 1 GG. Insofern ist es im Rahmen einer unionrechtskonformen und auch einer verfassungskonformen Auslegung der Einbringungstatbestände erforderlich, die gespaltene Auslegung abzulehnen.

4.2. Die Meistbegünstigungslösung

Eine weitere Möglichkeit den Teilbetriebsbegriff auszulegen besteht darin, dass auf Grundlage des Begriffes der Fusionsrichtlinie die Voraussetzungen des nationalen

567 BVerfG vom 02.03.1999, 1 BvL 2/91, BVerfGE 99, 367 (393)

Begriffes nur Anwendung finden, soweit der europäische Teilbetriebsbegriff strengere Anforderungen stellt[568]. Damit kann sowohl auf den europäischen Begriff zurückgegriffen als auch der nationale Begriffe weiterführt werden. Insofern würden sich im Vergleich zur alten Rechtslage in keinem Fall Nachteile für rein nationale Einbringungsvorgänge ergeben. Auch bei grenzüberschreitenden Vorgängen würde dann gegebenenfalls auf den deutschen Teilbetriebsbegriff abgestellt werden, falls dieser geringere Anforderungen stellt.

Eine Kumulation von Vorteilen wäre jedoch nicht sachgerecht, vielmehr müssten die beiden Teilbetriebsbegriffe alternativ nebeneinander stehen[569]. Damit könnten, unabhängig davon ob die Vorgänge von der Richtlinie erfasst sind oder nicht, wahlweise der europäische oder der deutsche Begriff Anwendung finden.

4.2.1. Bedeutung für die Auslegungskompetenz

Die Auslegungskompetenz des EuGH für nationale Bestimmungen kann dann zum Tragen kommen, wenn der Gesetzgeber bei der Umsetzung einer Richtlinie beschließt, rein innerstaatliche und richtlinienrelevante Sachverhalte gleich zu behandeln, insbesondere wenn er dadurch eine Wettbewerbsverzerrung auf nationaler Ebene verhindern will[570]. Die Meistbegünstigungslösung würde nationale und grenzüberschreitende Umwandlungen gleich behandeln und damit Wettbewerbsnachteilen entgegenwirken. Daher könnte man eine vollumfängliche Auslegungskompetenz des EuGH annehmen, die einer vom europäischen Teilbetriebsbegriff abweichenden Lösung entgegensteht[571].

Zwar bejaht der EuGH seine Kompetenz zur Auslegung von Begriffen des Unionsrechtes, auch wenn sie rein innerstaatliche Sachverhalte erfassen, allerdings nur, wenn sich die nationalen Vorschriften nach den Regelungen des Unionsrechtes richten[572]. Inwiefern der nationale Gesetzgeber auf unionsrechtliche Vorschriften verwiesen hat und wie weit dieser Verweis reicht, haben allein die nationalen

---

568 *Goebel/Ungemach/Seidenfad/Herzig* DStZ 2009, 354 (365); *Herlinghaus* in Rödder/Herlinghaus/van Lishaut, Umwandlungssteuergesetz § 20 Rn. 59; *ders.*, FS Meilicke, S. 159 (176); *Menner* in Haritz/Menner, UmwStG, § 20 Rn. 100; *Nitzschke* in Blümich, EStG, KStG, GewStG und Nebengesetze, § 20 UmwStG Rn. 54; *Schumacher* DStR 2008, 325 (327 f.)

569 so schon zu §§ 20, 23 UmwStG a.F. *Strobl-Haarmann*, FS Widmann, S. 553 (559)

570 EuGH vom 17.7.1997, C-28/95, *Leur-Bloem*, Slg. 1997, S. I-4161 ff.

571 *Claß/Wegemann* BB 2012, 552 (554)

572 EuGH vom 17.07.1997, C-28/95, *Leur-Bloem*, Slg. 1997, S. I-4161 (I-4201), Rn. 32

Gerichte zu prüfen[573]. Ein Teilbetriebsbegriff, der sich am europäischen Begriff orientiert, aber alternativ auch auf die Kriterien des nationalen Begriffes zurückgreift, würde sich nicht vollumfänglich auf die unionsrechtlichen Regelungen beziehen. Insoweit wäre der EuGH auch in nationalen Fällen grundsätzlich zur Auslegung des europäischen Teilbetriebsbegriffes berechtigt. Besteht die Verweisung auf unionsrechtliche Regelungen nicht uneingeschränkt, so kann über Fragen zum Teilbetriebsbegriff, die über die Auslegung des europäischen Begriffes hinausgehen, nur das nationale Gericht entscheiden.

4.2.2. Grammatikalische Auslegung

Im UmwStG heißt es in den §§ 20 Abs. 1 und 24 Abs. 1 lediglich, dass ein Teilbetrieb eingebracht wird. Diese Aussage schließt nicht aus, dass es verschiedene Möglichkeiten gibt, wie ein Teilbetrieb definiert wird. Insbesondere in § 24 UmwStG war es bisher so, dass 100%ige Beteiligungen an Kapitalgesellschaften als Teilbetrieb gelten, obwohl diese nicht die Kriterien des deutschen Teilbetriebsbegriffes erfüllen[574]. Insofern war es bislang anerkannt, dass auch Einbringungsgegenstände, die nicht die allgemeine Definition des Teilbetriebes erfüllen, als solche anerkannt werden können. Allerdings handelt es sich dabei um fiktive Teilbetriebe[575]. Dies sind klar abgegrenzte Einzelfälle, für die Abweichungen von den eigentlichen Teilbetriebsanforderungen vorgesehen sind. Für zwei alternative Teilbetriebsdefinitionen findet sich jedoch kein Anhaltspunkt. Eine Erwähnung im Gesetz wäre ohne weiteres möglich gewesen.

4.2.3. Historische Auslegung

Der Gesetzgeber hat sich bei der Umgestaltung des Umwandlungssteuergesetzes zum Ziel gesetzt, ein für alle Einbringungsfälle einheitliches und EU-konformes System zu schaffen[576]. Die Meistbegünstigungslösung würde sowohl für nationale als auch für grenzüberschreitende Fälle einheitliche Maßstäbe anwenden.

Darüber hinaus hat sich der Gesetzgeber zum Ziel gesetzt, durch die weitgehende Vermeidung der Doppelbeteuerung von stillen Reserven, ein System zu schaffen, das Unternehmensumstrukturierungen erleichtert[577].

---

573 EuGH vom 25.06.1992, C-88/91, *Federconsorzi*, Slg. 1992, S. I-4060 (4064), Rn. 10; EuGH vom 17.07.1997, C-28/95, *Leur-Bloem*, Slg. 1997, S. I-4161 (I-4202), Rn. 33

574 siehe II. 2.

575 siehe II. 2.

576 BT-Drs. 16/2710 S. 42

577 BT-Drs. 16/2710 S. 42

Ermöglicht man den Rückgriff auf den nationalen Teilbetriebsbegriff, so vermeidet man zum einen eine Erweiterung des Einbringungsumfangs. Zum anderen ist der Umfang der einzubringenden Wirtschaftsgüter, durch die jahrzehntelange Ausprägung in Wissenschaft und Rechtsprechung zu den funktional wesentlichen Betriebsgrundlagen, klarer definiert und vorhersehbarer. Im Rahmen der Anwendung des europäischen Begriffes wären bezüglich der Voraussetzungen für einen Teilbetrieb die Anforderungen an die Selbstständigkeit geringer. Dadurch würde eine echte Erleichterung eintreten.

Eine Erleichterung von Unternehmensumstrukturierungen kann allerdings auch darin gesehen werden, dass nationale und internationale Umwandlungen vereinheitlicht werden. Der Gesetzgeber wollte Unternehmensumstrukturierungen im Rahmen des SEStEG ausdrücklich erleichtern, indem ein einheitliches und EU-konformes System geschaffen wird.[578]. Auch wenn das Ziel der EU-konformen Umsetzung nicht immer konsequent umgesetzt wird[579], so lässt sich ein darüber hinausgehender Wille zur Erleichterung der steuerneutralen Einbringung nicht unmittelbar aus der Gesetzesbegründung entnehmen.

Gegen eine Meistbegünstigung spricht weiterhin, dass die Beibehaltung des deutschen Teilbetriebsbegriffes neben dem europäischen faktisch zu einer Erweiterung des Umwandlungssteuerrechts um einen Einbringungsgegenstand führen würde. Dadurch, dass ein Teilbetrieb nach zwei verschiedenen Anforderungskatalogen eingebracht werden könnte, würde der Teilbetrieb im Umwandlungssteuergesetz im Gegensatz zu den anderen Einbringungsgegenständen zum bloßen Sammelbegriff. Dies ist aus der Gesetzesbegründung nicht ersichtlich. Vielmehr verwendet der Gesetzgeber den Begriff des Teilbetriebes einheitlich. Eine Differenzierung findet nicht statt. Darüber hinaus wollte der Gesetzgeber ein einheitliches Einbringungssystem schaffen[580]. Zwar würden die beiden Teilbetriebsbegriffe unabhängig von der Herkunft der Beteiligten gelten, jedoch gäbe es faktisch zwei parallele Einbringungsmöglichkeiten für Teilbetriebe. Eine derartige Erweiterung der Einbringungsgegenstände ist in der Gesetzesbegründung nicht angelegt. Schließlich stellt der Gesetzgeber in Abgrenzung zu § 24 UmwStG ausdrücklich klar, dass eine 100%ige Beteiligung an einer Kapitalgesellschaft in § 20 UmwStG nicht als Teilbetrieb anzusehen ist[581]. Die Fiktion in § 24 UmwStG geht zwar letztlich auf eine seit längerem anerkannte Bezugnahme auf § 16 Abs. 1 S. 1 Nr. 1 S. 2

578 BT-Drs. 16/2710 S. 42
579 siehe V. 4.1.3.
580 BT-Drs. 16/2710 S. 42
581 BT-Drs. 16/2710 S. 42

EStG als lex generalis zurück[582], aber wenn der Gesetzgeber an dieser Stelle klarstellt, dass weitere Möglichkeiten der Teilbetriebseinbringung möglich sind, wäre es naheliegend gewesen, dass er darauf hinweist, dass es zwei optional anwendbare Möglichkeiten geben soll, einen Teilbetrieb zu bestimmen.

Die Befürworter eines parallelen Systems befürchten insbesondere Einschränkungen des Handlungsspielraumes der Steuerpflichtigen, falls allein der europäische Teilbetriebsbegriff maßgeblich ist[583]. Eine Verschärfung des Steuerrechts sei in der Gesetzesbegründung nicht angelegt[584].

Dabei wird jedoch zum Teil von einer sehr strengen Auslegung des europäischen Teilbetriebsbegriffes ausgegangen[585]. Einige dieser Bedenken haben sich, bei genauerer Betrachtung des Begriffes, nicht bestätigt[586]. Die Veränderung der Situation für die Steuerpflichtigen wäre nicht so dramatisch wie man es annehmen könnte.

Als Anhaltspunkt für ein Nebeneinander des deutschen und des europäischen Teilbetriebsbegriffes im Umwandlungssteuergesetz wird insbesondere angeführt, dass der Gesetzgeber hinsichtlich den Spaltungstatbeständen[587] davon ausgeht, dass diese im Wesentlichen unverändert bleiben[588]. Insofern müsste es weiterhin die Möglichkeit geben, den deutschen Teilbetriebsbegriff im UmwStG anzuwenden[589]. Dass ein Teilbetrieb sowohl nach deutschen Kriterien als auch

---

582 siehe II. 2.

583 *Goebel/Ungemach/Seidenfad/Herzig* DStZ 2009, 354 (365); *Herlinghaus* in Rödder/Herlinghaus/van Lishaut, Umwandlungssteuergesetz § 20 Rn. 59; *ders.*, FS Meilicke, S. 159 (176); *Menner* in Haritz/Menner, UmwStG, § 20 Rn. 100; *Nitzschke* in Blümich, EStG, KStG, GewStG und Nebengesetze, § 20 UmwStG Rn. 54; *Schumacher* DStR 2008, 325 (327 f.)

584 *Goebel/Ungemach/Seidenfad/Herzig* DStZ 2009, 354 (365); *Herlinghaus* in Rödder/Herlinghaus/van Lishaut, Umwandlungssteuergesetz § 20 Rn. 59; *ders.*, FS Meilicke, S. 159 (176); *Menner* in Haritz/Menner, UmwStG, § 20 Rn. 100; *Nitzschke* in Blümich, EStG, KStG, GewStG und Nebengesetze, § 20 UmwStG Rn. 54; *Schumacher* DStR 2008, 325 (327 f.)

585 *Goebel/Ungemach/Seidenfad/Herzig* DStZ 2009, 354 (360); *Rödder/Herlinghaus/van Lishaut*, Umwandlungssteuergesetz § 20 Rn. 59; *ders.*, FS Meilicke, S. 159 (172)

586 siehe IV.

587 vgl. BT-Drs. 16/2710, S. 35

588 *Schumacher* DStR 2008, 325, 327; *ders.* in Rödder/Herlinghaus/van Lishaut, UmwStG, § 15 Rn. 157; *Herlinghaus*, FS Meilicke, S. 159 (176)

589 *Goebel/Ungemach/Seidenfad/Herzig* DStZ 2009, 354 (365); *Herlinghaus* in Rödder/Herlinghaus/van Lishaut, Umwandlungssteuergesetz § 20 Rn. 59; *ders.*, FS Meilicke, S. 159 (176); *Menner* in Haritz/Menner, UmwStG, § 20 Rn. 100; *Nitzschke* in Blümich,

nach den Kriterien der Fusionsrichtlinie bestimmt werden kann, wäre jedoch schon für sich eine nicht unwesentliche Änderung. Daher liegt es nahe, die Aussage allgemeiner zu verstehen. An den Grundstrukturen der Spaltungstatbestände wurde schließlich auch festgehalten. Zudem kann diese Aussage des Gesetzgebers auch auf eine angedachte Entkoppelung der Steuerneutralität auf Gesellschafterebene von der Gesellschaftsebene bezogen werden, die sich letztendlich nicht durchgesetzt hat[590].

Eine grundsätzliche Aussage des Gesetzgebers, dass eine Schlechterstellung des Steuerpflichtigen bei den Anforderungen an Teilbetriebe im Einzelfall ausgeschlossen ist, lässt sich aus der Gesetzesbegründung daher nicht ziehen.

Auch anhand einer historischen Auslegung lässt sich kein Wille des Gesetzgebers ableiten, der auf die Anwendung beider Teilbetriebsbegriffe gerichtet ist.

4.2.4. Die Vereinbarkeit mit Unionsrecht

Hinsichtlich der Niederlassungs- und Kapitalverkehrsfreiheit bestünden bei der Meistbegünstigungslösung, die sowohl bei innerstaatlichen als auch bei grenzüberschreitenden Umwandlungen Anwendung findet, keine Bedenken, soweit der deutsche Gesetzgeber zugunsten aller Steuerpflichtigen von der Fusionsrichtlinie abweicht[591].

4.2.5. Zusammenfassung

Zwar steht es dem Gesetzgeber im Rahmen seiner Umsetzungspflichten offen, zugunsten der Steuerpflichtigen von den Vorgaben der Fusionsrichtlinie abzuweichen, jedoch lässt sich kein Wille des Gesetzgebers feststellen, dass neben dem Teilbetriebsbegriff der Fusionsrichtlinie alternativ der Begriff treten soll, der bisher nach deutschem Verständnis angewandt wurde. Eine derartige Erweiterung der Einbringungsmöglichkeiten wäre vom Wortlaut der Vorschriften zwar gedeckt, jedoch spricht die fehlende Erwähnung und die einheitliche Verwendung des Begriffes in der Gesetzesbegründung gegen die optionale Anwendung zweier Teilbetriebsverständnisse.

EStG, KStG, GewStG und Nebengesetze, § 20 UmwStG Rn. 54; *Schumacher* DStR 2008, 325 (327 f.)

590 *Beinert/Benecke* FR 2010, 1009 (1020), Anmerkung Benecke

591 *Schumacher* DStR 2008, 325 (327); siehe auch V. 2.2.

4.3. Der europäische Teilbetriebsbegriff als einheitliche Lösung

Bereits vor dem SEStEG gab es in der Literatur Stimmen, die im Umwandlungssteuerrecht für einen einheitlichen Teilbetriebsbegriff auf Grundlage der Fusionsrichtlinie plädierten[592]. Mit der Zusammenfassung der §§ 20 und 23 UmwStG a.F. in einen Einbringungstatbestand in § 20 UmwStG n.F. fand dieser Ansatz zunehmend Befürworter[593].

Eine einheitliche Anwendung vermeidet Konflikte zwischen den zum Teil unterschiedlichen Begriffen und vereinfacht die Umsetzung der Fusionsrichtlinie. Zudem kann eine Ungleichbehandlung von nationalen und grenzüberschreitenden Sachverhalten ausgeschlossen werden. Darüber hinaus werden so Abgrenzungsprobleme, die sich für den nationalen Teilbetriebsbegriff ergeben können, für das UmwStG beseitigt[594].

Aus dem Wortlaut der § 20 oder § 24 UmwStG ergibt sich selbst nicht, welcher Teilbetriebsbegriff Anwendung findet. Daher soll im Folgenden die Gesetzesbegründung und die Gesetzessystematik hinsichtlich einer rein europäischen Auslegung geprüft werden. Darüber hinaus wird die Vereinbarkeit einer Übernahme des europäischen Teilbetriebsbegriffes auf nationale Sachverhalte am Unionsrecht und am deutschen Verfassungsrecht gemessen. Zunächst soll jedoch die Reichweite der Auslegungskompetenz durch den EuGH bei einem rein europäischen Teilbetriebsbegriff dargestellt werden.

4.3.1. Bedeutung für die Auslegungskompetenz

Bei einer einheitlichen Auslegung, die sich allein an dem europäischen Teilbetriebsbegriff orientiert, würden die Grundsätze, die der EuGH in seinen Entscheidungen zu den Rechtssachen Dzodzi[595], Leur-Bloem[596] und Andersen og Jensen[597] aufgestellt hat, zum Tragen kommen. Es bestünde ein Interesse der Union daran, dass der Teilbetriebsbegriff einheitlich ausgelegt wird[598]. Das Unionsrecht wäre

---

592 *Thömmes*, FS Widmann, S. 583 (606)

593 *Blumers* BB 2008, 2041; *ders.* BB 2011, 2204; *Nitzschke* in Blümich, EStG, KStG, GewStG und Nebengesetze, § 20 UmwStG Rn. 54; *Langheim*, Die Einbringung von Unternehmensteilen nach der Fusionsrichtlinie und ihre Umsetzung im Deutschen Umwandlungsgesetz, S. 233

594 *Blumers* BB 2008, 2041 (2042)

595 EuGH vom 18.10.1990, C-297/88 und C-197/89, *Dzodzi*, Slg. 1990, S. I-3783 f.

596 EuGH vom 17.07.1997, C-28/95, *Leur-Bloem*, Slg. 1997, S. I-4161 ff.

597 EuGH vom 15.01.2002, C-43/00, *Andersen og Jensen*, Slg. 2002, S. I-394 ff.

598 EuGH vom 17.07.1997, C-28/95, *Leur-Bloem*, Slg. 1997, S. I-4161 (I-4201), Rn. 32

mittelbar auch bei nationalen Sachverhalten anwendbar und eine Vorlage wäre auch dann möglich, wenn die zugrunde liegenden Sachverhalte nicht in den Anwendungsbereich der Fusionsrichtlinie fallen[599].

Inwiefern die Verweisung des deutschen Gesetzgebers auf den europäischen Teilbetriebsbegriff für nationale Sachverhalte gilt, müssten die deutschen Gerichte prüfen[600]. Beim gesetzgeberischen Willen einer einheitlichen Anwendung des europäischen Begriffes würde dies jedoch eine vollumfängliche Verweisung auf die Richtlinie bedeuten. Auch bei Vorgängen, die nicht von der Richtlinie erfasst sind, bestünde dann im Rahmen des Art. 267 AEUV eine Vorlagepflicht für letztinstanzliche Gerichte[601]. Damit würde die Auslegungskompetenz hinsichtlich des Teilbetriebsbegriffes letztlich für alle Sachverhalte beim EuGH liegen[602].

4.3.2. Gesetzessystematische Auslegung

Im UmwStG 2006 gibt es keine getrennten Einbringungsnormen für in- und ausländische Vorgänge mehr. Dabei ist im Vergleich zu § 20 Abs. 1 UmwStG 1995 nicht mehr die unbeschränkte Körperschaftsteuerpflicht der übernehmenden Gesellschaft erforderlich, sodass im UmwStG 2006 der personelle Anwendungsbereich des § 20 UmwStG erweitert wurde[603]. Insofern ist die Norm ihrem Wortlaut nach auch auf Fälle anzuwenden, die in den Anwendungsbereich der Fusionsrichtlinie fallen. Dass dabei § 20 UmwStG an die Vorgaben der Fusionsrichtlinie angepasst wurde, zeigt sich zum einen an den geänderten Absätzen 7 und 8, die ausdrücklich die Artikel 10 und 10a FRL a.F. (entsprechen Art. 10. und 11 FRL n.F.) umsetzen[604]. Des Weiteren übernimmt die neue Überschrift des § 20 UmwStG mit der Bezeichnung „Einbringung von Unternehmensteilen" die Terminologie der Art. 1 lit. a und 2 lit. d FRL[605].

Auch wenn sich der Wortlaut von § 20 Abs. 1 UmwStG hinsichtlich der Einbringungsgegenstände nicht geändert hat, so wird deutlich, dass die Norm insgesamt an die Anforderungen der Fusionsrichtlinie angepasst wurde. Die Umsetzung der

---

599 EuGH vom 17.07.1997, C-28/95, *Leur-Bloem*, Slg. 1997, S. I-4161 (I-4200), Rn. 26

600 EuGH vom 17.07.1997, C-28/95, *Leur-Bloem*, Slg. 1997, S. I-4161 (I-4202), Rn. 33

601 siehe V. 3.2.2.

602 *Blumers* BB 2008, 2041 (2045); *Langheim*, Die Einbringung von Unternehmensteilen nach der Fusionsrichtlinie und ihre Umsetzung im Deutschen Umwandlungsgesetz, S. 234

603 siehe II. 1.3.

604 *Blumers* BB 2008, 2041 (2042); *Patt* in Dötsch/Patt/Pung/Möhlenbröck, Umwandlungssteuerrecht, § 20 Rn. 76

605 *Blumers* BB 2008, 2041 (2042)

Fusionsrichtlinie erfordert zwar gerade nicht, dass auch nationale Einbringungen nach deren Vorgaben beurteilt werden[606], aber die Schaffung eines einheitlichen Tatbestandes legt nahe, dass auch die dort verwendeten Begrifflichkeiten unterschiedslos ausgelegt werden sollen. Für einen Teil dieser Sachverhalte sind die Vorgaben der Fusionsrichtlinie dabei verbindlich. Insofern spricht der Aufbau des § 20 Abs. 1 UmwStG dafür, dass der Begriff des Teilbetriebes im Sinne der Richtlinie zu verstehen ist[607].

Auch wenn der Gesetzgeber in § 20 Abs. 2 S. 4 UmwStG von der Fusionsrichtlinie zulässigerweise abweicht und mit den Missbrauchsvorschriften in § 22 UmwStG sowie durch das Erfordernis neuer Anteile gegen die Richtlinie verstößt, spricht dies nicht grundsätzlich gegen eine Übernahme des europäischen Teilbetriebsbegriffes[608].

Die Systematik des § 20 UmwStG bleibt grundsätzlich auf die Übernahme der Vorgaben der Fusionsrichtlinie ausgerichtet.

4.3.3. Historische Auslegung

In der Gesetzesbegründung des SEStEG[609] findet sich keine ausdrückliche Aussage, dass allein der europäische Teilbetriebsbegriff maßgeblich sein soll. Klar ist jedenfalls, dass der deutsche Gesetzgeber durch das SEStEG seinen Umsetzungspflichten aus der Fusionsrichtlinie nachkommen wollte[610]. Dabei finden sich vereinzelt Äußerungen, die auf den anzuwendenden Teilbetriebsbegriff hindeuten.

Zum einen hat sich der Gesetzgeber mit dem SEStEG das Ziel gesetzt, ein einheitliches und EU-konformes Einbringungssystem zu schaffen[611]. Bei einer ausschließlichen Anwendung des europäischen Teilbetriebsbegriffes würden nationale und grenzüberschreitende Einbringungen gleich behandelt. Ein rein europäischer Teilbetriebsbegriff könnte so dem Ziel des einheitlichen Einbringungssystems gerecht werden[612].

Zum anderen heißt es in der Gesetzesbegründung, dass nun europaweit die gleichen steuerlichen Grundsätze für inländische und grenzüberschreitende

---

606 siehe V. 2.

607 *Blumers* BB 2008, 2041 (2042); *Patt* in Dötsch/Patt/Pung/Möhlenbröck, Umwandlungssteuerrecht, § 20 Rn. 76

608 siehe V. 4.1.3.

609 BT-Drs. 16/2710

610 BT-Drs. 16/2710 S. 1

611 BT-Drs. 16/2710 S. 42

612 *Langheim*, Die Einbringung von Unternehmensteilen nach der Fusionsrichtlinie und ihre Umsetzung im Deutschen Umwandlungsgesetz, S. 232

Umstrukturierungen von Unternehmen gelten[613]. Dies spricht für eine vollumfängliche Angleichung an die Fusionsrichtlinie und somit für eine einheitliche Anwendung des europäischen Teilbetriebsbegriffes[614]. Dagegen wird angeführt, dass es sich hierbei nur um eine programmatische Aussage im allgemeinen Teil der Gesetzesbegründung handelt, aus der nur eingeschränkt konkrete Schlussfolgerungen gezogen werden könnten[615]. Jedenfalls scheint der Gesetzgeber von einer Gleichbehandlung der geregelten Sachverhalte auszugehen.

Des Weiteren wollte der Gesetzgeber ein System schaffen, das im Intersse einer Erleichterung von Unternehmensumstrukturierungen steht[616].

Bezüglich der Voraussetzungen für den Teilbetrieb bietet der Begriff der Fusionsrichtlinie insoweit eine Erleichterung, als sich der Tätigkeitsbereich vom restlichen Betrieb nicht unterscheiden muss[617]. Auch wird die Möglichkeit eröffnet, Teilbetriebe einzubringen, die lediglich vermögensverwaltend tätig sind[618].

Eine reine Anwendung des europäischen Teilbetriebsbegriffes bedeutet aber auch eine Einschränkung von Umstrukturierungsmöglichkeiten im Vergleich zum vorherigen System[619]. Insofern bestehen Bedenken, dass die sich ergebenden Einschränkungen, die eine Übernahme des europäischen Teilbetriebsbegriffes mit sich bringt, vom Gesetzgeber nicht gewollt sind, da eine Verschlechterung der Lage für die Steuerpflichtigen in der Gesetzesbegründung nicht angelegt ist[620].

Aus der Gesetzesbegründung geht jedoch hervor, dass der Gesetzgeber zwar im Sinne einer Erleichterung von Unternehmensumstrukturierungen handelt, dieses Ziel aber gerade durch die Schaffung eines einheitlichen und europarechtskonformen Steuersystems erreichen will[621]. Insofern steht hier die Erleichterung der grenzüberschreitenden Umwandlungen durch vereinheitlichte Tatbestände

---

613 BT-Drs. 16/2710 S. 25

614 *Blumers* BB 2008, 2041 (2042); *Langheim*, Die Einbringung von Unternehmensteilen nach der Fusionsrichtlinie und ihre Umsetzung im Deutschen Umwandlungsgesetz, S. 233

615 *Patt* in Dötsch/Patt/Pung/Möhlenbröck, Umwandlungssteuerrecht, § 15 Rn. 67

616 BT-Drs. 16/2710 S. 42

617 siehe IV. 1.1.

618 siehe IV. 1.2.

619 siehe IV. 4. und 6.

620 *Goebel/Ungemach/Seidenfad/Herzig* DStZ 2009, 354 (365); *Herlinghaus* in Rödder/Herlinghaus/van Lishaut, Umwandlungssteuergesetz § 20 Rn. 59; *ders.*, FS Meilicke, S. 159 (176); *Menner* in Haritz/Menner, UmwStG, § 20 Rn. 100; *Nitzschke* in Blümich, EStG, KStG, GewStG und Nebengesetze, § 20 UmwStG Rn. 54; *Schumacher* DStR 2008, 325 (327 f.)

621 BT-Drs. 16/2710 S. 42

im Vordergrund. Das muss jedoch nicht ausschließen, dass inländische Einbringungen durch das neue System im Einzelfall auch höheren Anforderungen ausgesetzt sein können. Denn eine Garantie für die Beibehaltung der bisherigen Einbringungsmöglichkeiten ist nicht in der Gesetzesbegründung angelegt. Eine Übernahme des europäischen Teilbetriebsbegriffes stünde der Programmatik des Gesetzgebers daher nicht grundsätzlich entgegen.

Insgesamt lässt sich daher ein grundsätzlicher Tenor der Gesetzesbegründung für eine generelle Übernahme der Regelungen der Fusionsrichtlinie erkennen.

4.3.4. Vereinbarkeit mit dem Unionsrecht

Dass der Gesetzgeber über den Anwendungsbereich von Richtlinien hinaus gleichbedeutende Regelungen in das nationale Recht übernimmt, ist aus Sicht des Unionsrechtes in der Regel unproblematisch[622].

Bedenken bestehen dahingehend, dass die Mitgliedstaaten durch eine die Auslegungskompetenz des EuGH begründende Rechtsangleichung den Geltungsbereich des Unionsrechtes unbefugt einseitig erweitern würden[623]. Zwar legt der EuGH auch im Rahmen der Vorlage von autonom harmonisiertem Recht nur Unionsrecht aus[624], dies ändert jedoch nichts an der Tatsache, dass das angegliechene Recht rein nationaler Natur ist[625]. Technisch handelt es sich daher nicht um die Erweiterung des Unionsrechtes, sondern um einfache nationale Gesetzgebung[626].

Die Kompetenz der Union für den Erlass der Fusionsrichtlinie wird auf den ehemaligen Art. 94 EGV (entspricht Art. 115 AEUV) gestützt[627]. Dieser bezieht sich jedoch nur auf Rechtsvorschriften, die sich unmittelbar auf die Errichtung oder das Funktionieren des Binnenmarkts auswirken. Die Kompetenz, rein nationales Umwandlungssteuerrecht zu regeln, besitzt die Union nicht. Falls der nationale Gesetzgeber keine Rechtssetzungsbefugnisse auf die Union übertragen hat, steht es ihm grundsätzlich frei, wie er sein Recht ausgestaltet[628].

Grenzen bestehen bei der Gesetzgebung wiederum dort, wo die Grundfreiheiten betroffen sind, wobei eine Rechtsangleichung für grenzüberschreitende

---

622 *Schnorbus* RabelsZ 65, 654 (670); *Radke*, Autonome Harmonisierung des Gemeinschaftsrechts, S. 137

623 *Habersack/Mayer* JZ 1999, 913 (919)

624 EuGH vom 17.07.1997, C-28/95, *Leur-Bloem*, Slg. 1997, S. I-4161 (I-4201), Rn. 33

625 *Radke*, Autonome Harmonisierung des Gemeinschaftsrechts, S. 135

626 *Radke*, Autonome Harmonisierung des Gemeinschaftsrechts, S. 135

627 Einleitung zur Richtlinie vom 19.10.2009, 2009/133/EG, ABl. 2009 L 310/34

628 *Radke*, Autonome Harmonisierung des Gemeinschaftsrechts, S. 137

und nationale Vorgänge Diskriminierungen gerade vermeidet[629]. Beschränkungen entstehen hierdurch ebenfalls nicht, da das autonom harmonisierte Recht sich nicht auf die grenzüberschreitenden Sachverhalte bezieht.

Problematisch könnte eine überschießende Umsetzung allenfalls sein, falls diese den Zielen der zugrunde gelegten Richtlinie zuwiderläuft, da diese gerade den Personenkreis des ursprünglichen Anwendungsbereichs besserstellen wollte[630].

Hinsichtlich des Anwendungsbereiches der Fusionsrichtlinie ist dies jedoch nicht ersichtlich. Ziel der Richtlinie ist es, Beschränkungen und Benachteiligungen für grenzüberschreitende Unternehmensumstrukturierungen zu beseitigen[631]. Dass diese bessergestellt werden sollen als rein nationale Umwandlungen, lässt sich hieraus nicht ableiten. Eine Benachteiligung grenzüberschreitender Vorgänge wird durch eine Übernahme des europäischen Teilbetriebsbegriffes auf nationale Sachverhalte vermieden. Daher stehen der einheitlichen Anwendung des europäischen Teilbetriebsbegriffes keine europarechtlichen Bedenken entgegen.

4.3.5. Vereinbarkeit mit dem Grundgesetz

Verfassungsrechtliche Probleme können sich bei einer Übernahme von unionsrechtlichen Regelungen ergeben, wenn der deutsche Gesetzgeber dadurch das nationale Recht der vollumfänglichen grundgesetzlichen Überprüfung durch das Bundesverfassungsgericht entziehen könnte[632].

In ständiger Rechtsprechung hat das Bundeverfassungsgericht klargestellt, dass Hoheitsakte der Union nur in eingeschränktem Maße der grundgesetzlichen Kontrolle unterliegen[633]. Dies betrifft nicht nur die unmittelbaren Akte der Union, vielmehr ist davon auch das nationale Gesetz erfasst, soweit es Richtlinien umsetzt, die zwingende Vorgaben machen ohne einen Umsetzungsspielraum zu gewähren[634].

---

629 *Schnorbus* RabelsZ 65, 654 (670)

630 *Radke*, Autonome Harmonisierung des Gemeinschaftsrechts, S. 137

631 siehe Präambel der Richtlinie vom 19.10.2009, 2009/133/EG, ABl. 2009 L 310/34

632 *Radke*, Autonome Harmonisierung des Gemeinschaftsrechts, S. 136; *Schnorbus* RabelsZ 65, 654 (675)

633 BVerfG vom 22.10.1986, 2 BvR 197/83, BVerfGE 73, 339; BVerfG vom 12.10.1993, 2 BvR 2134/92 - 2159/92, BVerfGE 89, 155; BVerfG vom 07.06.2000, 2 BvL 1/97, BVerfGE 102, 147; BVerfG vom 30.06.2009, 2 BvE 2/08 - 2 BvE 5/08 - 2 BvR 1010/08 - 2 BvR 1022/08 - 2 BvR 1259/08 - 2 BvR 182/09, BVerfGE 123, 267; BVerfG vom 06.07.2010, 2 BvR 2661/06, BVerfGE 126, 286

634 BVerfG vom 09.01.2001, 1 BvR 1036/99, NJW 2001, 1267; BVerfG vom 13.03.2007, 1 BvF 1/05, BVerfGE 118, 79

Bei der Übernahme von unionsrechtlichen Regelungen schafft der deutsche Gesetzgeber aufgrund eigener Entscheidung nationales Recht, ohne von der Union dazu angehalten zu sein. Da es sich dabei auch nicht mittelbar um einen Hoheitsakt der Union handelt, unterliegt der überschießend umgesetzte Teil der Richtlinie der vollumfänglichen Überprüfung durch das Bundesverfassungsgericht[635]. Dies kann im Einzelfall dazu führen, dass eine Norm nur hinsichtlich des überschießend umgesetzten Anwendungsbereich verfassungswidrig sein kann, während im durch die Richtlinie vorgegebenen Anwendungsbereich keine Überprüfung durch das Bundesverfassungsgericht stattfindet[636]. Eine Einschränkung des Grundrechtsschutzes hat die autonome Harmonisierung jedoch nicht zur Folge.

Die einheitliche Anwendung des europäischen Teilbetriebs ist aus verfassungsrechtlicher Sicht daher nicht zu beanstanden.

4.3.6. Zusammenfassung

Aus europarechtlicher und verfassungsrechtlicher Sicht bestehen keine Bedenken hinsichtlich einer einheitlichen Übernahme des europäischen Teilbetriebsbegriffes. Die Beweggründe des Gesetzgebers ein europarechtskonformes System zu schaffen und so dazu beizutragen, dass europaweit die gleichen Grundsätze gelten, sprechen für eine Entscheidung zugunsten des europäischen Teilbetriebsbegriffes. Auch der einheitliche Aufbau des § 20 Abs. 1 UmwStG und die Übernahme von Formulierungen aus der Fusionsrichtlinie sprechen hierfür.

Die Missbrauchsvorschriften in § 22 UmwStG und das Erfordernis von neuen Anteilen als Gegenleistung passen nicht zur generellen Übernahme der Regelungen der Fusionsrichtlinie. Die grundsätzlichen Aussagen in der Gesetzesbegründung deuten jedoch insgesamt auf einen Willen des Gesetzgebers zur Anwendung des Teilbetriebsbegriffes der Fusionsrichtlinie hin.

4.4. Stellungnahme

Wie die bisherigen Ausführungen zeigen, ist sowohl eine gespaltene Auslegung[637] als auch eine wahlweise Anwendung beider Begriffe in einer Meistbegünstigungslösung[638] zur Bestimmung des Teilbetriebsbegriffes in den Einbringungstatbeständen problematisch. Weder die systematische noch die historische Auslegung

---

635 *Habersack/Mayer* JZ 1999, 913 (920); *Radke*, Autonome Harmonisierung des Gemeinschaftsrechts, S. 137; *Schnorbus* RabelsZ 65, 654 (675)

636 *Radke*, Autonome Harmonisierung des Gemeinschaftsrechts, S. 137

637 siehe V. 4.1.

638 siehe V. 4.2.

spricht für eine dieser beiden Optionen[639]. Darüber hinaus steht eine gespaltene Auslegung des Begriffes im Konflikt mit dem Unionsrecht[640] und im Widerspruch zum allgemeinen Gleichheitsgrundsatz des Art. 3 Abs. 1 GG[641]. Für die einheitliche Auslegung des Teilbetriebsbegriffes spricht die Gesetzessystematik[642] und überwiegend auch die Gesetzesbegründung[643]. Durch diese können Ungleichbehandlungen zwischen verschiedenen Einbringungsfällen vermieden werden. Da sich jedoch im UmwStG und auch in den Gesetzesmaterialien Widersprüche zu einer einheitlichen Anwendung der Regelungen der Fusionsrichtlinie ergeben[644], stellt sich die Frage, inwieweit der Gesetzgeber bei der einheitlichen Anwendung dieser Regelungen und damit auch beim Teilbetriebsbegriff Modifizierungen vorgesehen hat.

Zum Teil wird aus der Rechtsprechung des EuGH in der Rechtssache Andersen og Jensen[645] gefolgert, dass ein Teilbetriebsbegriff eines nationalen Gesetzes immer nach der Fusionsrichtlinie auszulegen ist, falls dort alle Fälle einheitlich geregelt sind[646]. Diese Sichtweise verkennt jedoch, dass die Voraussetzung einer Auslegung des EuGH in nationalen Fällen ist, dass der nationale Gesetzgeber den Begriff des Unionsrechtes übernimmt[647]. Nur wenn der Gesetzgeber hierdurch grenzüberschreitende und nationale Sachverhalte gleichstellt, kann der EuGH auch außerhalb des Anwendungsbereichs der Richtlinie den Begriff auslegen. Die Übernahme des Richtlinienbegriffes ist dabei nicht Folge der einheitlichen Auslegung, sondern Voraussetzung für eine einheitliche Auslegung durch den EuGH. Inwieweit der Begriff des Unionsrechtes übernommen wurde, ist durch die nationalen Gerichte zu prüfen[648].

Die Systematik des § 20 UmwStG spricht grundsätzlich dafür, dass der europäische Teilbetriebsbegriff die Grundlage für eine einheitliche Auslegung ist[649]. Wenn die Norm auch auf Fälle anwendbar ist, an denen Gesellschaften aus mehreren

---

639 siehe V. 4.1. und V. 4.2.

640 siehe V. 4.1.5.

641 siehe V. 4.1.6.

642 siehe V. 4.3.3.

643 siehe V. 4.3.2.

644 siehe V. 4.3.2. und V. 4.3.3.

645 EuGH vom 15.1.2002, C-43/00, *Andersen og Jensen*, Slg. 2002, S. I-394

646 *Menner* in Haritz/Menner, UmwStG, § 20 Rn. 102

647 siehe V. 3.2.

648 EuGH vom 18.10.1990, C-297/88 und C-197/89, *Dzodzi*, Slg. 1990, S. I-3763 (I-3794), Rn. 42; EuGH vom 17.07.1997, C-28/95, *Leur-Bloem*, Slg. 1997, S. I-4161 (I-4202), Rn. 33

649 siehe V. 4.3.2.

Mitgliedstaaten beteiligt sind, so muss sich der Teilbetriebsbegriff letztlich an der Fusionsrichtlinie messen lassen.

4.4.1. Betrachtungsweise beim Einbringungsumfang

Dass der Gesetzgeber in der Gesetzesbegründung auf die Unterscheidung von Wirtschaftsgütern nach funktional wesentlichen und unwesentlichen Betriebsgrundlagen eingeht und dabei auf die funktionale Betrachtungsweise abstellt[650], bedeutet nicht zwingend einen Konflikt mit dem europäischen Teilbetriebsbegriff[651]. Dieser kennt den Begriff der wesentlichen Betriebsgrundlagen zwar nicht, jedoch auch das Kriterium der Funktionsfähigkeit, die primär funktionell bestimmt wird[652]. Dabei tritt neben das funktionale Element auch ein finanzielles Element, das in der Gesetzesbegründung nicht erwähnt wird. Da sich dieses finanzielle Element nicht auf einzelne Wirtschaftsgüter bezieht, steht die Aussage zur funktionalen Betrachtungsweise hierzu nicht im Widerspruch[653].

Dabei kann die Aussage des Gesetzgebers zu den funktional wesentlichen Betriebsgrundlagen der Konkretisierung des funktionellen Elementes beim europäischen Teilbetrieb dienen. Dass der Gesetzgeber die Betrachtungsweise auf die wesentlichen Betriebsgrundlagen bezieht, deutet darauf hin, dass er auf bereits bestehende Strukturen zurückgreifen wollte. Für eine Verweisung auf diese Kriterien spricht, dass der Gesetzgeber nicht auf eine, sondern auf die funktionale Betrachtungsweise verweist. Im Kontext der Auseinandersetzung um verschiedene Betrachtungsweisen beim deutschen Teilbetriebsbegriff ist es naheliegend, dass nicht irgendeine noch zu konkretisierende Betrachtungsweise des europäischen Teilbetriebsbegriff gemeint ist. Vielmehr deutet die Aussage auf die zum deutschen Teilbetriebsbegriff entwickelten Kriterien hin, die bislang als die funktionale Betrachtungsweise bezeichnet wurden.

Die Kriterien der Fusionsrichtlinie sind dabei nach wie vor umstritten[654]. Insoweit besteht für die Steuerpflichtigen und Anwender des UmwStG ein deutlicher Unsicherheitsfaktor, während mit dem Rückgriff auf die bereits bestehende Kriterien, die zum deutschen Teilbetriebsbegriff entwickelt wurden, eine gewisse

---

650 BT-Drs. 16/2710 S. 42

651 siehe V. 4.1.4.

652 siehe IV. 8.2.

653 siehe V. 4.1.4.

654 siehe IV.

Kontinuität gewährleistet werden kann[655]. Eine weitere Ausprägung zum Begriff der Funktionsfähigkeit müsste somit hinsichtlich des funktionalen Elementes nicht mehr abgewartet werden.

Die funktionale Betrachtungsweise nach deutschem Verständnis ist aber nicht zwangsläufig identisch mit dem funktionalen Element der Funktionsfähigkeit im Sinne des europäischen Teilbetriebsbegriffes[656]. Der EuGH hat klargestellt, dass unter dem funktionellen Aspekt keine neuen Investitionen erforderlich sein dürfen[657]. Dies steht im Widerspruch zu der funktionalen Betrachtungsweise nach deutschem Verständnis, da hier auch kurzfristig wiederbeschaffbare Wirtschaftsgüter als funktional unwesentlich angesehen werden können[658]. Insofern kann die uneingeschränkte Übernahme der funktionalen Betrachtungsweise nicht als Konkretisierung für den Einbringungsumfang des Teilbetriebsbegriffes der Fusionsrichtlinie dienen. Eine bewusste Abweichung von den Vorgaben der Fusionsrichtlinie lässt sich allein aus der Erwähnung der funktionalen Betrachtungsweise jedoch schwerlich ableiten. Eine derart spezifische Regelung hinsichtlich der kurzfristig wiederbeschaffbaren Wirtschaftsgüter hätte der Gesetzgeber ausdrücklicher formuliert. Die allgemeine Verweisung auf die funktionale Betrachtungsweise kann vielmehr als Auslegungshilfe für den Einbringungsumfang verstanden werden. Abgesehen von der Frage zusätzlicher Investitionen ist die funktionale Betrachtungsweise mit ihrer Orientierung am Gewicht eines Wirtschaftsgutes im Betrieb und der Erforderlichkeit zur Erreichung des Betriebszweckes grundsätzlich geeignet, um die funktionellen Aspekte des europäischen Teilbetriebsbegriffes zu konkretisieren. In einer Situation, in welcher der genaue Einbringungsumfang beim europäischen Teilbetriebsbegriff unklar ist, ist es naheliegend, dass der deutsche Gesetzgeber auf die bereits bestehende Rechtsprechung verweist, soweit sie mit den Grundsätzen der Fusionsrichtlinie vereinbar ist. Die Beurteilung der Frage, inwieweit ein Teilbetrieb anhand der besonderen Umstände des Einzelfalls selbstständig funktionsfähig ist, überlässt der EuGH ohnehin den nationalen Gerichten[659]. Auch die Bestimmung der funktional wesentlichen Betriebsgrundlagen durch die deutsche Rechtsprechung wurde bisher

655 *Langheim*, Die Einbringung von Unternehmensteilen nach der Fusionsrichtlinie und ihre Umsetzung im Deutschen Umwandlungsgesetz, S. 233

656 siehe IV. 7.

657 EuGH vom 15.01.2002, C-43/00, *Andersen og Jensen*, Slg. 2002, S. I-394 (I-409), Rn. 35

658 siehe IV. 7.

659 EuGH vom 15.01.2002, C-43/00, *Andersen og Jensen*, Slg. 2002, S. I-394 (I-409), Rn. 37

einzelfallbezogen unter Berücksichtigung der besonderen Umstände des jeweiligen Betriebes vorgenommen[660]. Insofern ist es der deutschen Finanzgerichtsbarkeit unbenommen, die funktionale Betrachtungsweise anzuwenden, um den durch die Funktionsfähigkeit begrenzten Einbringungsumfang des europäischen Teilbetriebsbegriffes zu konkretisieren.

Damit kann im Einzelfall der Einbringungsumfang bei den verschiedenen Einbringungsgegenständen auseinanderfallen. Bei dem Mitunternehmeranteil, der in der Fusionsrichtlinie nicht geregelt ist, wird davon ausgegangen, dass weiterhin die funktional wesentlichen Betriebsgrundlagen nach bisherigem Verständnis ausschlaggebend ist[661]. Beim Betrieb ist es streitig, ob sich der Einbringungsumfang allgemein an den funktional wesentlichen Betriebsgrundlagen oder an der Fusionsrichtlinie auszurichten hat[662]. Aufgrund der geringfügigen Unterschiede bei den funktionalen Anforderungen im Rahmen des Einbringungsumfanges ist jedoch in diesem Punkt kein wesentliches Auseinanderfallen der Anforderungen zwischen den verschiedenen Einbringungsgegenständen zu befürchten.

4.4.2. Zulässigkeit zusätzlicher Gegenleistungen

Bei der Einbringung im Sinne der Fusionsrichtlinie ist die Zulässigkeit von sonstigen Gegenleistungen, wie sie in § 20 Abs. 2 S. 4 UmwStG voraussetzt wird, nicht vorgesehen[663]. Dies kann jedoch als Abweichung von der Richtline gesehen werden, die der Gesetzgeber zugunsten der Steuerpflichtigen beabsichtigt hat[664]. Eine Abweichung von der Fusionsrichtlinie ist in diesen Fällen mit den Umsetzungspflichten der Bundesrepublik Deutschland vereinbar[665]. In § 20 Abs. 2 S. 4 UmwStG werden zusätzliche Gegenleistungen bei der Einbringung von Teilbetrieben nicht ausdrücklich gestattet. Es wird dort jedoch diese Möglichkeit vorausgesetzt und Regelungen über die Bilanzierung von zusätzlich erhaltenen

---

660 BFH vom 17.04.1997, VIII R 2/95, BStBl II 1998, 388

661 *Menner* in Haritz/Menner, UmwStG, § 20 Rn. 164; *Schmitt* in Schmitt/Hörtnagl/Stratz, UmwG, UmwStG § 20 UmwStG Rn. 149; BMF vom 11.11.2011, BStBl I 2011, 1314, Tz. 20.10, 20.06

662 *Langheim*, Die Einbringung von Unternehmensteilen nach der Fusionsrichtlinie und ihre Umsetzung im Deutschen Umwandlungsgesetz, S. 161; *Menner* in Haritz/Menner, UmwStG, § 20 Rn. 123

663 siehe IV. 6.3.

664 *Menner* in Haritz/Menner, UmwStG, § 20 Rn. 102; *Langheim*, Die Einbringung von Unternehmensteilen nach der Fusionsrichtlinie und ihre Umsetzung im Deutschen Umwandlungsgesetz, S. 243

665 siehe V. 2.2.

Wirtschaftsgütern getroffen. Dabei sind von der Regelung mit den Mitunternehmeranteilen auch Einbringungsgegenstände erfasst, die generell nicht in den Anwendungsbereich der Fusionsrichtlinie fallen. Insofern könnte man die Regel des § 20 Abs. 2 S. 4 UmwStG nur auf diese Anwendungsfälle beziehen. Allerdings spricht der Wortlaut der Norm, der nicht zwischen den verschiedenen Einbringungsgegenständen differenziert, für eine allgemeine Zulässigkeit von zusätzlichen Gegenleistungen. Dass dies eine Abweichung von den Regeln der Fusionsrichtlinie bedeutet, wurde wohl auch im Gesetzgebungsverfahren gesehen, da die Regelung ursprünglich abgeschafft werden sollte und erst nachträglich auf Vorschlag des Finanzausschusses in den Gesetzentwurf aufgenommen wurde[666]. Auch das spricht für eine bewusste Entscheidung des Gesetzgebers für die Steuerneutralität bei zusätzlichen Gegenleistungen.

Daher stellt § 20 Abs. 2 S. 4 UmwStG eine zulässige Abweichung von den Vorgaben der Richtlinie dar. Ein Widerspruch zu der einheitlichen Übernahme der Systematik der Fusionsrichtlinie und damit auch des europäischen Teilbetriebsbegriffes ergibt sich aus dieser Regelung nicht.

4.4.3. Zuordnung von Verbindlichkeiten

Die Zuordnung von mit dem Teilbetrieb in wirtschaftlichem Zusammenhang stehenden Verbindlichkeiten ist auch im Rahmen des europäischen Teilbetriebsbegriffes möglich[667]. Problematisch ist dies nur, falls Verbindlichkeiten übertragen werden, die in keinem Zusammenhang mit dem Teilbetrieb stehen, da dies auf eine Umgehung des Verbotes zusätzlicher Gegenleistungen hinausläuft[668]. Dieses Problem stellt sich jedoch bei der Umsetzung des deutschen Gesetzgebers nicht, da hier zulässigerweise vom Verbot zusätzlicher Gegenleistungen abgewichen wird[669].

Es muss bei der Übertragung von Verbindlichkeiten allerdings dennoch auf die Funktionsfähigkeit in finanzieller Hinsicht geachtet werden. Die Belastung mit Verbindlichkeiten darf nicht so weit gehen, dass der Teilbetrieb nicht mehr funktionsfähig ist.

666 BT-Drs. 16/3369 S. 11; *Förster/Wendland* BB 2007, 631 (634)
667 siehe IV. 6.3.
668 siehe IV. 6.3.
669 siehe V. 4.4.2.

4.4.4. *Gewährung neuer Anteile*

Des Weiteren steht § 20 Abs. 1 UmwStG im Konflikt mit der Fusionsrichtlinie, soweit als Gegenleistung neue Anteile gefordert werden[670]. Bei Einbringungen, die von der Fusionsrichtlinie erfasst sind, darf die Steuerneutralität daher nicht davon abhängig gemacht werden, ob die Anteile neu geschaffen werden[671]. Falls Vorgänge von der Fusionsrichtlinie erfasst sind, können sich die Beteiligten direkt auf die Richtlinien berufen, so dass das Erfordernis neuer Anteile für diese keine Anwendung findet[672].

Bei Vorgängen, die nicht von der Richtlinie erfasst sind, können sich die Beteiligten jedoch nicht auf diese berufen. Daher bleibt § 20 Abs. 1 UmwStG mit dem Erfordernis der Schaffung neuer Anteile für diese Einbringungen anwendbar. Insoweit kommt es zu einer Divergenz der Einbringungsvoraussetzungen. Um diesen Verstoß gegen die Fusionsrichtlinie zu beseitigen, ist der deutsche Gesetzgeber angehalten, diese Anforderung zumindest für die richtlinienrelevanten Sachverhalte zu ändern. Um die Einheitlichkeit der Einbringungstatbestände zu wahren und Benachteiligungen zu beseitigen, sollte er das Erfordernis neuer Anteile konsequenterweise gänzlich aus dem Gesetz streichen.

4.4.5. *Missbrauchsvorschriften*

Die Regelungen der Missbrauchsvorschrift des § 22 UmwStG sind, wie bereits gezeigt[673], nicht mit der Fusionsrichtlinie vereinbar. Auch eine europarechtskonforme Auslegung, dass diese nur pauschalisierte Missbrauchsvermutungen aufstellt, die einem Gegenbeweis zugänglich sind, ist nicht möglich[674]. Im Rahmen des Anwendungsbereichs der Richtlinie muss diese Norm daher unangewendet bleiben[675].

Für rein inländische Sachverhalte bleibt die Vorschrift jedoch anwendbar. Will sich der Gesetzgeber an seinem Willen nach einem einheitlichen Regelungswerk[676] festhalten lassen, so müsste er konsequenterweise richtlinienkonforme Regelungen gegen einen Gestaltungsmissbrauch schaffen, die sowohl grenzüberschreitende als auch rein nationale Vorgänge erfassen.

---

670 siehe V. 4.1.3.

671 *Schmitt* in Schmitt/Hörtnagl/Stratz, UmwG, UmwStG § 20 UmwStG Rn. 204

672 siehe V. 4.1.3.

673 siehe V. 4.1.3.

674 siehe V. 4.1.3.

675 siehe V. 4.1.3.

676 BT-Drs. 16/2710 S. 42

4.4.6. *Auslegungskompetenz für den Teilbetriebsbegriff*

Bei der Anwendung des europäischen Teilbetriebsbegriffes besteht im Rahmen des Art. 267 AEUV eine Vorlagepflicht für letztinstanzliche Gerichte bei Zweifelsfragen über die Auslegung des Teilbetriebsbegriffes[677]. Dies betrifft grundsätzlich auch Sachverhalte, die nicht von der Fusionsrichtlinie erfasst sind[678].

Der Verweis auf die funktionale Betrachtungsweise für die Bestimmung der Funktionsfähigkeit im Sinne der Fusionsrichtlinie kann auch für mögliche Vorlageverfahren nach Art. 267 AEUV bedeutend sein. Hinsichtlich der Sachverhalte, die von der Fusionsrichtlinie betroffen sind, ist klar, dass eine Vorlagepflicht besteht, falls die Frage der Funktionsfähigkeit in funktionaler Hinsicht entscheidungserheblich ist. Hinsichtlich der Sachverhalte, die nicht von der Fusionsrichtlinie erfasst sind, stellt sich die bereits erörterte Problematik des Vorlageverfahrens bei überschießender Umsetzung[679]. Dabei kommt es insbesondere darauf an, inwieweit der Gesetzgeber auf den Richtlinienbegriff verweist. Im vorliegenden Fall konkretisiert er zwar das Merkmal der Funktionsfähigkeit anhand bereits bestehender nationaler Kriterien, dass er dabei aber vom Begriff der Fusionsrichtlinie abweichen wollte, ist nicht ersichtlich. Auch die Abweichungen hinsichtlich der Zulässigkeit zusätzlicher Gegenleistungen ändern an der grundsätzlichen Übernahme des Richtlinienbegriffes nichts. Insofern besteht auch bei inländischen Sachverhalten gegebenenfalls eine Vorlagepflicht.

4.4.7. *Zusammenfassung*

Obwohl es bei der Neugestaltung des Umwandlungssteuergesetzes in manchen Bereichen zu Widersprüchen mit der Fusionsrichtlinie gekommen ist, hat der Gesetzgeber die Vorgaben der Richtlinie und damit auch den europäischen Teilbetriebsbegriff für sämtliche Vorgänge vorgesehen. Eine Modifikation des Begriffes ist nicht beabsichtigt. Allerdings hat der Gesetzgeber mit dem Hinweis auf die funktionale Betrachtungsweise als Abgrenzungskriterium für den Einbringungsumfang die Erfordernisse an die Funktionsfähigkeit von Teilbetrieben in grundsätzlich zulässiger Weise konkretisiert. Nicht passend ist die funktionale Betrachtungsweise jedoch dann, wenn sie dazu führt, dass kurzfristig wiederbeschaffbare Wirtschaftsgüter vom Einbringungsumfang ausgeschlossen sind.

---

677 vgl. V. 4.3.1.

678 siehe V. 3.2.2.

679 siehe V. 3.2.

Die Möglichkeit zusätzlicher Gegenleistungen wird durch die Regelung des § 20 Abs. 2 S. 4 UmwStG eröffnet. Daher ist auch die Zuordnung von Verbindlichkeiten, die in keinem wirtschaftlichen Zusammenhang mit dem Teilbetrieb stehen, grundsätzlich nicht steuerschädlich. Probleme können sich allerdings hinsichtlich der finanziellen Funktionsfähigkeit ergeben. Hinsichtlich des Erfordernisses der Gewährung neuer Anteile und der Regelung des § 22 UmwStG besteht Handlungsbedarf für den Gesetzgeber, da diesbezüglich Verstöße gegen die Richtlinie vorliegen. Diese Änderungen sollten dann konsequenterweise auch den rein nationalen Einbringungen zugutekommen.

4.5. Auffassung der Finanzverwaltung

Bezüglich der Einbringungstatbestände des UmwStG 1995 ging die Finanzverwaltung in nationalen und grenzüberschreitenden Fällen vom deutschen Teilbetriebsbegriff aus[680].

Nunmehr übernimmt sie im Umwandlungssteuererlass 2011 die Teilbetriebsdefinition der Fusionsrichtlinie für das UmwStG[681]. Danach ist ein Teilbetrieb, unabhängig davon ob ein grenzüberschreitender oder rein nationaler Vorgang vorliegt, die Gesamtheit der in einem Unternehmensteil einer Gesellschaft vorhandenen aktiven und passiven Wirtschaftsgüter, die in organisatorischer Hinsicht einen selbständigen Betrieb, das heißt eine aus eigenen Mitteln funktionsfähige Einheit, darstellen[682].

Weiterhin wird ausgeführt, dass ein Teilbetrieb nach Ansicht der Finanzverwaltung aus allen funktional wesentlichen Betriebsgrundlagen sowie diesem Teilbetrieb nach wirtschaftlichen Zusammenhängen zuordenbaren Wirtschaftsgüter besteht[683]. Bezüglich der Voraussetzungen für die Übertragung eines Teilbetriebs wird auf die Rechtsprechung, insbesondere auf die Entscheidungen in der Rechtssache Andersen og Jensen[684] und das Urteil des BFH vom 07.04.2010, I R 96/08[685] zu § 15 UmwStG 1995 verwiesen. Ob die Voraussetzungen einer Teilbetriebsübertragung vorliegen, soll nach der funktionalen Betrachtungsweise aus der Sicht des übertragenden Rechtsträgers beurteilt werden[686]. Der entscheidende Zeitpunkt

680 BMF vom 25.03.1998, BStBl I 1998, 268, Tz. 23.01
681 BMF vom 11.11.2011, BStBl I 2011, 1314, Tz. 15.02, 20.06, 24.03
682 BMF vom 11.11.2011, BStBl I 2011, 1314, Tz. 15.02, 20.06, 24.03
683 BMF vom 11.11.2011, BStBl I 2011, 1314, Tz. 15.02, 20.06, 24.03
684 EuGH vom 15.01.2002, C-43/00, *Andersen og Jensen*, Slg. 2002, S. I-394
685 BFH vom 07.04.2010, I R 96/08, BFHE 229, 179
686 BMF vom 11.11.2011, BStBl I 2011, 1314, Tz. 15.02, 20.06, 24.03

wird auf den Übertragungsstichtag festgelegt, ein Teilbetrieb im Aufbau soll den Anforderungen nicht genügen[687].

Der Einbringungsumfang soll sich sowohl auf sämtliche funktional wesentlichen Betriebsgrundlagen als auch auf die nach wirtschaftlichen Zusammenhängen zuordenbaren Wirtschaftsgüter erstrecken[688]. Bei der Einbringung eines Teilbetriebes soll eine Nutzungsüberlassung der Wirtschaftsgüter nicht ausreichend sein[689].

4.5.1. Bedeutung für die Auslegungskompetenz

Mit dem Verweis auf die Definition der Fusionsrichtlinie und auf die Rechtsprechung des EuGH, auch in Fällen, die nicht von der Richtlinie erfasst sind, geht die Finanzverwaltung von einer Angleichung der innerstaatlichen Vorgänge an das Unionsrecht aus. Das bedeutet, dass dem EuGH, wie in den Urteilen zu den Rechtssachen Dzodzi[690], Leur-Bloem[691] und Andersen og Jensen[692] gezeigt wird, auch bei rein innerstaatlichen Vorgängen die Auslegungskompetenz des Teilbetriebsbegriffes zusteht.

4.5.2. Voraussetzungen

Wann ein Teilbetrieb besteht, soll sich nach der Definition des Art. 2 lit. j FRL richten. Diese findet nach Auffassung der Finanzverwaltung sowohl bei der Einbringung nach § 20 als auch bei der Einbringung nach § 24 UmwStG Anwendung.

4.5.3. Zeitpunkt

Nach Auffassung der Finanzverwaltung müssen die Voraussetzungen des Teilbetriebes bereits zum steuerlichen Übertragungsstichtag vorgelegen haben[693]. Der steuerliche Übertragungsstichtag ist grundsätzlich der Zeitpunkt, in dem das wirtschaftliche Eigentum an den betroffenen Wirtschaftsgütern des Teilbetriebes übergeht[694]. Dieser Stichtag kann, wie auch schon in §§ 20 Abs. 7, 24 Abs. 4

---

687 BMF vom 11.11.2011, BStBl I 2011, 1314, Tz. 15.03, 20.06, 24.03

688 BMF vom 11.11.2011, BStBl I 2011, 1314, Tz. 15.07, 20.06, 24.03

689 BMF vom 11.11.2011, BStBl I 2011, 1314, Tz. 20.06, 24.03

690 EuGH vom 18.10.1990, C-297/88 und C-197/89, *Dzodzi*, Slg. 1990, S. I-3783 f.

691 EuGH vom 17.07.1997, C-28/95, *Leur-Bloem*, Slg. 1997, S. I-4161 ff.

692 EuGH vom 15.01.2002, C-43/00, *Andersen og Jensen*, Slg. 2002, S. I-394 ff.

693 BMF vom 11.11.2011, BStBl I 2011, 1314, Tz. 20.14, 15.03

694 *Patt* in Dötsch/Patt/Pung/Möhlenbröck, Umwandlungssteuerrecht, § 20 Rn. 301; *Rödder/Herlinghaus/van Lishaut*, Umwandlungssteuergesetz § 20 Rn. 223; Schmitt/Hörtnagl/Stratz, UmwG, UmwStG § 20 UmwStG Rn. 90

UmwStG a.F.[695], nach §§ 20 Abs. 5, Abs. 6, 24 Abs. 4 UmwStG auf Antrag bis zu acht Monate zurückbezogen werden.

Bisher vertrat die Finanzverwaltung[696] wie auch die Literatur[697] die Meinung, dass bei einer Rückbeziehung des Übertragungsstichtages, die Teilbetriebsvoraussetzungen spätestens zum Zeitpunkt des Umwandlungsbeschlusses oder bei Abschluss des Einbringungsvertrages vorgelegen haben müssen. Diese Möglichkeit, Teilbetriebe erst zwischen steuerlichem Übertragungsstichtag und Einbringungsvertrag abzugrenzen, hatte bisher eine große praktische Bedeutung[698]. Mit der Vorverlagerung des Zeitpunktes, an dem der Teilbetrieb vorliegen muss, würde der Gestaltungsspielraum bei der Einbringung deutlich eingeschränkt werden[699].

Das System der Rückwirkung in §§ 2, 20 Abs. 5, Abs. 6, 24 Abs. 6 UmwStG ist so ausgestaltet, dass die Rechtsfolge der Einbringung auf einen früheren Zeitpunkt bezogen wird, während die Tatbestandsvoraussetzungen der Einbringung, so auch das Vorliegen des Teilbetriebes, nicht berührt werden[700]. Die Rückbeziehung ist eine Rechtsfolge der Sacheinlage, eine vollzogene Einbringung ist Voraussetzung[701]. Aus dem System der Rückbeziehung ergibt sich der Schluss der Finanzverwaltung also nicht.

Die Fusionsrichtlinie selbst kennt kein System der Rückbeziehung des Einbringungszeitpunktes. Der Zeitpunkt, an dem die Voraussetzungen des europäischen Teilbetriebs vorliegen müssen, wird durch den tatsächlichen Vermögensübergang auf die übernehmende Gesellschaft bestimmt[702]. Die Rückbeziehung enthält

695 siehe III. 4.

696 BMF vom 25.03.1998, BStBl I 1998, 268, Tz. 20.19

697 *Herlinghaus* in Rödder/Herlinghaus/van Lishaut, Umwandlungssteuergesetz § 20 Rn. 68; *Patt* in Dötsch/Patt/Pung/Möhlenbröck, Umwandlungssteuerrecht, § 20 Rn. 113; *Schmitt* in Schmitt/Hörtnagl/Stratz, UmwG, UmwStG § 20 UmwStG Rn. 90

698 *Herlinghaus* in Rödder/Herlinghaus/van Lishaut, Umwandlungssteuergesetz § 20 Rn. 223; *Kessler/Philipp* DStR 2011, 1065 (1066); *Stangl/Grundke* DB 2010, 1851 (1852)

699 *Benz/Rosenberg* DB 2011, 1354 (1357); *Kessler/Philipp* DStR 2011, 1065 (1066); *Rogall* NZG 2011, 810 (811); *Stangl/Grundke* DB 2010, 1851 (1852)

700 *Benz/Rosenberg* DB 2011, 1354 (1357); *Desens* Beihefter zu DStR 46, 2010, 80 (84); *Graw* IFSt-Schrift Nr. 488, S. 55; *Kessler/Philipp* DStR 2011, 1065 (1066); *Rogall* NZG 2011, 810 (811); *Schmitt* DStR 2011, 1108 (1111); *Stangl/Grundke* DB 2010, 1851 (1853)

701 *Kessler/Philipp* DStR 2011, 1065 (1066); *Menner* in Haritz/Menner, UmwStG, § 20 Rn. 558; *Patt* in Dötsch/Patt/Pung/Möhlenbröck, Umwandlungssteuerrecht, § 20 Rn. 303; *Stangl/Grundke* DB 2010, 1851 (1853)

702 siehe III. 3.

jedoch lediglich die Fiktion der Übertragung. Eine Vorverlegung des Beurteilungszeitpunktes kann sich so auch nicht aus dem Umstand ergeben, dass sich die Finanzverwaltung auf den europäischen Teilbetriebsbegriff bezieht[703].

Darüber hinaus steht eine Vorverlegung des Beurteilungszeitpunktes im Widerspruch zu dem Vereinfachungsgedanken der Rückwirkungsregeln[704]. Die Konsequenz dieser Auslegung wäre, dass Einbringungen erheblich erschwert werden[705].

Der Auffassung der Finanzverwaltung, dass die Teilbetriebsvoraussetzungen zum steuerlichen Übertragungsstichtag vorliegen müssen, ist daher nicht zu folgen.

4.5.4. Teilbetrieb im Aufbau

Mit Verweis auf die Teilbetriebsdefinition der Fusionsrichtlinie wird der Teilbetrieb im Aufbau nicht mehr als privilegiert angesehen[706]. Dieser kann den Anforderungen der im europäischen Teilbetrieb geforderten Funktionsfähigkeit nicht genügen[707]. Insofern ist die Versagung der Begünstigung des Teilbetriebs im Aufbau durch die Finanzverwaltung konsequent.

4.5.5. Maßgeblichkeit der Verhältnisse und Betrachtungsweise

Die Bestimmung der Teilbetriebsvoraussetzungen soll aus der Sicht des Einbringenden erfolgen[708]. Diese Sichtweise trifft sowohl beim europäischen[709] als auch beim nationalen[710] Teilbetriebsbegriff zu. Insofern wird konsequenterweise keine Veränderung vorgenommen.

Des Weiteren sollen die Voraussetzungen aus der funktionalen Betrachtungsweise heraus beurteilt werden[711]. Aus der Rechtsprechung des EuGH zur Rechtssache Andersen og Jensen, auf die auch der Umwandlungssteuererlass an dieser

---

703 *Benz/Rosenberg* DB 2011, 1354 (1357); *Kessler/Philipp* DStR 2011, 1065 (1067); *Stangl/Grundke* DB 2010, 1851 (1854)

704 *Kessler/Philipp* DStR 2011, 1065 (1066); *Stangl/Grundke* DB 2010, 1851 (1852)

705 *Benz/Rosenberg* DB 2011, 1354 (1357); *Kessler/Philipp* DStR 2011, 1065 (1066); *Rogall* NZG 2011, 810 (811); *Stangl/Grundke* DB 2010, 1851 (1852)

706 BMF vom 11.11.2011, BStBl I 2011, 1314, Tz. 15.03, 20.06, 24.03

707 siehe IV. 4.

708 BMF vom 11.11.2011, BStBl I 2011, 1314, Tz. 15.02, 20.06, 24.03

709 siehe IV. 2.

710 siehe III. 2.

711 BMF vom 11.11.2011, BStBl I 2011, 1314, Tz. 15.02, 20.06, 24.03

Stelle verweist[712], geht jedoch hervor, dass neben funktionalen Aspekten auch finanzielle Aspekte für die Beurteilung der Funktionsfähigkeit relevant sind[713]. Hierauf geht die Finanzverwaltung nicht ausdrücklich ein. Der Gesetzgeber hat zumindest für die Beurteilung der Frage, ob ein Wirtschaftsgut eine wesentliche Betriebsgrundlage eines Teilbetriebs darstellt, die funktionale Betrachtungsweise vorgesehen[714]. Insofern ist die Verwendung dieser Begrifflichkeit durch die Finanzverwaltung nachvollziehbar. Mit der Verweisung auf das Urteil Anersen og Jensen ist jedoch davon auszugehen, dass die Finanzverwaltung auch eine, gegenüber dem funktionellen Element nachrangige, finanzielle Betrachtungsweise anwenden wird. Wie dies letztlich gehandhabt werden soll, bleibt im Umwandlungssteuererlass offen. Die Überprüfung der finanziellen Funktionsfähigkeit müsste dabei nach der Vorstellung des EuGH[715] anhand der konkreten Umstände des Einzelfalls erfolgen.

4.5.6. Einbringungsumfang

Der Einbringungsumfang soll sowohl die funktional wesentlichen Betriebsgrundlagen als auch sämtliche nach wirtschaftlichen Zusammenhängen dem Teilbetrieb zuordenbare Wirtschaftsgüter erfassen[716].

Während beim deutschen Teilbetriebsbegriff die funktional wesentlichen Betriebsgrundlagen übertragen werden müssen[717], sind beim europäischen Begriff die Wirtschaftsgüter zu übertragen, die für die Funktionsfähigkeit des Teilbetriebes notwendig sind[718]. Die Auffassung der Finanzverwaltung scheint zu Beidem nicht zu passen. Sie orientiert sich jedoch ausdrücklich am europäischen Teilbetriebsbegriff[719]. Bei diesem wird, unzutreffend[720], zum Teil davon ausgegangen,

---

712 BMF vom 11.11.2011, BStBl I 2011, 1314, Tz. 15.02, 20.06, 24.03

713 EuGH vom 15.01.2002, C-43/00, *Andersen og Jensen*, Slg. 2002, S. I-394 (I-406), Rn. 35

714 BT-Drs. 16/2710 S. 42

715 EuGH vom 15.01.2002, C-43/00, *Andersen og Jensen*, Slg. 2002, S. I-394 (I-409), Rn. 37

716 BMF vom 11.11.2011, BStBl I 2011, 1314, Tz. 15.07, 20.06, 24.03

717 siehe III. 6.1.

718 siehe IV. 6.2.

719 BMF vom 11.11.2011, BStBl I 2011, 1314, Tz. 15.02, 20.06, 24.03

720 siehe IV. 6.2.

dass sämtliche Wirtschaftsgüter, die in einem Teilbetrieb vorhanden sind, übertragen werden müssen[721]. Aus der Rechtsprechung des EuGH[722] geht jedoch auch hervor, dass Wirtschaftsgüter, die keinen Bezug zum Teilbetrieb haben, nicht vom notwendigen Einbringungsumfang erfasst sind. Insofern könnte die Finanzverwaltung mit den wirtschaftlich zuordenbaren Wirtschaftsgütern versuchen, ein Kriterium zu finden, dass einen möglichst weitgehenden Einbringungsumfang begründet, ohne dabei der Rechtsprechung des EuGH offensichtlich zu widersprechen. Richtigerweise kommt es beim europäischen Teilbetriebsbegriff jedoch nicht darauf an, ob ein Wirtschaftsgut dem Teilbetrieb wirtschaftlich zuordenbar ist, sondern ob es für dessen Funktionsfähigkeit notwendig ist[723]. Eine derart weite Auslegung des Einbringungsumfanges würde dem Ziel der Richtlinie[724], die Produktivität und Wettbewerbsfähigkeit der Unternehmen auf internationaler Ebene zu erhöhen, zuwiderlaufen.

Neben das funktionale tritt auch das finanzielle Element der Funktionsfähigkeit[725]. Dieses wird im Rahmen des Umwandlungssteuererlasses nicht ausdrücklich berücksichtigt. Mit der Einbeziehung aller wirtschaftlich zuordenbaren Wirtschaftsgüter liegt die Finanzverwaltung jedoch nahe an einer finanziellen Betrachtungsweise wie sie von Neumann[726] formuliert wurde. Diese betrachtet jedes einzelne Wirtschaftsgut dahingehend, ob es eine Besicherungsfunktion hat oder in der Lage ist, unter Bewertungsaspekten die Ertragskraft des Teilbetriebes zu steigern. Nur die Wirtschaftsgüter, die ohne betriebswirtschaftliche Bedeutung sind, müssten demnach nicht übertragen werden[727].

Eine solche Betrachtungsweise, die die finanzielle Funktionsfähigkeit an einzelnen Wirtschaftsgütern festmacht, lässt sich jedoch weder aus der Fusionsrichtlinie noch aus der Rechtsprechung des EuGH ableiten[728]. Vielmehr kommt

---

721 *Blumers* DB 2001, 722 (725); *ders.* BB 2007, 1757 (1760); *Herlinghaus* in Rödder/Herlinghaus/van Lishaut, UmwStG, § 20 Rn. 59; *Neumann* EStB 2002, 437 (438); *Patt* in Dötsch/Patt/Pung/Möhlenbröck, Umwandlungssteuerrecht, § 20 Rn. 76; *Schmitt* in Schmitt/Hörtnagl/Stratz, UmwG, UmwStG § 20 UmwStG Rn. 87; *Weier* DStR 2008, 1002 (1005)

722 EuGH vom 15.01.2002, C-43/00, *Andersen og Jensen*, Slg. 2002, S. I-394 (I-407), Rn. 28

723 siehe IV. 6.2.

724 siehe Präambel der Richtlinie vom 19.10.2009, 2009/133/EG, ABl. 2009 L 310/34, Grund (4)

725 siehe IV. 6.2.

726 *Neumann* EStB 2002, 437 (441)

727 *Neumann* EStB 2002, 437 (441)

728 siehe IV. 6.2.

es bei der finanziellen Betrachtungsweise auf eine ganzheitliche Betrachtung an[729]. Dies wird im Umwandlungssteuererlass nicht berücksichtigt. Der dort formulierte Einbringungsumfang kann eine finanziell funktionsfähige Einheit nicht gewährleisten, da nicht gesichert ist, dass der übertragene Teilbetrieb mit den wirtschaftlich zuordenbaren Wirtschaftsgütern tatsächlich finanziell überlebensfähig ist.

Zudem stellt sich insbesondere die Frage, welche Konsequenz eine unzureichende Übertragung von wirtschaftlich zuordenbaren Wirtschaftsgütern haben soll. Zum Teil wird davon ausgegangen, dass die nach wirtschaftlichen Zusammenhängen zuordenbaren Wirtschaftsgüter nicht die gleiche Relevanz für die Übertragung des Teilbetriebs haben sollen, wie die funktional wesentlichen Betriebsgrundlagen[730]. Aus diesem Grund soll die fehlende Übertragung von diesen Wirtschaftsgütern lediglich zu der Aufdeckung der in diesen vorhandenen stillen Reserven führen und nicht zur Aufdeckung der stillen Reserven des gesamten Teilbetriebs[731]. Diese Auffassung bezieht sich jedoch auf einen früheren Entwurf des Umwandlungssteuererlasses, in dem die nach wirtschaftlichen Zusammenhängen zuordenbaren Wirtschaftsgüter nicht eindeutig zum notwendigen Einbringungsumfang gezählt wurden[732]. Im endgültigen Umwandlungssteuererlass 2011 heißt es dagegen ausdrücklich, dass sowohl die funktional wesentlichen Betriebsgrundlagen als auch die nach wirtschaftlichen Zusammenhängen zuordenbaren Wirtschaftsgüter für eine steuerneutrale Einbringung übertragen werden müssen[733]. Mit dieser Klarstellung ist eine Unterscheidung hinsichtlich der Konsequenzen bei der Zurückbehaltung von Wirtschaftsgütern nicht mehr tragbar[734].

Darüber hinaus geht die Finanzverwaltung davon aus, dass auch bei den nach wirtschaftlichen Zusammenhängen zuordenbaren Wirtschaftsgütern die Gesamtplanrechtsprechung[735] des BFH Anwendung findet[736]. Dies führt dazu, dass sich die Übertragung dieser Wirtschaftsgüter auch im Vorfeld von Einbringungen

729 siehe IV. 6.2.

730 *Rogall* NZG 2011, 810 (812)

731 *Rogall* NZG 2011, 810 (812)

732 *Rogall* NZG 2011, 810 (812)

733 BMF vom 11.11.2011, BStBl I 2011, 1314, Tz. 15.07, 20.06, 20.07, 24.03

734 *Heurung/Engel/Schröder* GmbHR 2012, 273 (274); *Schneider/Ruoff/Sistermann* FR 2012, 1 (7)

735 BFH vom 11.12.2001, VIII R 23/01, BStBl II 2004, 474; BFH vom 25.02.2010, IV R 49/08, BStBl II 2010, 726

736 BMF vom 11.11.2011, BStBl I 2011, 1314, Tz. 20.07, 24.03

steuerschädlich auswirken kann. Insofern wird der Gestaltungsspielraum für die Steuerpflichtigen erheblich eingeschränkt.

Die Einteilung in wirtschaftlich zuordenbare und in neutrale Wirtschaftsgüter schafft darüber hinaus neue Abgrenzungsprobleme, zumal es im Umwandlungssteuererlass an handhabbaren Kriterien fehlt[737]. Sobald ein aktives Wirtschaftsgut der betrieblichen Tätigkeit des Teilbetriebes dient, wäre es vom Einbringungsumfang erfasst[738]. Die passiven Wirtschaftsgüter müssten dem Teilbetrieb im Rahmen der wirtschaftlichen Betrachtung zugeordnet werden, soweit sie durch dessen betriebliche Tätigkeit veranlasst sind[739]. Selbiges dürfte auch auf Forderungen zutreffen, die im Zusammenhang mit der Tätigkeit des Teilbetriebes erwirtschaftet wurden[740]. Insbesondere bleibt die Frage ungeklärt, ob Kassenbestände oder Substitute hierzu wie beispielsweise Cash-Pool-Forderungen mit übertragen werden müssen[741].

Diese unklare Situation hinsichtlich der Abgrenzung des Einbringungsumfanges führt zu erheblichen Risiken bei einer Umwandlung, deren Steuerneutralität von der Auffassung abhängt, ob ein Wirtschaftsgut dem Teilbetrieb nach wirtschaftlichen Zusammenhängen zuordenbar ist[742]. Bereits wenn ein Wirtschaftsgut übersehen würde, hätte dies die Aufdeckung sämtlicher stiller Reserven des Teilbetriebs zur Folge[743]. Gleichzeitig wird die Einholung einer verbindlichen Auskunft nach § 89 Abs. 2 AO erschwert, da die zu berücksichtigenden Wirtschaftsgüter einen deutlich höheren Umfang haben und eine genaue Bestimmung des Sachverhaltes deswegen sehr aufwendig ist[744].

Widersprüchlich ist dabei außerdem, dass im Umwandlungssteuererlass hinsichtlich der Beurteilung des Teilbetriebsbegriffes auf das Urteil des BFH vom 07.04.2010, I R 96/08 verwiesen wird[745]. Dieses bezieht sich auf § 15 UmwStG

---

737 *Heurung/Engel/Schröder* GmbHR 2012, 273 (274)

738 *Schmitt* in Schmitt/Hörtnagl/Stratz, UmwG, UmwStG § 20 UmwStG Rn. 88

739 *Schell/Krohn* DB 2012, 1119 (1121); *Schmitt* in Schmitt/Hörtnagl/Stratz, UmwG, UmwStG § 20 UmwStG Rn. 88

740 *Schell/Krohn* DB 2012, 1119 (1121); *Schmitt* DStR 2011, 1108 (1109); *ders.* in Schmitt/Hörtnagl/Stratz, UmwG, UmwStG § 20 UmwStG Rn. 88

741 *Schell/Krohn* DB 2012, 1119 (1121); *Schmitt* in Schmitt/Hörtnagl/Stratz, UmwG, UmwStG § 20 UmwStG Rn. 88

742 *Heurung/Engel/Schröder* GmbHR 2012, 273 (274); *Schaflitzl/Götz* DB 2012, Beil. 1 zu Heft 2, S. 25 (35); *Schneider/Ruoff/Sistermann* FR 2012, 1 (7)

743 *Heurung/Engel/Schröder* GmbHR 2012, 273 (274); *Schneider/Ruoff/Sistermann* FR 2012, 1 (7)

744 *Schaflitzl/Götz* DB 2012, Beil. 1 zu Heft 2, S. 25 (35)

745 *Schmitt* in Schmitt/Hörtnagl/Stratz, UmwG, UmwStG § 20 UmwStG Rn. 88

1995 und geht daher auch ausschließlich von den funktional wesentlichen Betriebsgrundlagen als Einbringungsumfang aus[746].

Um die Abgrenzung des Einbringungsumfanges beim europäischen Teilbetriebsbegriff zu erleichtern, hat der deutsche Gesetzgeber außerdem gerade auf die funktional wesentlichen Betriebsgrundlagen verwiesen[747]. Dies hat die Finanzverwaltung insoweit berücksichtigt, als sie über die wirtschaftliche Zuordnung hinaus auch die funktional wesentlichen Betriebsgrundlagen zum Einbringungsumfang zählt. Dabei versucht sie die zum deutschen Teilbetriebsbegriff entwickelten Grundsätze in ihre Vorstellung vom europäischen Teilbetriebsbegriff zu integrieren[748]. Allerdings geht sie damit über die vom Gesetzgeber erwähnten Kriterien des Einbringungsumfanges hinaus. Die funktional wesentlichen Betriebsgrundlagen verlieren so erheblich an Bedeutung[749]. Es stellt sich die Frage, wieso aus Sicht der Finanzverwaltung überhaupt die funktional wesentlichen Betriebsgrundlagen berücksichtigt werden sollen. Es ist schließlich kaum vorstellbar, dass eine funktional wesentliche Betriebsgrundlage einem Teilbetrieb nicht auch wirtschaftlich zuordenbar ist. Angesichts der Tatsache, dass der Gesetzgeber die funktional wesentlichen Betriebsgrundlagen ausdrücklich nennt und die wirtschaftlich zuordenbaren Wirtschaftsgüter diese derart in den Hintergrund treten lassen, kann die Auffassung der Finanzverwaltung an dieser Stelle nur schwerlich mit der Gesetzesbegründung vereinbart werden.

Darüber hinaus bewirkt die Auffassung der Finanzverwaltung, dass es durch gänzlich unterschiedliche Einbringungsanforderungen zu einem Ungleichlauf im System der Einbringungsgegenstände kommt. Dabei geht die Finanzverwaltung davon aus, dass für den Betrieb[750] und den Mitunternehmeranteil[751] weiterhin ausschließlich die Kriterien der funktional wesentlichen Betriebsgrundlagen gelten.

Eine solche Divergenz der Einbringungsumfänge ist vom Gesetzgeber nicht gewollt, wie die ausdrückliche Erwähnung der funktionalen Betrachtungsweise beim Teilbetriebsbegriff in der Gesetzesbegründung zeigt[752]. Lediglich wenn kurzfristig wiederbeschaffbare Wirtschaftsgüter als funktional wesentlich angesehen werden, kann es zu Unterschieden kommen[753]. Dennoch kann durch die Konkretisierung

746 *Schmitt* in Schmitt/Hörtnagl/Stratz, UmwG, UmwStG § 20 UmwStG Rn. 88
747 BT-Drs. 16/2710 S. 42
748 *Blumers* BB 2011, 2204 (2207)
749 *Heurung/Engel/Schröder* GmbHR 2012, 273 (274)
750 BMF vom 11.11.2011, BStBl I 2011, 1314, Tz. 20.06
751 BMF vom 11.11.2011, BStBl I 2011, 1314, Tz. 20.10, 20.06
752 BT-Drs. 16/2710 S. 42
753 siehe IV. 7.

der funktionellen Teilbetriebsanforderungen durch die bisherige, funktionale Betrachtungsweise ein weitgehend gleichlaufendes Einbringungssystem erhalten werden[754]. Dem wird eine darüber hinaus geforderte Zuordnung von Wirtschaftsgütern nach wirtschaftlichen Zusammenhängen nicht gerecht.

Der weitreichende Einbringungsumfang schränkt die Gestaltungsmöglichkeiten bei der Umwandlung damit weiter ein[755]. Diese negativen Auswirkungen auf die Möglichkeiten der steuerneutralen Einbringung stehen im Widerspruch zum Willen des Gesetzgebers. Darüber hinaus kann ein solcher Einbringungsumfang im Anwendungsbereich der Fusionsrichtlinie nicht mit dieser vereinbart werden, da diese selbst geringere Anforderungen stellt.

4.5.7. Zuordnung neutraler Wirtschaftsgüter

Wirtschaftsgüter, die aus Sicht der Finanzverwaltung nicht zum Einbringungsumfang gehören, können frei zugeordnet werden[756]. Da dies aber nur für Wirtschaftsgüter gilt, die keine funktional wesentlichen Betriebsgrundlagen darstellen oder wirtschaftlich zuordenbar sind, bleibt nur noch ein kleiner Spielraum für das neutrale Vermögen. Daher kommt es zu erheblichen Einschränkungen bei der Gestaltung von Einbringungsvorgängen[757]. Tatsächlich gibt es beim europäischen Teilbetriebsbegriff jedoch weitaus mehr neutrales Vermögen als es die Finanzverwaltung darstellt[758]. Dabei wird allerdings das Problem der finanziellen Funktionsfähigkeit im Zusammenhang mit der Zuordnung von Verbindlichkeiten[759] nicht problematisiert.

Richtigerweise geht die Finanzverwaltung davon aus, dass auch im Rahmen von Teilbetriebseinbringungen die Möglichkeit von anderen Gegenleistungen als Gesellschaftsanteilen besteht[760]. Insofern wird berücksichtigt, dass die Regelung des § 20 Abs. 2 S. 4 UmwStG zulässigerweise von den Vorgaben der Fusionsrichtlinie abweicht[761]. Daher können auch Verbindlichkeiten mit übertragen werden, die nicht im Zusammenhang mit dem Teilbetrieb stehen.

---

754 siehe V. 4.1.4.

755 *Heurung/Engel/Schröder* GmbHR 2012, 273 (274)

756 BMF vom 11.11.2011, BStBl I 2011, 1314, Tz. 15.09, 20.06, 24.03

757 *Heurung/Engel/Schröder* GmbHR 2012, 273 (274)

758 siehe IV. 6.3.

759 siehe IV. 6.3.

760 BMF vom 11.11.2011, BStBl I 2011, 1314, Tz. E 20.11

761 siehe V. 4.4.2.

Entgegen der Auffassung der Finanzverwaltung ist die Zuordnung von in wirtschaftlichem Zusammenhang stehenden Verbindlichkeiten allerdings nicht verpflichtend, sondern optional möglich.

4.5.8. Nutzungsüberlassung

Die bloße Nutzungsüberlassung von Wirtschaftsgütern wird von der Finanzverwaltung als unzureichend erachtet, lediglich die Verschaffung des wirtschaftlichen Eigentums genüge den Anforderungen einer Einbringung[762]. Dabei wird auf das Urteil des BFH vom 07.04.2010, I R 96/08 verwiesen, in dem dieser obiter dictum eine Nutzungsüberlassung auch im Rahmen der Fusionsrichtlinie nicht für ausreichend hält[763].

Wie bereits dargestellt, ist für die Übertragung eines Teilbetriebes auch nach europäischem Maßstab eine Nutzungsüberlassung nicht ausreichend, da der einbringende Eigentümer alles übertragen muss, was ihm selbst zur Verfügung steht[764].

4.5.9. Zusammenfassung

Die Auffassung der Finanzverwaltung ist hinsichtlich der Kernaussage zutreffend, dass der Teilbetriebsbegriff der Einbringungstatbestände einheitlich auszulegen ist und dabei nach der Fusionsrichtlinie beurteilt werden muss. Bei der konkreten Auslegung des Teilbetriebsbegriffes kommt der Umwandlungssteuererlass jedoch in mehrfacher Hinsicht in Konflikt mit dem Willen des Gesetzgebers und mit der Fusionsrichtlinie.

Der Zeitpunkt, wann ein Teilbetrieb für die Rückwirkungsregelungen vorliegen muss, wird impraktikabel vorverlegt. Dies ist entgegen der Auffassung der Finanzverwaltung keineswegs durch die Fusionsrichtlinie indiziert. Vielmehr wird dadurch die steuerneutrale Einbringung unnötig erschwert.

Hinsichtlich des Einbringungsumfanges stellt die Finanzverwaltung über die funktional wesentlichen Betriebsgrundlagen hinaus auf die wirtschaftlich zuordenbaren Wirtschaftsgüter ab. Auch dies entspricht weder der Fusionsrichtlinie, noch dem Willen des Gesetzgebers.

Eine Nutzungsüberlassung von Wirtschaftsgütern wird für eine Übertragung zurecht als nicht ausreichend angesehen.

---

762 BMF vom 11.11.2011, BStBl I 2011, 1314, Tz. 15.07, 20.06, 24.03

763 BFH vom 07.04.2010, I R 96/08, BStBl II 2011, 467 Rn. 30

764 siehe IV. 6.4.

5. Der Teilbetriebsbegriff in § 24 UmwStG

Die bessere Handhabbarkeit der Einbringungstatbestände spricht für eine grundsätzlich einheitliche Anwendung des Teilbetriebsbegriffes in den §§ 20 und 24 UmwStG.

Deutsche Personengesellschaften sind nach Art. 3 lit. a iVm Anhang I Teil A lit. f FRL nicht von der Fusionsrichtlinie privilegiert. Deswegen unterliegen Einbringungen nach § 24 UmwStG in diese Gesellschaften nicht der Richtlinie. Zudem kann es vorkommen, dass Gesellschaften aus Anhang I Teil A FRL in anderen Mitgliedstaaten als steuerlich transparent angesehen werden. In diesem Fall sieht der deutsche Gesetzgeber vor, dass auf Einbringungen in oder von Gesellschaften aus dem Anhang I Teil A FRL, die nach dem Recht der Bundesrepublik Deutschland als steuerlich transparent anzusehen sind, § 24 UmwStG anzuwenden ist[765]. In Art. 11 Abs. 3 FRL wird die Möglichkeit gegeben, in solchen Fällen von der Richtlinie abzuweichen. Daher könnte der Gesetzgeber auch dann auf den deutschen Teilbetriebsbegriff zurückgreifen, wenn er, wie geschehen, § 24 UmwStG auf ausländische Personengesellschaften anwendet.

Allerdings nimmt die Gesetzesbegründung keine grundsätzliche Differenzierung vor, mit Ausnahme der 100%igen Beteiligung an einer Kapitalgesellschaft, die, wie bereits zuvor[766], vom Teilbetriebsbegriff des § 24 UmwStG erfasst sein soll[767]. Dem deutschen Gesetzgeber ist es wegen der Abweichungsmöglichkeit in Art. 11 Abs. 3 FRL auch bei grenzüberschreitenden Einbringungen unbenommen, die steuerneutrale Einbringung von 100%igen Beteiligungen an Kapitalgesellschaften als fiktive Teilbetriebe zuzulassen[768]. Im Übrigen findet sich jedoch kein Hinweis in der Gesetzesbegründung darauf, dass von der Abweichungsregel Gebrauch gemacht wird. Insofern liegt es nahe, dass der Gesetzgeber, zumindest in den Fällen, in denen § 24 UmwStG auf Gesellschaften aus Anhang I Teil A FRL anwendbar ist, den europäischen Teilbetriebsbegriff vorsieht.

Der Gesetzeswortlaut in § 20 Abs. 1 und § 24 Abs. 1 UmwStG, der die Einbringungsgegenstände gleichlautend aufzählt, lässt keine Unterscheidung erkennen, sodass dies für einen einheitlichen Teilbetriebsbegriff für sämtliche Anwendungs-

---

765 BT-Drs. 16/2710 S. 50

766 BMF vom 16.6.1978, BStBl I 1978, 235, Tz. 81; BMF vom 25.03.1998, BStBl I 1998, 268, Tz. 24.03; zu § 24 UmwStG 2006: BT-Drs. 16/2710 S. 50; *Rasche* GmbHR 2007, 793 f.; *Schmitt* in Schmitt/Hörtnagl/Stratz, UmwG, UmwStG § 24 UmwStG Rn. 75; abweichend BFH vom 17.7.2008, I R 77/06, BStBl II 2009, 464

767 BT-Drs. 16/2710 S. 50

768 zu § 15 UmwStG: *Schumacher* DStR 2008, 325 (327)

fälle spricht. Davon geht auch die Finanzverwaltung im Umwandlungssteuererlass 2011 aus[769]. Die Aussage des Gesetzgebers, ein einheitliches Einbringungssystem schaffen zu wollen, bezieht sich ausdrücklich auf den sechsten bis achten Teil des UmwStG[770] und damit auch auf den vom siebten Teil umfassten § 24 UmwStG. Daher kann auch bei Einbringungen nach § 24 Abs. 1 UmwStG vom europäischen Teilbetriebsbegriff ausgegangen werden.

769 BMF vom 11.11.2011, BStBl I 2011, 1314, Tz. 24.03
770 BT-Drs. 16/2710 S. 42

VI. Zusammenfassung der Ergebnisse

1. Zwischen dem deutschen Teilbetriebsbegriff und dem europäischen Teilbetriebsbegriff bestehen in mehrfacher Hinsicht Unterschiede. Zum einen besteht bei Beiden ein unterschiedliches Verständnis, was die Selbstständigkeit des Teilbetriebes betrifft. Während sich nach deutschem Verständnis die Tätigkeit des Teilbetriebes vom restlichen Betrieb unterscheiden muss, kommt es hierauf nach dem Begriff der Fusionsrichtlinie nicht an. Dort ist die Funktionsfähigkeit des Teilbetriebes das entscheidende Merkmal. Diese überschneidet sich größtenteils mit dem Merkmal der Lebensfähigkeit im Sinne des deutschen Teilbetriebsbegriffes. Eine organische Geschlossenheit als eigenständiges Merkmal gibt es beim europäischen Begriff nicht. Allerdings beinhaltet die Funktionsfähigkeit auch ein finanzielles Element, dass beim deutschen Begriff fehlt. Die Fusionsrichtlinie unterscheidet dabei nicht zwischen dem Vorliegen und der Einbringung des Teilbetriebes. Daher wird der Einbringungsumfang beim europäischen Begriff schon durch die Voraussetzungen des Teilbetriebes definiert. Es wird durch das Kriterium der Funktionsfähigkeit festgelegt, welche Wirtschaftsgüter zum Teilbetrieb gehören und daher übertragen werden müssen.
   Die Zuordnung von Verbindlichkeiten ist im Rahmen des europäischen Teilbetriebes nur möglich, falls sich dies mangels wirtschaftlichen Zusammenhangs nicht als unzulässige Gegenleistung darstellt. Zudem muss die finanzielle Funktionsfähigkeit des Teilbetriebs gewahrt bleiben.
   Hinsichtlich einer bloßen Nutzungsüberlassung von Wirtschaftsgütern ist dies bei beiden Teilbetriebsverständnissen für eine Übertragung nicht ausreichend.
2. Bei einer überschießenden Umsetzung der Fusionsrichtlinie im Sinne einer einheitlichen Übernahme des europäischen Teilbetriebsbegriffes bestehen hinsichtlich der Auslegung des Begriffes, auch bei rein inländischen Sachverhalten, dieselben Vorlagerechte und Vorlagepflichten wie bei Vorgängen, die von der Richtlinie erfasst sind.
3. Die Fusionsrichtlinie lässt grundsätzlich auch zugunsten der Steuerpflichtigen abweichende Regelungen zu. Insofern ist im Anwendungsbereich der Richtlinie auch eine Erleichterung der Einbringungsvorgänge möglich.
4. Eine gespaltene Auslegung des Teilbetriebsbegriffes ist in mehrfacher Hinsicht problematisch. Zum einen verstößt eine solche unterschiedliche Behandlung gegen die Niederlassungs- und Kapitalverkehrsfreiheit. Zum anderen ist die

Ungleichbehandlung nicht mit dem allgemeinen Gleichheitssatz des Art. 3 Abs. 1 GG vereinbar. Darüber hinaus spricht die Systematik des Gesetzes für eine einheitliche Anwendung des Teilbetriebsbegriffes. Auch aus der Gesetzesbegründung lässt sich eine gespaltene Auslegung nicht ableiten.

5. Eine wahlweise Anwendung von deutschem und europäischem Teilbetriebsbegriff im Sinne einer Meistbegünstigungslösung ist nicht im Gesetz angelegt. Die zusätzliche Anwendung des deutschen Teilbetriebsbegriffes auf Sachverhalte, die von der Fusionsrichtlinie erfasst sind, würde den Umsetzungspflichten des deutschen Gesetzgebers nicht widersprechen. Allerdings lässt sich weder aus der Gesetzessystematik noch aus der Gesetzesbegründung entnehmen, dass die Anzahl der möglichen Einbringungsgegenstände erweitert werden soll. Ein alternatives Nebeneinander von deutschem und europäischem Teilbetriebsbegriff käme jedoch einer solchen Erweiterung der Einbringungsgegenstände gleich.
6. Die einheitliche Anwendung des europäischen Teilbetriebsbegriffes stößt weder auf verfassungsrechtliche noch auf europarechtliche Bedenken. Auch die grundsätzliche Systematik des Umwandlungssteuergesetzes spricht für eine einheitliche Anwendung des europäischen Teilbetriebsbegriffes. Hinsichtlich der Erforderlichkeit der Gewährung neuer Anteile und der Regelung des § 22 UmwStG bestehen jedoch Widersprüche zu den Vorgaben der Fusionsrichtlinie.
7. Die Regelung des § 20 Abs. 2 S. 4 UmwStG ist als zulässige Abweichung des Gesetzgebers zugunsten der Steuerpflichtigen von den Vorgaben der Fusionsrichtlinie zu sehen. Insofern besteht die Möglichkeit zusätzlicher Gegenleistungen bei der Einbringung.
8. Die Aussage des Gesetzgebers zu der Bestimmung der wesentlichen Betriebsgrundlagen durch die funktionale Betrachtungsweise, ist als Auslegungshilfe zur Bestimmung der Anforderungen an die Funktionsfähigkeit im Rahmen des europäischen Teilbetriebsbegriffes zu sehen. Eine Abweichung von den Regelungen der Fusionsrichtlinie ist hierdurch nicht bezweckt worden. Entgegen der bisherigen, funktionalen Betrachtungsweise können dabei Wirtschaftsgüter nicht mehr allein deshalb aus dem Einbringungsumfang fallen, weil sie kurzfristig wiederbeschaffbar sind.
9. Der europäische Teilbetriebsbegriff wird vom deutschen Gesetzgeber für sämtliche von §§ 20 und 24 UmwStG erfassten Sachverhalte vorgesehen.
10. Die Unsicherheiten hinsichtlich der Anforderungen an Teilbetriebe in den Einbringungstatbeständen konnte auch der Umwandlungssteuererlass 2011 nur bedingt ausräumen. Zwar stellt dieser richtigerweise beim

anzuwendenden Teilbetriebsbegriff auf die Definition der Fusionsrichtlinie ab, im Detail werden die genaue Voraussetzungen jedoch nur ungenügend dargestellt. Die Finanzverwaltung wendet dabei in mehrfacher Hinsicht eine sehr enge Auslegung des Begriffes an. Eine Zuordnung jeglicher, in wirtschaftlichem Zusammenhang mit dem Teilbetrieb stehender, Wirtschaftsgüter ist entgegen ihrer Auffassung nicht im Rahmen des europäischen Teilbetriebsbegriffes erforderlich. Ebenso gebietet die Fusionsrichtlinie nicht, die Rückbeziehungsvorschriften des Umwandlungssteuergesetzes so auszulegen, dass die Voraussetzungen des Teilbetriebes bereits zum steuerlichen Übertragungsstichtag vorliegen müssen.

Literatur

Bärenz, Christian: Die Auslegung der überschießenden Umsetzung von Richtlinien am Beispiel des Gesetzes zur Modernisierung des Schuldrechts, DB 2003, 375

Bärenz, Christian: Gemeinschaftsrechtliche und nationale Vorlagepflichten des BFH im Handelsbilanzrecht, StuB 2001, 862

Bärenz, Christian: Keine gemeinschaftsrechtliche Vorlagepflicht des BFH gemäß Art. 234 EGV im Bilanzsteuerrecht, DStR 2001, 692

Bärenz, Christian: Der EuGH und das deutsche Steuerbilanzrecht, Anmerkung zum Urteil des EuGH vom 7.1.2003, C-306/99, BIAO, DStR 2003, 492

Beinert, Stefanie/Benecke, Andreas: Internationale Aspekte der Umstrukturierung von Unternehmen, FR 2010, 1009

Benz, Sebastian/Rosenberg, Oliver: Ausgewählte Problemfragen im Zusammenhang mit Einbringungen nach §§ 20 ff. UmwStG, DB 2011, 1354

Birk, Dieter: Steuerrecht, C.F. Müller Verlag, 14. Auflage, Heidelberg, 2011. Zitiert: *Birk*, Steurrecht, Rn. […]

Blumers, Wolfgang: Probleme der Auslegung europäischer Richtlinien, ZGR 1992, 364

Blumers, Wolfgang: Die Teilbetriebe des Umwandlungssteuerrechts, DB 2001, 722

Blumers, Wolfgang: Ausgliederung und Spaltung und wesentliche Betriebsgrundlagen, DB 1995, 496 ff.

Blumers, Wolfgang: Ausgliederung und Spaltung und wesentliche Betriebsgrundlagen, BB 1995, 1821 ff.

Blumers, Wolfgang: Funktionsverlagerung per Transferpaket, BB 2007, 1757

Blumers, Wolfgang: Europäische Umwandlungen mit Teilbetrieben, BB 2008, 2041 (2044)

Blumers, Wolfgang: Teilbetriebe und wesentliche Betriebsgrundlagen, DB 2010, 1670

Blumers, Wolfgang: Der Teilbetriebsbegriff im neuen Umwandlungssteuererlass-Entwurf, BB 2011, 2204

Bleckmann, Albert: Europarecht, Carl Heymanns Verlag, 6. Auflage, Köln, 1997

Brandner, Gert: Die überschießende Umsetzung von Richtlinien, Peter Lang Europäischer Verlag der Wissenschaften, Frankfurt am Main, 2003

Calliess, Christian/Ruffert, Matthias: EUV/AEUV; C.H.Beck, 4. Auflage München, 2011. Zitiert: *Bearbeiter* in Calliess/Ruffert, EUV/AEUV, Art […], Rn. […]

Claß, Günther/Wegemann, Hans: Ein neues Teilbetriebsverständnis im Umwandlungssteuerrecht - entscheidet zukünftig der EuGH?, BB 2012, 552

Desens, Marc: Steuerrechtliche Zweifelsfragen bei Einbringungen in Kapitalgesellschaften, Beihefter zu DStR 46, 2010, 80

Dötsch, Ewald/Patt, Joachim/Pung, Alexandra/ Möhlenbrock, Rolf: Umwandlungssteuerrecht, Schäffer-Pöschl Verlag, 6. Auflage 2007. Zitiert: *Bearbeiter* in Dötsch/Patt/Pung/Möhlenbrock, Umwandlungssteuerrecht

Engisch, Karl: Einführung in das juristische Denken, Verlag W. Kohlhammer, 10. Auflage, Köln, 2010

Epiney, Astrid: Umgekehrte Diskriminierungen, Carl Heymanns Verlag, Berlin, 1995

Förster, Guido/Wendland, Jan: Einbringung von Untenrehmensteilen in Kapitalgesellschaften - Auswirkungen des SEStEG auf Umwandlungsvorgänge, BB 2007, 631

Gille, Michael: Missbrauchstypisierungen im neuen Umwandlungssteuerrecht: Verstoß gegen die Fusionsrichtlinie?, IStR 2007, 194

Goebel, Sören/Ungemach, Markus/Seidenfad, Steffi: Der Teilbetrieb im Ertragsteuerrecht - ein praxisrelevanter Überblick, DStZ 2009, 354

Grabitz, Eberhard/Hilf, Meinhard/Nettesheim, Martin: Das Recht der Europäischen Union, Loseblattsammlung; C.H.Beck Verlag, München, 51. Ergänzungslieferung, Stand September 2013. Zitiert: *Bearbeiter* in Grabitz/Hilf, Art [...] Rn. [...]

Graw, Christian: Der Teilbetrieb im Umwandlungssteuerrecht nach dem Umwandlungssteuer-Erlass 2011, DB 2013, 1011

Graw, Christian: Der Teilbetrieb im Umwandlungssteuerrecht nach dem Umwandlungssteuer-Erlass 2011, IFSt-Schrift Nr. 488 (2013), Institut für Finanzen und Steuern e.V., Berlin 2013

von der Groeben, Hans/Schwarze, Jürgen: Kommentar zum EU-/EG-Vertrag, 6. Auflage, Baden-Baden 2003. Zitiert: *Bearbeiter* in von der Groeben/ Schwarze, Art [...] Rn. [...]

Haarmann, Wilhelm: Der Begriff des Teilbetriebs im deutschen Steuerrecht, Festschrift für Siegfried Widmann, S. 375, Stollfuß Verlag, Bonn, 2000

Habersack, Mathias/Mayer, Christian: Die überschießende Umsetzung von Richtlinien, JZ 1999, 913

Hahn, Hartmut: Die Veräußerung spaltungsgeborener Anteile, Überlegungen zu BFH vom 3.8.2005 und zur Spaltungsregelung nach dem SEStEG, GmbHR 2006, 462

Haller, Heiko Alexander: Die Verrechnung von Vor- und Nachteilen im Rahmen von Art. 3 Abs. 1 GG, Duncker & Humblot Verlag, Berlin, 2006

Hammerl, Christoph: Inländerdiskriminierung, Duncker & Humblot Verlag, Berlin, 1996

Haritz, Detlev/Menner, Stefan: Umwandlungssteuergesetz, C.H.Beck Verlag, 3. Auflage, München 2010, Menner in Haritz/Menner, UmwStG, § 20 Rn. 13

Hennrichs, Joachim: Die Bedeutung der EG-Bilanzrichtlinie für das deutsche Handelsbilanzrecht, ZGR 1997, 66

Herrlinghaus, Andreas: Wie weit geht die europarechtskonforme Auslegung des umwandlungssteuerrechtlichen Teilbetriebsbegriffs, FS Meilike S. 159, Nomos Verlag, Baden-Baden 2010

Herzig, Norbert: Der Einfluß des EG-Rechts auf den Teilbetriebsbegriff, IstR 1994, 1

Herzig, Norbert/Förster, Guido: Problembereiche bei der Auf- und Abspaltung von Kapitalgesellschaften nach neuem Umwandlungsrecht, DB 1995, 338

Herzig, Norbert/Momen, Leila: Die Spaltung von Kapitalgesellschaften im neuen Umwandlungssteuergesetz (Teil I), DB 1994, 2157

Herzig, Norbert/Förster, Guido: Steueränderungsgesetz 1992: Die Umsetzung der Fusionsrichtlinie in deutsches Steuerrecht, DB 1992, 911

Herzig, Norbert/Förster, Guido: Grenzüberschreitende Verschmelzung von Kapitalgesellschaften, DB 1994, 1

Hess, Burkhard: Rechtsfragen des Vorabentscheidungsverfahrens, RabelsZ 66, 470

Heuermann, Bernd/Brandis, Peter: Blümich EStG, KStG, GewStG und Nebengesetze; C.H.Beck Verlag, München, 120. Ergänzungslieferung, August 2013. Zitiert: *Bearbeiter* in Blümich, EStG, KStG, GewStG und Nebengesetze, § […] UmwStG Rn. […]

Heurung, Rainer/Engel, Benjamin/Schröder, Sebastian: Ausgewählte Zweifels- und Praxisfragen zur Spaltung nach dem UmwSt-Erlass 2011, GmbHR 2012, 273 (274)

Hey, Johanna: Saldierung von Vor- und Nachteilen in der Rechtfertigung von Grundrechtseingriffen und Ungleichbehandlungen, AöR 128 (2003), 226

Hörger, Helmut: Wesentliche Betriebsgrundlagen und quantitative Betrachtungsweise, DB 1987, 349 (350)

Hörger, Helmut/Schulz, Andreas: Normspezifische Auslegung des Begriffs „wesentliche Betriebsgrundlage", DStR 1998, 233

Hübschmann, Walter/Hepp, Ernst/Spitaler, Armin: Umwandlungssteuergesetz, Verlag Dr. Otto Schmidt, Köln, 237. Aktualisierung 2016. Zitiert: *Bearbeiter* in Hübschmann/Hepp/Spitaler, AO § […] Rn. […]

Hundertmark, Dedo/Irrgang, Werner: Der Teilbetrieb im Steuerrecht, BB 1972, 653

Kessler, Wolfgang/Philipp, Moritz: Steuerlicher Übertragungsstichtag als maßgeblicher Zeitpunkt für das Vorliegen der Teilbetriebsvoraussetzung?, DStR 2011, 1065

Jarras, Hans/Beljin, Sasa: Unmittelbare Anwendung des EG-Rechts und EG-rechtskonforme Auslegung, JZ 2003, 769

Klinke, Ulrich: Europäisches Unternehmensrecht und EuGH - Die Rechtsprechung in den Jahren 1996–1997, ZGR 1998, 212

Lach, Andreas: Umgekehrte Diskriminierungen im Gemeinschaftsrecht, Peter Lang Europäischer Verlag der Wissenschaften, Frankfurt am Main, 2008

Langheim, Hagen: Die Einbringung von Unternehmensteilen nach der Fusionsrichtlinie und ihre Umsetzung im Deutschen Umwandlungsgesetz – Unter besonderer Berücksichtigung des europäischen Teilbetriebsbegriffs –, Würzburger Rechtswissenschaftliche Schriften, Band 76, Ergon Verlag, Würzburg, 2008

Lutter, Marcus: Zum Umfang der Bindung durch Richtlinien, Festschrift für Ulrich Everling, Nomos Verlag, Baden-Baden, 1995, S. 765

Lutter, Marcus: Zur Überschießenden Umsetzng von Richtlinien der EU, Gedächtnisschrift für Meinhard Heinze, C.H.Beck Verlag, München 2005, S. 572

Magnus, Ulrich: Zweispurigkeit im Binnenmarkt, JZ 1990, 1100

Maunz, Theodor/Dürig, Günter: Grundgesetz, Loseblatt-Kommentar, C.H.Beck Verlag, München, 69. Ergänzungslieferung, Mai 2013. Zitiert: *Bearbeiter* in Maunz/Dürig, Art. […], Rn. […]

Mayer, Christian/Schürnbrand, Jan: Einheitlich oder gespalten? - Zur Auslegung nationalen Rechts bei überschießender Umsetzung von Richtlinien, JZ 2004, 545

Menner, Stefan/Broer, Frank: Europäischer Teilbetriebsbegriff und Zuordnung von Wirtschaftsgütern, DB 2002, 815

Menner, Stefan/Broer, Frank: Begünstigte Betriebsteile im Ertrag- und Umsatzsteuerrecht, BB 2003, 229

Neumann, Steffen: Der Teilbetrieb, Gründe für seine Reformbedürftigkeit, EStB 2002, 437

Papier, Hans-Jürgen: Die überörtliche Anwaltssozietät aus der Sicht des Verfassungs- und Gemeinschaftsrechts, JZ 1990, 253

Patt, Joachim: Zur Bestimmung des steuerlichen Begriffs der wesentlichen Betriebsgrundlage - Entwicklungstendenzen in der BFH-Rechtsprechung, DStR 1996, 1585

Rasche, Ralf: Stellt eine das gesamte Nennkapital einer Kapitalgesellschaft umfassende Beteiligung einen (fiktiven) Teilbetrieb i.S.d. § 24 Abs. 1 UmwStG dar?, GmbHR 2007, 793

Rasche, Ralf: Einbringung von Unternehmensteilen in Kapitalgesellschaften oder Genossenschaften nach dem UmwSt-Erlass 2011, GmbHR 2012, 149

Radke, Britta: Autonome Harmonisierung des Gemeinschaftsrechts, Herbert Utz Verlag, München, 2006

Rödder, Thomas/Beckmann, Klaus: Ein neues Teilbetriebsverständnis im Umwandlungsteuergesetz tut not!, DStR 1999, 751

Rödder, Thomas/Herlinghaus, Andreas/van Lishaut, Ingo: Umwandlungssteuergesetz, Verlag Dr. Otto Schmidt, Köln, 2008. Zitiert: *Bearbeiter* in Rödder/Herlinghaus/vanLishaut, UmwStG § […] Rn. […]

Rogall, Matthias: Sonderbetriebsvermögen und der Konflikt zwischen Einbringung eines Teilbetriebs und Einbringung eines Teil-Mitunternehmeranteils nach §§ 20 und 24 UmwStG, DB 2005, 410

Rogall, Matthias: Wesentliche Aspekte des neuen Umwandlungssteuererlasses, NZG 2011, 810

Roth, Wulf-Henning: Europäisches und nationales Recht, 50 Jahre Bundesgerichtshof, Festgabe aus der Wissenschaft, C.H.Beck Verlag, München 2000, S. 847

Schaflitzl, Andreas/Götz, Christoph: Verschmelzungen zwischen Kapitalgesellschaften, Spaltungen von Kapitalgesellschaften und damit verbundene gewerbesteuerliche Regelungen, DB 2012, Beil. 1 zu Heft 2, S. 25

Schell, Matthias/Krohn, Dirk: Ausgewählte praxisrelevante „Fallstricke" des UmwStE 2011 (Teil 2), DB 2012, 1119

Schilling, Theodor: Gleichheitssatz und Inländerdiskriminierung, JZ 1994, 8

Schneider, Norbert/Ruoff, Christian/Sistermann, Christian: Brennpunkte des Umwandlungssteuer-Erlasses 2011, FR 2012, 1

Schumacher, Anreas/Neumann, Ralf: Ausgewählte Zweifelsfragen zur Auf- und Abspaltung von Kapitalgesellschaften und Einbringung von Unternehmensteilen in Kapitalgesellschaften, DStR 2008, 325

Schmid, Martina: Die Grenzen der Auslegungskompetenz des EuGH im Vorabentscheidungsverfahren nach Art. 234 EG, Peter Lang Europäischer Verlag der Wissenschaften, Frankfurt am Main, 2005

Schmitt, Joachim/Hörtnagl, Robert/Stratz, Rolf-Christian: UmwG, UmwStG, C.H.Beck Verlag, 5. Auflage, München 2009

Schmitt, Joachim: Auf- und Abspaltung von Kapitalgesellschaften - Anmerkungen zum Entwurf des Umwandlungssteuererlasses, DStR 2011, 1108

Schmitt, Joachim: Grundlagen des Umwandlungssteuerrechts, 2009, Manuskript, unveröffentlicht

Schnorbus, York: Autonome Harmonisierung in den Mitgliedstaaten durch die Inkorporation von Gemeinschaftsrecht, RabelsZ 65, 654

Stangl, Ingo/Grundke, Matthias: Zeitpunkt des Vorliegens eines Teilbetriebs, DB 2010, 1851

Strobl-Haarmann, Elisabeth: Der Teilbetrieb der Fusionsrichtlinie und seine Umsetzung im deutschen Recht, Festschrift für Siegfried Widmann zum 65. Geburtstag am 22. Mai 2000, Stollfuß Verlag, Bonn 2000, S. 553

Sydow, Sabine: Neues bei der Exit-Tax: EuGH erklärt Fünftelungsregelung zur Besteuerung stiller Reserven und Bankgarantien für unionsrechtskonform, DB 2014, 265

Thiel, Jochen: Die Spaltung (Teilverschmelzung) im Umwandlungsgesetz und im Umwandlungssteuergesetz - neue Möglichkeiten zur erfolgsneutralen Umstrukturierung von Kapitalgesellschaften, DStR 1995, 237

Tiedtke, Klaus: Die Veräußerung eines Teilbetriebes im Sinne der §§ 16 Abs 1 Nr 1 und 34 Abs 2 Nr 1 EStG, DStR 1979, 543

Tiedtke, Klaus: Voraussetzungen einer Betriebsveräußerung im ganzen und einer Teilbetriebsveräußerung bzw. -aufgabe, FR 1985, 298

Thömmes, Otmar: Der Teilbetriebsbegriff der EG-Fusionrichtlinie, Festschrift für Siegfried Widmann zum 65. Geburtstag am 22. Mai 2000, Stollfuß Verlag, Bonn 2000, S. 583

Thömmes, Otmar: Anmerkung zum Urteil vom 15.1.2002 in der RS. C-43/00 (Andersen og Jensen), IWB 2002, Fach 11a, S. 564

Thömmes, Ottmar/Schulz, Anreas/Eismayr, Rainer/Müller, Stefanie: Kritische Anmerkungen zum SEStGBelG, IWB 2002, Fach 11, Gruppe 2, S. 747

Wagner, Matthias: Das Konzept der Mindestharmonisierung, Duncker und Humblot Verlag, Berlin, 2001

Wälzholz, Eckhard: Der Teilbetriebsbegriff im Steuerrecht, Ergon Verlag, Würzburg, 1999. Zitiert: *Wälzholz*, Der Teilbetriebsbegriff im Steuerrecht, S. […]

Wassermeyer, Franz: Zum Begriff des Teilbetriebs im Steuerrecht, EuzW 1992, 738

Weier, Dagmar: Der deutsche Teilbetrieb wird europäisch, DStR 2008, 1002

Widmann, Siegfried/Mayer, Dieter: Umwandlungsrecht, Umwandlungsgesetz, Umwandlungssteuergesetz, Loseblattsammlung, Verlag C.H.Beck, Stand September 2013

Bundestagsdrucksachen

Bundestagsdrucksache 16/2710
Bundestagsdrucksache 16/3315

BMF-Schreiben

BMF vom 25.03.1998 BStBl I 1998, 268 Tz. 20.08

BMF vom 11.11.2011, BStBl I 2011, 1314

Urteile

RFH

RFH vom 20.06.1928, VI A 273/28, RStBl 1928, 344

RFH vom 06.11.1929, VI A 1470/29, RStBl 1930, 39

RFH vom 01.07.1931, VI A 140, StuW 1931, 1721

RFH vom 09.05.1933, VI A 434/30, RStBl 1933, 999

RFH vom 12.04.1934, VI A 1559/32, RFHE 36, 171

RFH vom 24.07.1935, VI A 639/33, RStBl 1935, 1467

BFH

BFH vom 04.02.1954, IV 347/53 S, BFHE 58, 528

BFH vom 24.03.1959, I 205/57 U, BFHE 69, 72

BFH vom 28.07.1960, IV 27/59 U, BFHE 71, 411

BFH vom 09.12.1960, IV 67/58 U, BFHE 72, 331

BFH vom 13.07.1965, I 167/59 U, BFHE 83, 390

BFH vom 08.12.1971, I R 219/69, BStBl II 1972, 377

BFH vom 29.03.1972, I R 43/69, BStBl II 1972, 537

BFH vom 04.07.1973, I R 154/71, BStBl II 1973, 838

BFH vom 12.12.1973, I R 122/72, BStBl II 1974, 208

BFH vom 19.02.1976, IV R 179/72, BStBl II 1976, 415

BFH vom 26.01.1977, VIII R 109/75, BStBl II 1977, 283

BFH vom 26.04.1979, IV R 119/76, BStBl II 1979, 557

BFH vom 19.01.1983, I R 57/79, BStBl II 1983, 312

BFH vom 09.12.1986, VIII R 26/80, BStBl II 1987, 342

BFH vom 23.11.1988, X R 1/86, BStBl II 1989, 376

BFH vom 12.04.1989, I R 105/85, BStBl II 1989, 653

BFH vom 24.08.1989, IV R 135/86, BStBl II 1989, 1014

BFH vom 31.10.1990, I R 46/88, BStBl II 1991, 370

BFH vom 26.01.1994, III R 39/91, BStBl II 1994, 458

BFH vom 03.02.1994, III R 23/89, BStBl II 1994, 709

BFH vom 27.10.1994, I R 107/93, BStBl II 1995 S. 403

BFH vom 26.11.1994, IV R 6/91, BFH/NV 1994, 240

BFH vom 13.02.1996, VIII R 39/92, BStBl II 1996, 409
BFH vom 16.02.1996, I R 183/94, BStBl II 1996, 342
BFH vom 09.10.1996, XI R 71/95, BStBl II 1997, 236
BFH vom 12.06.1996, XI R 56, 57/95, XI R 56/95, XI R 57/95
BStBl II 1996, 527
BFH vom 18.12.1996, XI R 63/96, BStBl II 1997, 573
BFH vom 17.04.1997, VIII R 2/95, BStBl II 1998, 388
BFH vom 02.10.1997, IV R 84/96, BStBl II 1998, 104
BFH vom 18.06.1998, IV R 56/97, BStBl II 1998, 735
BFH vom 27.01.2000, IV R 33/99, BStBl II 2000, 227
BFH vom 10.10.2001, VI R 35/00, DStRE 2002, 423
BFH vom 11.12.2001, VIII R 23/01, BStBl II 2004, 474
BFH vom 05.06.2003, IV R 18/02, BStBl II 2003, 838
BFH vom 14.03.2006, VIII R 80/03, BStBl II 2006, 591
BFH vom 04.07.2007, X R 49/06, BStBl II 2007, 772
BFH vom 11.10.2007, X R 39/04, BStBl II 2008, 220
BFH vom 25.02.2010, IV R 49/08, BStBl II 2010, 726
BFH vom 18.08.2009, X R 20/06, BStBl II 2010, 222
BFH vom 07.04.2010, I R 96/08, BFHE 229, 179

EuGH

EuGH vom 04.12.1974, 41/74, *Van Duyn/Home Office*, Slg. 1974, S. 1337
EuGH vom 28.10.1975, 36/75, *Rutili*, Slg. 1975, S. 1219
EuGH vom 27.10.1977, 30/77, *Boucherau*, Slg. 1977, S. 1999
EuGH vom 19.01.1982 - 8/81, *Becker/Finanzamt Münster Innenstadt*, Slg. 1982, 53
EuGH vom 10.04.1984, 14/1983, *Colson und Kamann/Land Nordrhein-Westfalen*, Slg. 1984, S. 1891
EuGH vom 28.01.1986, 270/83, *avoir fiscal*, Slg. 1986, S. I-285
EuGH vom 20.09.1986, 31/87, *Beentjes/Niederlande State*, Slg. 1988, S. 4635
EuGH vom 08.10.1987, *Kolpinghuis Nijmegen*, 80/86, Slg. 1987, S. 3969
EuGH vom 30.05.1989, 305/87, *Kommission/Griechenland*, Slg. 1989 S. I-1474
EuGH vom 18.10.1990, C-297/88 und C197/89, *Dzodzi*, Slg. 1990, S. I-3763
EuGH vom 07.03.1991, C-10/90, *Masagio*, Slg. 1991 S. I-1134
EuGH vom 20.05.1992, C 190/90, *Kommission/Niederlande*, Slg. 1992 S. I 3300

EuGH vom 13.10.1992, C-50/91, *Commerz-Credit-Bank/Finanzamt Saarbrücken*, Slg. 1992, S. I-5225

EuGH vom 20.10.1993, C-92/92, C-326/92, *Phil Collins*, Slg. 1993, S. I-5171

EuGH vom 14.02.1995, C-279/93, *Schumacker*, Slg. 1995, S. I -225

EuGH vom 11.08.1995, C-80/94, *Wielockx*, Slg. 1995, S. I-2493

EuGH vom 30.11.1995, C-55/94, *Gebhard*, Slg. 1995, S. I-4186

EuGH vom 05.06.1997, C-64/96, *Uecker und Jacquet*, Slg. 1997, S. I-3171

EuGH vom 27.06.1997, *Asscher/Staatssecretaris van Financiën*, C-107/94, Slg. 1996, S. I-3089

EuGH vom 17.07.1997, C-28/95, *Leur-Bloem*, Slg. 1997, S. I-4161

EuGH vom 19.01.1999, C-348/96, *Calfa*, Slg. 1999, S. I-11

EuGH vom 25.02.1999, *Pretura circondariale di Bologna*, C-131/97, Slg. 1999, S. I-1103

EuGH vom 11.05.1999, C-255/97, *Pfeiffer*, Slg. 1999, I-2835

EuGH vom 21.09.1999, C-307/97, *Saint-Gobin*, Slg. 1999, S. I-6181

EuGH vom 14.03.2000, C-54/99, *Église de scientologie*, Slg. 2000, S. I-1335

EuGH vom 13.04.2000, C-251/98, *Baars*, Slg. 2000, S. I-2787

EuGH vom 03.10.2000, C-371/97, *Gozza*, Slg. 2000, S. I-7881

EuGH vom 15.01.2002, C-43/00, *Andersen og Jensen*, Slg. 2002, S. I-394

EuGH vom 04.06.2002 C-367/98, *Kommission/Portugal*, Slg. 2002, S. I-4731

EuGH vom 04.06.2002, C-503/99, *Kommission/Belgien*, Slg. 2002, S. I-4809

EuGH vom 21.11.2002; C-436/00, *X und Y*, Slg. 2002, S. I-10829

EuGH vom 13.05.2003, C-463/00, *Kommission/Spanien*, Slg. 2003, S. I-4581

EuGH vom 13.05.2003, C-98/01, *Kommission/Vereinigtes Königreich*, Slg. 2003, S. I-4641

EuGH vom 18.09.2003, C-168/01, *Bosal Holding*, Slg. 2003, S. I-9430

EuGH vom 04.03.2004, C-334/02, *Kommission/Frankreich*, Slg. 2004, S. I-2244

EuGH vom 05.10.2004, C-397-01 bis C-403/01, *Pfeiffer*, Slg. 2004, S. I-8835

EuGH vom 02.06.2005, C-174/04, *Kommission/Italien*, Slg. 2005, S. I-4933

EuGH vom 17.02.2005, C-453/02, C-462/02, *Akritidis*, Slg. 2005, S. I-1131

EuGH vom 10.01.2006, C-222/04, *Cassa di Risparmio di Firenze*, Slg. 2006 S. I-325

EuGH vom 23.02.2006, C-471/04, *Keller Holding*, Slg. 2006, S. I-2109

EuGH vom 04.07.2006, C-212/04, *Adeneler*, Slg. 2006, S. I-6057

EuGH vom 12.09.2006, C-196/04, *Cadbury Schweppes und Cadbury Schweppes Overseas*, Slg. 2006, S. I-7995

EuGH vom 14.09.2006, C-386/04, *Centro di Musicologia Walter Stauffer*, Slg. 2006, S. I-8203

EuGH vom 10.05.2007, C-492/04, *Lasertec*, Slg. 2007 S. I-3775

EuGH vom 24.05.2007, C-157/05, *Holböck*, Slg. 2007, I-4051

EuGH vom 18.07.2007, C-231/05, *Oy AA*, Slg. 2007, I-6373

EuGH vom 11.10.2007, C-451/05, *ELISA*, Slg. 2007, S. I-8251

EuGH vom 23.10.2007, C-112/05, *Kommission/Deutschland*, Slg. 2007, S. I-8995

EuGH vom 26.03.2009, C-326/07, *Kommission/Italien*, Slg. 2009, S. I-2291

EuGH vom 19.05.2009, C-531/06, *Kommission/Italien*, Slg. 2009, S. I-4103

EuGH vom 13.11.2012, C-35/11, *Test Claimants in the FII Group Litigation*, ZIP 2012, 2396

EuGH vom 23.01.2014, C-164/12, *DMC*, EuZW 2014, 273

EuGH vom 21.05.2015, C-657/13, *Verder Lab Tec*, DStR 2015, 1166

BVerfG

BVerfG vom 23.10.1951, 2 BvG 1/51 BVerfGE 1, 14

BVerfG vom 03.06.1954, 1 BvR 183/54, BVerfGE 3, 383

BVerfG vom 20.07.1954, 1 BvR 459, 484, 548, 555, 623, 651, 748, 783, 801/52, 5, 9/53, 96, 114/54, BVerfGE 4, 7

BVerfG vom 27.06.1961, 1 BvR 486/59, BVerfGE 13, 46

BVerfG vom 24.01.1962, 1 BvR 845/58, BVerfGE 13, 331

BVerfG vom 20.03.1963, 1 BvL 20/61, BVerfGE 15, 328

BVerfG vom 28.04.1965, 1 BvR 346/61, BVerfGE 19, 1

BVerfG vom 14.12.1965, 1 BvR 413/60, BVerfGE 19, 206

BVerfG vom 21.05.1968, 1 BvR 610/60, BVerfGE 23, 327

BVerfG vom 09.06.1971, 2 BvR 225/69, BVerfGE 31, 145

BVerfG vom 07.07.1971, 1 BvR 775/66, BVerfGE 31, 255

BVerfG vom 23.04.1972, 1 BvR 6/74, 1 BvR 2270/73, BVerfGE 37, 132

BVerfG vom 07.05.1974, 1 BvL 6/72 BVerfGE 37, 154

BVerfG vom 07.11.1972, 1 BvL 4/71, 1 BvL 17/71, 1 BvL 10/72, 1 BvR 355/71, BVerfGE 34, 118

BVerfG vom 20.06.1973, 1 BvL 9/71; 1 BvL 10/71, BVerfGE 35, 283

BVerfG vom 18.06.1975, 1 BvR 528/72, BVerfGE 40, 109

BVerfG vom 22.06.1977, 1 BvR 799/76, BVerfGE 45, 400

BVerfG vom 09.08.1978, 2 BvR 831/76, BVerfGE 49, 148

BVerfG vom 07.10.1980, 1 BvL 50/79/ 1 BvL 89/79/ 1 BvR 240/79, BVerfGE 55, 72

BVerfG vom 16.03.1982, 1 BvR 938/81, BVerfGE 60, 123

BVerfG vom 03.11.1982, 1 BvR 210/79, BVerfGE 62, 169

BVerfG vom 22.10.1986, 2 BvR 197/83, BVerfGE 73, 339

BVerfG vom 18.05.1988, 2 BvR 579/84, BVerfGE 78, 205

BVerfG vom 27.11.1990, 1 BvR 402/87, BVerfGE 83, 130

BVerfG vom 08.10.1991, 1 BvL 50/86, BVerfGE 84, 348

BVerfG vom 03.06.1992, 2 BvR 1041/88, 2 BvR 78/89, BVerfGE 86, 288

BVerfG vom 26.01.1993, 1 BvL 38/92 1 BvL 40/92, 1 BvL 43/92, BVerfGE 88, 87

BVerfG vom 12.10.1993, 2 BvR 2134/92–2159/92, BVerfGE 89, 155

BVerfG vom 22.06.1995, 2 BvL 37/91, BVerfGE 93, 121

BVerfG vom 08.04.1997, 1 BvR 48/94, BVerfGE 95, 267

BVerfG vom 15.07.1998, 1 BvR 1554/89, 1 BvR 963/94, 1 BvR 964/94, BVerfGE 98, 365

BVerfG vom 02.03.1999, 1 BvL 2/91, BVerfGE 99, 367

BVerfG vom 07.06.2000, 2 BvL 1/97, BVerfGE 102, 147

BVerfG vom 09.01.2001, 1 BvR 1036/99, NJW 2001, 1267

BVerfG vom 06.03.2002, 2 BvL 17/99, BVerfGE 105, 73

BVerfG vom 09.04.2003, 1 BvR 1749/01, BVerfGE 108, 52

BVerfG vom 08.06.2004, 2 BvL 5/00, BVerfGE 110, 412

BVerfG vom 16.03.2005, 2 BvL 7/00, BVerfGE 112, 268

BVerfG vom 21.06.2006, 2 BvL 2/99, BVerfGE 116, 164

BVerfG vom 07.11.2006 - 1 BvL 10/02, BVerfGE 117, 1

BVerfG vom 04.12.2002 - 2 BvR 400/98, 2 BvR 1735/00, BVerfGE 107, 27

BVerfG vom 13.03.2007, 1 BvF 1/05, BVerfGE 118, 79

BVerfG vom 14.06.2007, 2 BvR 1447/05, 2 BvR 136/05, BVerfGE 118, 212

BVerfG vom 14.10.2008, 1 BvF 4/05, BVerfGE 122, 1

BVerfG vom 09.12.2008, 2 BvL 1/07, 2 BvL 2/07, 2 BvL 1/08, 2 BvL 2/08, BVerfGE 122, 210

BVerfG vom 30.06.2009, 2 BvE 2/08 - 2 BvE 5/08 - 2 BvR 1010/08 - 2 BvR 1022/08 - 2 BvR 1259/08 - 2 BvR 182/09, BVerfGE 123, 267

BVerfG vom 06.07.2010, 2 BvR 2661/06, BVerfGE 126, 286

BVerfG vom 12.10.2010 - 1 BvL 12/07, BVerfGE 127, 224
BVerfG vom 08.06.2011, 2 BvR 2846/09, BVerfGE 129, 49
BVerfG vom 19.07.2011, 1 BvR 1916/09, BVerfGE 129, 78
BVerfG vom 07.02.2012, 1 BvL 14/07, BVerfGE 130, 240

Finanz- und Steuerrecht in Deutschland und Europa

Herausgegeben von Klaus-Dieter Drüen, Hanno Kube
und Rainer Wernsmann

Band 1 Gordon Dreher: Das Alterseinkünftegesetz. Systematische Darstellung und verfassungsrechtliche Zweifelsfragen. 2007.

Band 2 Nils Meyer-Sandberg: Die Duale Einkommensteuer als Modell ungleicher Besteuerung von Arbeit und Kapital. 2008.

Band 3 Alexander Pfab: Die Behandlung von Bildungsaufwendungen im deutschen Einkommensteuerrecht. 2008.

Band 4 Christian Johannes Müller: Einnahmeverzicht im Einkommensteuerrecht – insbesondere durch verbilligte Wohnungsüberlassung an nahe Angehörige. 2009.

Band 5 Melanie Falkner: Die Einkunftserzielungsabsicht als subjektives Besteuerungsmerkmal. Eine Analyse subjektiver Tatbestandsmerkmale im Steuerrecht. Zugleich ein Beitrag zur Liebhaberei im Steuerrecht. 2009.

Band 6 Steffen Ott: Die Vertreterbetriebsstätte nach OECD-MA. 2009.

Band 7 Christoph Wagner: Steuergleichheit unter Standortvorbehalt? Verfassungsrechtliche Grenzen einer ungleichen Einkommensbesteuerung von Kapital und Arbeit. 2010.

Band 8 Andreas Goetze: Die Ersetzung der sieben Einkunftsarten des EStG durch eine einzige. Zur Gleichheit aller Erwerbsgrundlagen in einem vereinfachten Steuerrecht. 2010.

Band 9 Hanno Kube: Der bundesstaatliche Finanzausgleich. Verfassungsrechtlicher Rahmen, aktuelle Ausgestaltung, Entwicklungsperspektiven. 2011.

Band 10 Katharina Brauer: Abgrenzung der Lebensmittellieferung von der Restaurationsdienstleistung im Umsatzsteuerrecht. 2011.

Band 11 Marc Schubert: Die Verfassungswidrigkeit der Erbschaft- und Schenkungsteuer und die verfassungsrechtlichen Anforderungen an eine Neuregelung. 2011.

Band 12 Martin Rehberg: Der Zuzug und Wegzug von Kapitalgesellschaften in gesellschafts- und steuerrechtlicher Hinsicht. 2011.

Band 13 Dirk Wünschig: Perspektiven eines europarechtskonformen Gemeinnützigkeits- und Zuwendungsrechts. Eine Untersuchung nach „Stauffer" und „Persche" bei gleichzeitiger Kritik an der Neufassung des Gemeinnützigkeitsrechts nach dem Jahressteuergesetz 2009. 2011.

Band 14 Sebastian Grimm: Die negative Konkurrentenklage im Steuerrecht. 2011.

Band 15 Arne von Freeden: Minder- und Mehrabführungen nach § 14 Abs. 4, § 27 Abs. 6 KStG. Ausgleichspostenlösung und Einlagelösung. 2011.

Band 16 Anne Keller: Rechtsschutz gegen Maßnahmen der steuerlichen Außenprüfung. 2011.

Band 17 Larissa Maier-Bledjian: Sondervermögen des Bundes. 2011.

Band 18 Philipp Riedl: Die internationale Doppelbesteuerung im EU-Binnenmarkt. 2012.

Band 19 Anna Schwarz: Die Pensionszusage an den Mitunternehmer der Personengesellschaft im Einkommensteuerrecht. 2012.

Band 20 Carsten Höink: Nichtsteuerbare Vermögensübertragungen im Umsatzsteuerrecht. Eine rechtssystematische Analyse der Entwicklung des Rechtsinstituts der Geschäftsveräußerung im Ganzen. 2013.

Band 21 Christian Kniese: Europarechtlicher Rahmen einer steuerlichen Förderung von Forschung und Entwicklung. 2013.

Band 22 Katarina Günther: Vertrauensschutz bei Angaben Dritter im Umsatzsteuerrecht. 2013.

Band 23 Andreas Königer: Ertragsteuerrechtliche Behandlung grenzüberschreitender Spaltungen von Rechtsträgern. Unter besonderer Beachtung der Vorgaben des Unionsrechts. 2014.

Band 24 Matthias Diete: Das obligatorische Schiedsverfahren in der deutschen DBA-Praxis. Erweiterung des zwischenstaatlichen Rechtsschutzes bei Doppelbesteuerungskonflikten. 2014.

Band 25 Friederike Grube: Der Einfluss des unionsrechtlichen Beihilfenverbots auf das deutsche Steuerrecht. Dargestellt an den Beispielen der sogenannten Sanierungsklausel und der Steuervergünstigungen für gemeinnützige Unternehmen. 2014.

Band 26 Tobias Loscher: Präventive Aufsicht der Europäischen Union über den Bundeshaushalt. 2014.

Band 27 Jochen Lutz Tillmanns: Divergenz und Konvergenz von Umsatzsteuer und Einkommensteuer. Zur problematischen Verwendung ertragsteuerlicher Konzepte und Begriffe im Umsatzsteuerrecht. 2015.

Band 28 Cornelia Zirkl: Die Neutralität der Umsatzsteuer als europäisches Besteuerungsprinzip. Inhalt, Herleitung und der Umgang mit Neutralitätsverletzungen. 2015.

Band 29 Matthias Ernst: Die Dienstleistungsbetriebsstätte im Abkommensrecht. Begriffsbestimmung, Abgrenzung und Analyse eines alternativen Betriebsstättentatbestands. 2015.

Band 30 Michael Brandl: Mehrfachansässigkeit im Ertragsteuerrecht. 2016.

Band 31 Stephanie Krebbers-van Heek: Die mitunternehmerische Besteuerung der Komplementäre der Kommanditgesellschaft auf Aktien. 2016.

Band 32 Felix Klemt: Körperschaftsteuerliche Verluste junger innovativer Unternehmen. Rechtliche und wirtschaftliche Analyse, Alternativen de lege ferenda. 2016.

Band 33 Nina Erm: Personengesellschaften in Steuerverfahren. Verfahrensklarheit trotz Einheit und Vielheit. 2016.

Band 34 Christian Erich Rödel: Der Teilbetriebsbegriff in den Einbringungstatbeständen des Umwandlungssteuergesetzes. 2016.

www.peterlang.com

www.ingramcontent.com/pod-product-compliance
Ingram Content Group UK Ltd.
Pitfield, Milton Keynes, MK11 3LW, UK
UKHW041822290926
8980IPUK00002B/5